MICHEL PERRON

Du bois d'œuvre
aux
« bonnes œuvres »

MICHEL PERRON

Du bois d'œuvre
aux
« bonnes œuvres »

avec la collaboration de
Guy Nadeau

Si vous désirez obtenir un autre exemplaire de ce livre,
vous pouvez en faire la demande auprès de Somiper inc. ou de
La Fondation canadienne du rein. Pour faire un don, veuillez adresser
votre envoi à la Fondation canadienne du rein.

Somiper inc.
2080, boul. René-Lévesque Ouest
Montréal (Québec)
H3H 1R6
Téléphone : 514-939-3989
Télécopieur : 514-939-3717

La Fondation canadienne du rein – Succursale du Québec
2300, boul. René-Lévesque Ouest
Montréal (Québec) H3H 2R5
Téléphone : 514-938-4515 ou 1 800 565-4515
Télécopieur : 514-938-4757
Courriel : info@reinquebec.ca
Site Web : http://www.kidneyquebec.ca/fr/index_fr.htm

Chargé de projet : Sébastien Gilbert-Corlay
Mise en pages : Transcontinental Transmédia
Graphisme de la couverture : Transcontinental Transmédia
Révision linguistique et
    correction d'épreuves : Céline Bouchard

ISBN 978-2-9809863-0-7

Imprimé au Canada

Note au lecteur
Dans cet ouvrage, le système anglais de mesure a été préféré au système métrique en raison du contexte industriel et historique dans lequel a évolué Michel Perron. Qu'il suffise ici de rappeler que 1 mille équivaut à 1,61 kilomètre, que 1 pouce équivaut à 2,5 centimètres, et que 2,2 livres représentent 1 kilogramme.

Avant-propos

Tempus edax rerum. Le temps efface tout. Comme cette locution latine est vraie! Un événement survenu il y a deux ans m'a d'ailleurs permis de m'en rendre compte. Je me trouvais alors à la mercerie de mon bon ami Daniel Lavoie, à La Sarre. Un homme qui avait travaillé chez Normick Perron pendant plusieurs années y faisait des commissions en compagnie de son fils adolescent. Quand il me vit, il se dirigea vers moi.

— Bonjour, monsieur Perron. Comment allez-vous?

Puis, se tournant vers son fils, il ajouta ceci:

— Je te présente Michel Perron, un des fondateurs de Normick Perron.

M'apercevant que le jeune n'avait aucune réaction, je lui demandai à mon tour:

— Sais-tu qui c'est, Normick Perron?

— Non, je n'en ai aucune idée! répondit-il.

Sa réponse m'ébranla! Vendue à la compagnie MacLaren en 1989, notre entreprise changea de nom peu de temps après, et on l'appela Nexfor. Quelque temps plus tard, le nom fut changé de nouveau pour celui de Norbord. À peine un peu plus de 15 ans étaient passés, et déjà la nouvelle génération ignorait totalement qui nous avions été.

Par ailleurs, il arrivait aussi que, de temps à autre, un de mes petits-enfants m'interroge sur mon passé.

— Toi, grand-papa, quand t'étais jeune, qu'est-ce que tu faisais ?

Cette question, de même que l'incident au magasin de Daniel Lavoie, m'amenèrent à réfléchir et à me dire qu'avant qu'il soit trop tard, je devrais peut-être écrire ma biographie.

Il ne me manquait qu'une bonne occasion pour le faire. Je n'ai pas mis beaucoup de temps à la trouver, puisque je me suis rappelé que le 27 avril 2007, je fêterais mon soixante-quinzième anniversaire de naissance. Quel meilleur moment que celui-là pour raconter mon parcours, même si j'ai la conviction que je n'en serai alors qu'aux trois quarts de ma vie !

Avant de m'attaquer à cette tâche, j'avais cependant besoin de quelqu'un pour m'aider. Le hasard voulut que je rencontre Guy Nadeau au moment où je mijotais ce projet. J'avais côtoyé Guy pendant une vingtaine d'années à la Fondation Jean Lapointe, et je savais qu'il possédait les qualités nécessaires pour mener à bien ce projet. C'est un homme sérieux, structuré et avec qui j'ai toujours eu beaucoup d'affinités. De plus, comme il venait de prendre sa retraite, il avait du temps libre. Il était donc l'homme tout désigné pour m'aider !

Presque deux ans se sont écoulés depuis la première de nos 35 rencontres. Au cours de celles-ci, il a su m'écouter, faire preuve d'une grande patience et m'obliger, par ses nombreuses questions, à dévoiler parfois quelques petits secrets enfouis dans mon passé. Par la suite, il a su résumer l'essentiel de mes propos en utilisant des mots simples, des mots qui me ressemblent. Je tiens donc à le remercier pour son professionnalisme et son grand dévouement. Je veux également dire merci à Lise, son épouse, qui en plus de taper tous les textes de ce livre, a contribué par ses nombreuses suggestions à en améliorer grandement le contenu.

Enfin, j'ai pensé que le récit de ma vie pourrait aussi constituer une façon de soutenir une cause qui me tient beaucoup à cœur, soit celle de la Fondation canadienne du rein. C'est en effet un peu grâce à cet organisme que je suis encore de ce monde aujourd'hui. J'espère que ce livre lui permettra de recueillir des sommes importantes qui pourront aider beaucoup de gens.

Enfin, mes pensées vont vers toutes les personnes malades qui liront ce bouquin, particulièrement celles qui sont présentement en dialyse ou en attente d'une greffe rénale. J'espère qu'elles trouveront dans ce récit et dans mon expérience personnelle face à la maladie une grande source d'espoir. Dans la vie, il arrive que des miracles se produisent… N'en suis-je pas la preuve vivante ?

MICHEL PERRON
Février 2007

L'Abitibi et la région ontarienne environnante

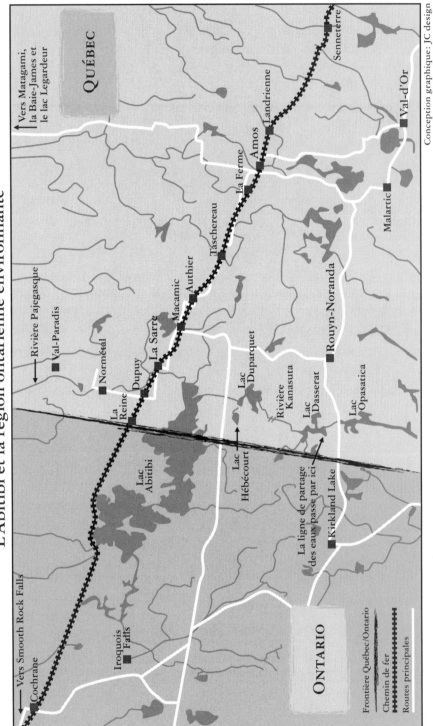

QUÉBEC

Vers Matagami,
la Baie-James et
le lac Legardeur

Rivière Pajegasque

Val-Paradis

Normétal

Dupuy

La Sarre

La Reine

Macamic

Authier

Tascheraut

La Ferme

Amos

Landrienne

Senneterre

Val-d'Or

Malartic

Rouyn-Noranda

Lac
Duparquet

Rivière
Kanasuta

Lac
Dasserat

Lac
Opasatica

La ligne de partage
des eaux passe par ici

Kirkland Lake

Lac
Hébécourt

Lac
Abitibi

Iroquois
Falls

Cochrane

Vers Smooth Rock Falls

ONTARIO

Frontière Québec/Ontario
Chemin de fer
Routes principales

Conception graphique : JC design

Prologue

Le développement de l'Abitibi

Voici quelques brèves notes sur le développement de ma terre natale, l'Abitibi. Dans un premier temps, j'aimerais expliquer comment cette région a été ouverte à la colonisation et démontrer toute l'importance qu'a eue l'arrivée du train dans son développement. Ensuite, j'aimerais faire un bref historique de l'exploitation de la forêt et de l'évolution de l'industrie forestière locale. Voici comment les événements se sont déroulés.

Afin de respecter une promesse électorale, le gouvernement du Canada décida, vers la fin du XIXᵉ siècle, de construire une ligne de chemin de fer qui relierait enfin les provinces de l'Ouest au reste du pays. Ce lien ferroviaire, qu'on appela ensuite le Transcontinental, permettrait d'acheminer vers l'ouest à la fois des marchandises et les immigrants arrivant de l'Europe.

Lorsque les géographes et les ingénieurs étudièrent le territoire canadien, ils s'aperçurent que le seul tracé possible pour cette ligne passait nécessairement par le nord du pays. Les Grands Lacs, en Ontario, constituaient en effet une barrière naturelle à toute autre alternative. Sur le territoire de la province de Québec, les ingénieurs décidèrent de faire passer la ligne aux environs des 48ᵉ et 49ᵉ parallèles, car à cette hauteur, le niveau des eaux permet aux rivières de couler dans des directions opposées. C'est ce qu'on appelle la ligne de partage des eaux. Ce phénomène naturel permettrait de réaliser des économies importantes en réduisant le nombre et la longueur des ponts à construire.

On décida ensuite qu'une branche du Transcontinental partirait de Montréal en direction nord vers La Tuque, alors qu'une autre partirait de Québec, la jonction se faisant à Hervy Jonction, en Mauricie. De La Tuque, le tracé tournerait vers l'ouest en direction de l'Ontario avant d'aller passer ensuite au sud du lac Winnipeg. Des gares furent prévues le long de ce trajet, à peu près tous les 10 milles, près de lacs ou de rivières. Il faut comprendre qu'à l'époque, les locomotives fonctionnaient à la vapeur et qu'il fallait régulièrement les alimenter en eau. On planifia également, tous les 200 milles, la construction d'un garage pour les réparations d'usage. Ces garages, communément appelés *round houses*, devaient servir à faire dégeler les locomotives, parce que l'hiver, elles devenaient de véritables monstres de glace.

La construction de la ligne de chemin de fer commença donc, et elle dura plusieurs années. Quand elle fut terminée, tout le territoire québécois situé le long du tracé, entre Senneterre et la frontière de l'Ontario, devint accessible. Sur ce territoire, les arpenteurs délimitèrent 50 cantons d'une superficie de 100 milles carrés chacun. On donna à ces cantons le nom de régiments et de soldats français : Languedoc, La Reine, La Sarre, Royal Roussillon... Chaque canton fut ensuite subdivisé en 660 lots ayant chacun 1 mille de long par 880 pieds de large. Ce sont ces milliers de lots qui furent ensuite distribués aux colons venus de différentes régions du Québec.

À partir de 1916, des paroisses furent fondées et des villages commencèrent à se développer. Les nouveaux colons s'attelèrent à la dure tâche du déboisement de leur lot et à la construction d'une maison pour leur famille. Des primes gouvernementales leur étaient d'ailleurs allouées pour chaque acre déboisé et défriché. Ils étaient cependant tenus d'en défricher un minimum de quatre par année. Aussitôt qu'une partie de leur lot était défrichée, ils commençaient immédiatement à la cultiver.

Dans les villages, la gare devint le point central autour duquel plusieurs bâtiments apparurent : l'église, l'école, le magasin général, les hôtels, les maisons… Je me souviens d'ailleurs que, quand j'étais enfant, la gare était l'attraction numéro un du village. Quand le train arrivait, des dizaines de personnes s'y rendaient, la plupart du temps par simple curiosité, pour voir qui arrivait et qui partait. C'était un lieu de rendez-vous aussi populaire que le perron de l'église après la grand-messe, le dimanche matin ! Parfois, elle était aussi le théâtre de règlements de comptes. En effet, il arrivait à l'occasion que deux gars qui avaient commencé une dispute à bord du train décident de régler leur différend aux poings, à leur arrivée. Cet endroit était donc très populaire et très fréquenté.

Dans les années 1920, la prospection minière commença, dans les régions un peu plus au sud. Une première mine fut exploitée à Rouyn en 1927, suivie d'une autre, peu de temps après, à Val-d'Or. Elles provoquèrent une nouvelle vague d'immigration dans ces deux régions. Enfin, plusieurs autres mines furent découvertes plus tard dans d'autres régions de l'Abitibi.

L'exploitation de la forêt

Quand les colons déboisaient leurs lots, les arbres qu'ils abattaient étaient acheminés vers de petites scieries locales. En effet, dès les premières années, plusieurs de ces petits moulins virent le jour dans les villages et les rangs. Cependant, les planches de « 2 par 4 » qu'ils produisaient n'étaient généralement pas de très bonne qualité. On les utilisait quand même pour construire les maisons, remises et granges des colons. Les racines et résidus des arbres bûchés, de même que les arbres impropres au sciage étaient brûlés dans ce qu'on appelait des « feux d'abattis ». Parfois, il arrivait qu'on perde le contrôle de ceux-ci et qu'on assiste à des feux de forêt dévastateurs. Par ailleurs, dans les cantons où la terre était impropre à l'agriculture, donc sur des lots appartenant au gouvernement et où il était interdit de bûcher, il arrivait que certains colons mettent discrètement le feu à la forêt afin de pouvoir récupérer ensuite le bois non brûlé pour le vendre, ce qui constituait pour eux un revenu d'appoint nécessaire, bien que pas tout à fait honnête. Malheureusement, tous ces incendies contribuèrent à faire disparaître une bonne partie de la forêt des 50 cantons originaux.

Un autre facteur contribua aussi à ce « massacre » de la forêt : la prospection des mines ! En effet, au début des années 1920, pour faciliter leur tâche, les prospecteurs de mines dénudaient le sol en y mettant tout simplement le feu. Cette procédure leur permettait, une fois les arbres et la tourbe brûlés, de bien voir les roches et les veines d'or qu'elles contenaient. Puisque, à l'époque, il n'y avait aucune politique gouvernementale à ce propos, le massacre se poursuivit jusque dans les années 1950. Si bien qu'en 1955, on avait réussi à détruire la presque totalité des arbres qui recouvraient les 50 cantons alloués originalement à l'agriculture.

Après 1955, les scieries qui poursuivirent leurs opérations durent donc commencer à s'approvisionner à l'extérieur de ce secteur. Cette opération exigea la construction de routes et de ponts, de même que l'établissement de camps forestiers, le tout à leurs frais. Elles durent aussi moderniser leur équipement. On assista donc à la disparition de la plupart des scieries de l'Abitibi. Il n'en resta qu'une quinzaine, dont cinq importantes. Celle de notre famille était l'une de celles-là. C'est son histoire qui est racontée dans ce livre.

Chapitre premier

Ma maladie de reins

Le 7 avril 1993

— Bonjour, Henri. Comment ça va, ce matin ?

— Très bien papa, et vous ?

— En pleine forme ! J'ai bien dormi et je me sens prêt à faire face à la musique !

— Êtes-vous nerveux ?

— Non, pas trop. J'ai confiance aux médecins. Je suis sûr que ça va bien aller.

Mon fils Henri et moi sommes entrés à l'hôpital Royal Victoria hier après-midi. Dans quelques heures, nous nous retrouverons tous les deux sur une table d'opération. On enlèvera alors à Henri un de ses reins et on me le greffera.

— Tu sais, Henri, si tu veux changer d'idée, il n'est pas trop tard.

— Non, papa. J'ai décidé il y a trois mois de vous donner un de mes reins et je ne changerai certainement pas d'idée à la dernière minute !

— C'est très généreux de ta part, Henri !

— Vous avez toujours été très bon pour moi, et c'est ma façon de vous dire merci! De toute façon, les médecins m'ont assuré que je pouvais vivre très bien et très longtemps avec un seul rein. Alors je ne suis pas inquiet.

— Merci encore, Henri! Tu ne pouvais pas me faire un cadeau plus précieux. Tu vas me donner une seconde vie!

Les derniers mois ont été particulièrement difficiles pour moi. D'abord, dès le début de septembre, on m'a annoncé que mes reins ne fonctionnaient plus. À moins de me soumettre à la dialyse, je serai mort avant la fin de l'année. Ensuite, à la mi-novembre, les longues et dures sessions de dialyse ont commencé. Trois soirs par semaine, quatre heures chaque fois. Et, comme si ce n'était pas assez, en février, on a dû m'opérer pour des diverticules aux intestins. Quelle période difficile! Mais là, mes problèmes achèvent. Dans quelques heures, grâce à Henri et à la médecine moderne, je serai un homme nouveau! On me délivrera alors d'une maladie qui m'a causé des ennuis presque toute ma vie.

Les premiers symptômes

Les premiers symptômes de ce mal apparurent en 1952, alors que j'avais à peine 20 ans. Cette année-là, j'étais à la recherche de financement pour reconstruire la scierie de Val-Paradis, détruite par le feu quelques mois auparavant. On m'avait alors demandé de prendre une assurance sur ma vie afin de garantir le prêt que je tentais d'obtenir auprès d'une « compagnie de finance ». J'avais appelé Jules Duval, l'agent d'assurances le plus en vue de La Sarre. Après avoir rempli tous les formulaires requis, Jules m'envoya voir le docteur Bernier, qui me fit passer tous les tests usuels exigés par les compagnies d'assurances. Quelques jours plus tard, il me fit revenir à son bureau.

— J'ai reçu le résultat de tes tests, m'annonça-t-il, et il y a quelque chose d'anormal.

— Qu'est-ce qu'il y a? demandai-je, un peu inquiet.

— Tu fais de l'albumine.

— De l'albumine? Qu'est-ce que c'est que ça?

— Ça veut dire qu'il y a un peu de sang dans tes urines.

— Est-ce que c'est grave? demandai-je, de plus en plus inquiet.

— Je ne sais pas, répondit-il, ça dépend de la cause. Pour en savoir plus, il faudrait que tu ailles à l'hôpital passer des examens plus approfondis. Ça peut n'être rien du tout comme ça peut vouloir dire que tes reins ne fonctionnent pas bien.

Inquiet des conséquences que ces résultats allaient avoir sur ma demande auprès de la compagnie d'assurances, je retournai voir Jules Duval.

— Jules, j'ai peur qu'avec ces tests-là, on refuse de m'assurer, lui dis-je.

— Écoute, Michel, moé, à ta place, je m'inquièterais pas trop. Dernièrement, t'as travaillé pas mal fort et tu t'es couché tard. Ça arrive, des fois, quand on veille tard, des petits problèmes comme ça. Inquiète-toé pas, je vais t'arranger ça !

Jules avait la réputation d'être très débrouillard et de réussir habituellement ce qu'il entreprenait. Il s'est donc arrangé – j'aime autant ne pas savoir comment – pour que j'obtienne mon assurance vie. Puis les mois ont passé. Comme je me sentais en pleine forme, je me disais que, même si j'avais un petit quelque chose aux reins, ça ne devait pas être bien grave. De plus, le fait qu'il n'y ait pas d'hôpital à La Sarre ne m'incitait guère à donner suite à la recommandation du docteur Bernier. Les choses en restèrent donc là.

Les années passèrent sans qu'aucun autre incident vienne troubler ma quiétude. Jusqu'en 1963.

La goutte

Cet été-là, j'étais impliqué à plein temps dans la construction de notre deuxième usine de contreplaqué, à Cochrane, en Ontario. Durant la semaine, nous avions reçu des machines qui servaient à dérouler le bois et nous les avions installées sur des bases qui avaient environ six pieds de haut. Quand je faisais ma tournée d'inspection, j'avais pris la mauvaise habitude, pour aller plus vite, de sauter en bas de ces bases plutôt que d'utiliser une échelle. Bien que cela ait été un saut assez dangereux, je m'arrangeais toujours pour retomber sur mes pieds sans me faire mal.

Un matin cependant, alors que je sortais de mon lit, je ressentis une vive douleur au pied gauche. Cette douleur fut tellement foudroyante, que je m'écroulai au sol ! Mon pied était tout enflé et me faisait terriblement souffrir. Très inquiet, j'appelai pour qu'on vienne m'aider. Dès leur arrivée, mes compagnons, persuadés que je m'étais cassé le pied en sautant en bas d'une des bases de la machinerie, appelèrent un médecin. Celui-ci, après m'avoir examiné, me fit immédiatement transporter à l'hôpital, où les rayons X qu'on me fit passer ne révélèrent aucune fracture. Mon problème était de toute évidence d'une autre nature. On me fit donc passer d'autres tests. Le lendemain, le médecin revint me voir avec les résultats.

— Tu fais de l'acide urique, me dit-il.

— C'est quoi ça, de l'acide urique ? demandai-je, intrigué.

— C'est ce qu'on appelle communément la goutte.

J'avais déjà entendu ce mot, mais je n'étais pas certain de ce qu'il voulait dire.

— C'est quoi, la goutte ? demandai-je encore.

— C'est une maladie qui est causée par une dysfonction des reins, me répondit-il.

« Encore les maudits reins ! » me dis-je en moi-même. Puis, le médecin continua.

— Il y a des dépôts d'acide urique qui se forment sur tes articulations, surtout celles de tes orteils et de tes chevilles, et ce sont ces dépôts qui sont la cause des inflammations aiguës que tu ressens.

— Est-ce une maladie grave ?

— Je ne sais pas, répondit-il, ça dépend de la raison pour laquelle ça se produit. Je ne suis pas un spécialiste de ce domaine, je ne peux donc pas te le dire. Tu devrais t'arranger pour aller passer des tests quelque part.

Il me quitta ensuite en me prescrivant de la colchicine, un médicament aidant à réduire la formation d'acide urique.

Fort inquiet de ce nouveau développement, je décidai que, cette fois-là, j'allais tenter d'en savoir un peu plus sur les causes de cette anomalie. Pendant que j'étais à l'hôpital, la chance me sourit, puisque je reçus la visite d'un chirurgien que Lise, mon épouse, avait connu une dizaine d'années auparavant, à l'hôpital St. Mary's, alors qu'elle faisait son cours d'infirmière. Le docteur Thompson, un Noir originaire de la Jamaïque, avait épousé une des collègues de Lise pendant son stage à St. Mary's et avait ensuite déménagé à Cochrane. Pour mon plus grand bonheur, il pratiquait maintenant à l'hôpital où on m'avait transporté.

— Si j'étais à ta place, me suggéra-t-il, j'irais passer des tests à St. Mary's. Ici, c'est un petit hôpital et il n'y a pas d'urologue. On ne peut donc pas t'aider beaucoup. Par contre, à Montréal tu pourrais en rencontrer un et en savoir plus sur ton problème.

Cette fois-là, je pris le conseil au sérieux.

L'hôpital St. Mary's

Six mois plus tard, grâce aux relations de Lise et à celles du docteur Thompson, je réussis à obtenir un rendez-vous à St. Mary's avec le docteur Robert Broderick, celui-là même qui, quelques années plus tard, allait devenir le médecin des Expos de Montréal. Il m'organisa peu de temps après un séjour d'une semaine à l'hôpital, au cours duquel on me fit passer toute une batterie de tests. À la fin de la semaine, il m'annonça les résultats.

— Tu as une malformation aux reins, commença-t-il, et on ne sait pas à quoi c'est dû. C'est peut-être de naissance, ou c'est peut-être un virus que tu as attrapé quand tu étais jeune. On ne peut pas savoir exactement, mais ce dont on est certains, c'est que tu as un problème aux reins et qu'il n'y a pas grand-chose qu'on puisse y faire. Je vais te prescrire des médicaments qui devraient aider à réduire tes attaques de goutte.

Voilà, j'étais fixé. Je savais maintenant ce que j'avais. Avant de le quitter, je lui demandai cependant ce qu'il pensait d'un hôpital américain dont j'avais entendu parler.

— Croyez-vous, docteur, que ce serait une bonne idée si j'allais passer des tests plus poussés à la clinique Mayo ?

— Certainement, me répondit-il. Là-bas, ils sont plus avancés qu'ici et ils ont accès à des équipements qu'on n'a pas. Ils pourraient peut-être te renseigner davantage sur ton problème.

Je décidai donc que dès que j'en aurais l'occasion, j'irais faire un tour à cet hôpital situé au Minnesota. Neuf mois plus tard, grâce au docteur Broderick, j'obtins un rendez-vous là-bas. La veille de mon entrée à la clinique, je me rappelle d'ailleurs avoir fait une terrible attaque de goutte. Je me disais que, dans un sens, cette attaque ne pouvait mieux tomber, puisqu'elle aiderait sûrement les médecins à découvrir ce qui n'allait pas avec mes reins.

J'ignore si ce fut le cas, mais je sais que j'ai passé une semaine là-bas et qu'on m'a soumis encore une fois à des tests de toutes sortes. Ils ne servirent cependant qu'à confirmer le diagnostic des médecins de St. Mary's.

— Vous avez une malformation aux reins, me répéta-t-on, et il n'y a pas grand-chose qu'on puisse y faire. Nous allons vous prescrire une diète dans laquelle vous devrez éviter le plus possible certains aliments comme les viandes rouges, les mets épicés, le vin rouge… Suivez cette diète et rencontrez votre médecin régulièrement. Avec un peu de chance, vous pourrez vivre longtemps comme ça.

C'est exactement ce qui arriva. Les années passèrent sans qu'aucun problème sérieux se manifeste. Je suivis ma diète du mieux que je le pus et je m'arrangeai pour rencontrer le docteur Broderick une fois l'an. Je dus cependant composer avec de fréquentes attaques de goutte, mais mon état général demeura stable pendant plus de 25 ans.

Les choses empirent…

En 1991, ma maladie s'aggrava. Mon taux de créatine, c'est-à-dire le taux d'empoisonnement de mon sang, augmenta alors de façon inquiétante.

— Michel, me dit le docteur Broderick lors de ma visite annuelle, je ne peux plus faire grand-chose pour toi. Ton état a empiré et ça dépasse maintenant mes compétences. Je vais donc t'envoyer voir un spécialiste.

Il me recommanda alors à un urologue réputé. Ce médecin, bien que bardé de diplômes des plus grandes universités, était un homme froid, peu loquace et tout à fait dénué d'empathie. Quand j'allais le voir, j'essayais de comprendre ses explications mais, comme il s'exprimait en utilisant des mots techniques et qu'en plus, il avait la mauvaise habitude de marmonner, je ne comprenais absolument rien ! Quand je le quittais, je n'étais pas plus avancé qu'à mon arrivée, si ce n'est que son inquiétude à mon sujet me faisait de plus en plus peur. Inutile de dire que ma relation avec lui n'était pas très bonne. Heureusement, à la même époque, j'eus la chance de faire une rencontre qui me fut très bénéfique avec André Nolet, un membre du Club Rotary de La Sarre.

André avait été victime, quelques années auparavant, d'une grave maladie rénale. Il s'était retrouvé en dialyse pendant un certain temps et avait eu la chance, par la suite, de subir une greffe de rein qui lui avait permis de recouvrer la santé. Après que je lui eus raconté mon histoire, André accepta de devenir mon « parrain dans la maladie ». Il me raconta tout ce qu'il avait lui-même traversé et me promit son appui le plus total. Il me remit aussi de la documentation qui m'aida beaucoup à mieux comprendre ma maladie. Un livre, en particulier, retint mon attention. Ce livre, *Vivre à sa façon,* est d'ailleurs publié encore aujourd'hui par la Fondation canadienne du rein. Les renseignements qu'il contient sur l'évolution de la maladie sont écrits en termes clairs et m'ont été très utiles par la suite.

La dialyse

Au cours de l'été 1992, mon urologue « adoré » m'envoya à l'hôpital Royal Victoria. J'en étais rendu à l'étape de la dialyse.

Au Royal Vic, j'eus la chance de tomber sur le docteur Paul Barry, un néphrologue fort compétent et très gentil. C'était comme le jour et la nuit entre mon médecin précédent et lui. Au cours de cette période, je me suis aussi rendu à la clinique Lehey, à Boston, afin d'obtenir une deuxième opinion sur mon état. Un médecin que j'avais rencontré à l'occasion d'une expédition de pêche au saumon m'avait aidé à obtenir un rendez-vous avec les spécialistes de cette clinique réputée.

J'avais apporté tous mes dossiers médicaux, ce qui permit une analyse plus rapide de mon cas. Mais les conclusions furent malheureusement les mêmes ! On me confirma ce que je savais déjà. Mes reins ne fonctionnaient à peu près plus et, à moins de commencer à être dialysé très prochainement, j'allais mourir avant la fin de l'année.

Pendant ce voyage, on me parla aussi de la possibilité d'une greffe. On alla même jusqu'à m'offrir l'occasion de m'opérer là-bas, car on craignait qu'au Canada, à cause de mon âge, 60 ans, on refuse de le faire. Ce qui s'avéra être le cas. Pendant que j'étais à Boston, j'entendis aussi parler pour la première fois des dons apparentés, c'est-à-dire du don d'un organe provenant d'un parent.

Le 15 novembre 1992, ma première session de dialyse eut lieu. Je n'avais plus le choix. Les médecins m'avaient en effet annoncé, peu de temps auparavant, que mes reins étaient dans un tel état que je n'en avais plus que pour quelques semaines à vivre. En fait, ils avaient calculé que sans dialyse, je serais mort le 12 décembre 1992.

Au cours du mois de septembre précédent, on m'avait préparé à la dialyse en me faisant subir une petite opération dans le bras gauche. Elle consistait à introduire dans le bras une fistule permettant de joindre une artère et une veine, le but étant d'augmenter le diamètre de la veine afin de pouvoir ensuite y planter les aiguilles nécessaires à la dialyse. J'avais insisté auprès du médecin, le docteur Catherine Milney, pour qu'elle choisisse mon bras gauche, étant donné que j'utilise le droit pour la pêche au saumon ! Étant elle-même une adepte de la pêche au saumon, elle comprit très bien l'importance pour moi d'agir ainsi.

Dès le début, je m'aperçus qu'une session de dialyse n'était pas un pique-nique. On commence par vous introduire dans la veine du bras, la plupart du temps à froid, deux grosses aiguilles : une pour faire sortir le sang du corps et une autre pour le ramener, une fois qu'il a été filtré par le rein artificiel. On reste branché ainsi pendant environ quatre heures. On est alors assis dans une espèce de *lazy-boy* dans lequel on n'a pas intérêt à bouger, parce que, si on bouge, il est possible que la veine éclate et qu'on se retrouve avec un bras tout bleu, sans parler des grosses bosses qui y apparaîtront par la suite !

Mes séances de dialyse avaient lieu trois soirs par semaine, au pavillon Ross de l'hôpital Royal Victoria. J'avais l'habitude de m'y rendre vers 17 h 30 les lundis, mercredis et vendredis. Durant la journée, j'essayais de continuer à vivre à peu près normalement. J'allais au bureau et je vaquais à mes occupations coutumières. Évidemment, je me sentais plus faible et plus fatigué. Je devais aussi suivre une diète dans laquelle on contrôlait la quantité quotidienne de liquide que j'absorbais. D'ailleurs, je dois dire un gros merci à Lise, qui m'a beaucoup aidé à respecter ce régime.

Puis, quand les vacances de Noël approchèrent, je fis une demande qui surprit beaucoup mes médecins.

— Croyez-vous, leur demandai-je, que je pourrais faire du ski ?

— Faire du ski ? répondirent-ils. On n'a jamais vu ça, un dialysé qui fait du ski ! Mais si vous faites attention, pourquoi pas ?

Encouragé par cette réponse, je demandai qu'une de mes sessions hebdomadaires de dialyse soit transférée à l'hôpital Saint-François d'Assise de Québec. Ce changement ne fut cependant possible que grâce à l'intervention de mon ami, le docteur Yvon Morrissette, ORL à cet hôpital. Grâce à lui, je pus faire du ski au Mont-Sainte-Anne le samedi matin et me retrouver en dialyse le samedi après-midi !

L'offre d'Henri

Pendant les mois où j'étais en dialyse, il arrivait fréquemment que Lise ou un de mes enfants viennent me chercher à la fin d'une session. Il leur arrivait alors d'assister pendant quelques minutes au traitement comme tel. Ils pouvaient voir les tuyaux de plastique transparents dans lesquels le sang circulait, de même que tout l'appareillage nécessaire à l'opération.

Un jour qu'Henri était venu me chercher, il eut une violente réaction en voyant tout ça.

— Ç'a pas de maudit bon sens de vous voir arranger comme ça ! Il faut faire quelque chose pour arrêter ça !

— Ouais, lui répondis-je, mais si j'arrête ça, je vais mourir !

— Non, vous ne mourrez pas ! J'ai lu quelque part qu'on pouvait donner un rein à une autre personne. Notre corps a deux reins, mais y paraît qu'un seul, c'est assez. On peut vivre avec un seul rein. Alors moi, je vais vous donner un de mes reins !

— Henri, c'est très généreux de ta part, lui dis-je. Je sais que ça se fait, j'en ai entendu parler aux États-Unis. Mais je ne voudrais pas « hypothéquer » ta santé pour améliorer la mienne. Toi, t'es jeune et t'as tout l'avenir devant toi. J'accepterais pas que tu risques ta vie pour un vieux comme moi.

— Non, non, dit-il. Vous n'êtes pas vieux et je vous répète que je suis prêt à vous donner un rein. Ça ne me fait pas peur. Dites-moi juste ce qu'il faut faire, pis je vais le faire !

Sa proposition me troubla tellement qu'au cours des jours suivants, je ne pus m'empêcher d'y penser sans cesse. Elle me plongeait dans un dilemme épouvantable. D'un côté, grâce à son offre généreuse, il m'était maintenant possible de voir la lumière au bout du tunnel. La dialyse, c'était dur et douloureux, et je savais que ça ne pourrait durer éternellement. D'un autre côté, j'étais inquiet pour Henri. Il était jeune et je ne voulais absolument pas qu'il risque sa santé ou sa vie pour moi. Ne sachant que faire, je décidai d'en parler à mon médecin.

— Docteur, si quelqu'un de ma famille me donnait un rein, accepteriez-vous de me le greffer, même si j'ai 60 ans ?

— Certainement, me répondit-il. Ton cœur est bon et tu es assez fort pour passer à travers une telle opération. En plus, si c'est un organe apparenté, tes chances qu'il n'y ait pas de rejet sont meilleures. Et ton fils pourra quand même très bien vivre avec un seul rein.

Cette réponse me rassura beaucoup, mais je continuai quand même à avoir des hésitations. Les choses en restèrent donc là pendant un certain temps. Puis, quelque temps après, Claude, un autre de mes fils, me fit la même proposition.

— Je suis prêt, moi aussi, me dit-il, à vous donner un de mes reins.

Alors là, ce n'était plus un donneur que j'avais, mais bien deux ! La machine médicale se mit alors en branle. Au cours des semaines qui suivirent, Claude et Henri passèrent tous les deux une batterie de tests pour vérifier d'abord que leurs reins étaient en bon état, et pour s'assurer ensuite qu'ils étaient compatibles avec moi. Il s'avéra que les deux étaient de bons donneurs. Il ne restait donc qu'à décider lequel serait choisi. Je ne voulais d'aucune façon être mêlé à cette décision et je leur en fis clairement mention.

— Arrangez-vous entre vous autres, leur dis-je, je ne veux pas me mêler de ça.

Ils se rencontrèrent donc à huis clos et décidèrent, après discussion, qu'Henri étant plus jeune, célibataire et sans enfant, il serait l'heureux élu !

En janvier 1993, on commença à discuter de dates possibles pour l'opération. Je tentai d'influencer les médecins pour que ça se fasse tôt au printemps, afin d'avoir le temps de récupérer avant l'ouverture de la pêche, le 1er juin ! Malheureusement pour moi, une autre opération m'attendait au préalable. En février, on m'enleva des diverticules aux intestins. À cause de certaines complications, il fallut ensuite m'accorder quelques semaines pour récupérer. Finalement, on fixa le jour J au lundi 7 avril.

— Hé, papa! Bonne chance!

— Hein, quoi?

Perdu dans mes pensées, je n'avais pas réalisé que les infirmiers étaient en train de transférer Henri sur une civière afin de le transporter jusqu'à la salle d'opération. Un petit coup d'œil à ma montre me permit de constater qu'il était 8 heures.

— Merci, Henri. Bonne chance à toi aussi et merci encore pour ta grande générosité. Oublie surtout pas que je t'aime!

Puis Henri est parti. Une vingtaine de minutes plus tard, ce serait mon tour. On viendrait me chercher, alors qu'Henri serait déjà sur la table d'opération. Brave Henri! Je sais que la plupart de ses amis lui ont déconseillé de me donner un de ses reins.

— T'es fou, lui ont-ils répété à maintes reprises, tu risques ta santé!

Mais Henri a un grand cœur et il est têtu. Une fois décidé, rien ne pouvait l'arrêter. La veille, en après-midi, nous étions donc entrés ensemble à l'hôpital. J'avais demandé qu'on nous mette dans la même chambre, ce qui nous a permis, au cours de la soirée, de vivre ensemble des moments très émouvants.

En effet, on présentait à la télévision le téléthon Jean Lapointe. Les années précédentes, puisque j'étais un des administrateurs de la Fondation Jean Lapointe, j'avais l'habitude de passer une partie de la journée au Centre Pierre-Charbonneau afin d'encourager les bénévoles et l'équipe de production du téléthon. J'avais aussi l'habitude, le soir, de remettre un don en direct, à la télévision. Mais cette année-là, compte tenu des circonstances, j'ai demandé à Lise de me remplacer. C'est donc avec beaucoup d'émotion qu'Henri et moi l'avons regardée à la télévision. Quand son tour est venu, Pierre Marcotte, un des animateurs du téléthon, la présenta de la façon suivante:

— Lise, comment se fait-il que Michel ne soit pas ici, cette année?

— Eh bien, répondit-elle, Michel est présentement à l'hôpital. Demain, on va lui greffer un rein qui, on l'espère, lui sauvera la vie.

Comme elle était très émue, sa voix craqua, mais elle continua.

— Ce rein, c'est Henri, le plus jeune de nos enfants, qui va le lui donner. Et je veux dire à tous les parents qui sont à l'écoute et qui sont désespérés parce que leur enfant est aux prises avec la drogue, qu'Henri l'était lui aussi jusqu'au cou, il n'y a pas très longtemps. Il s'en est sorti et, demain, c'est lui qui va sauver la vie de son père. Vous voyez, il y a toujours de l'espoir !

Wow ! Inutile de dire que nous étions tous les deux extrêmement émus ! Il faut croire que nous n'étions pas les seuls, puisque les responsables de la Fondation Jean Lapointe m'apprirent par la suite que le témoignage de Lise avait fait sonner plusieurs téléphones !

— Monsieur Perron ! Sortez de la lune, c'est votre tour !

— Hein !

Perdu encore une fois dans mes pensées, la réalité vint de nouveau me rattraper. Il était 8 h 20, et le moment de mon opération était arrivé. Les choses se passèrent ensuite très rapidement. On me transféra sur une civière et on me transporta jusqu'à la salle d'opération. En cours de route, j'ai croisé le docteur Knorr, le chirurgien qui allait m'opérer.

— *We'll start in a few minutes,* me dit-il.

Puis, après être entré dans la salle d'opération, j'aperçus cinq ou six personnes avec des masques verts. Je n'étais pas nerveux. Mes pensées allaient plutôt vers Henri qui, au même moment, était dans la salle voisine, probablement déjà endormi. « Pourvu que tout aille bien pour lui », me suis-je dit. Puis, une des personnes masquées s'approcha de moi et me mit quelque chose dans le visage. Elle me demanda ensuite de compter jusqu'à 10.

— Un, deux, trois, qua…

Chapitre 2

Souvenirs d'enfance

J'aimerais commencer mon récit en racontant d'abord quelques souvenirs de mon enfance. Certains d'entre eux ont eu une grande influence sur moi, alors que d'autres ne sont que des anecdotes qui m'ont semblé amusantes. Cependant, avant de débuter, je voudrais d'abord vous présenter mes parents.

Mon père, Henri Perron, est né en 1888 à Saint-Stanislas, un petit village de la Mauricie. Il a émigré en Abitibi en 1914, après y avoir effectué un voyage de reconnaissance en 1912. Fils d'agriculteur et peu instruit, il réalisa très jeune que son avenir était limité s'il demeurait dans son village natal. Il était alors destiné, pour toute sa vie, à cultiver la terre familiale et à passer ses hivers dans le bois comme bûcheron.

Encouragé par le clergé de l'époque, il décida de se laisser tenter par la grande aventure que constituait alors la colonisation de l'Abitibi. Il avait entendu dire que dans cette région, le gouvernement vendait aux colons des lots à des prix très raisonnables. C'est ainsi qu'en juin 1914, il s'établit sur un lot dans le 7ᵉ Rang de La Sarre, lot situé à environ un mille et demi de la gare et du centre du village. Il y construisit ensuite une maison. Quatre ans plus tard, son épouse, Blandine, le rejoignit avec les trois enfants que comptait déjà le couple.

Pendant les années qui suivirent, il travailla si fort à défricher son lot et celui qu'il avait acheté d'un voisin, de même qu'à cultiver ses terres, que la province de Québec lui octroya en 1923 la médaille de bronze du Mérite agricole. C'était la première fois que cette récompense prestigieuse était attribuée à un agriculteur de l'Abitibi.

Tous les hivers, il travaillait dans la forêt comme *jobber* pour une compagnie de pâtes et papiers. C'est ainsi qu'on appelait dans le temps l'entrepreneur forestier qui organisait les chantiers pour la coupe du bois. Son rôle consistait à évaluer le territoire de coupe que lui allouait la compagnie, à choisir le site du chantier, à construire les bâtiments nécessaires pour loger les hommes et les animaux, à tracer les chemins conduisant aux cours d'eau ainsi qu'à distribuer aux petits *jobbers* des portions de ce territoire. Il devait aussi embaucher les hommes nécessaires au bon fonctionnement du chantier, c'est-à-dire les bûcherons, les charretiers, les contremaîtres, les mesureurs, le *cook,* le forgeron… Il devait leur fournir des chevaux et des *sleighs,* de même que toute la « réguine » nécessaire. Il était également essentiel qu'il s'assure que tous ces hommes mangent à leur faim.

Il quittait habituellement la maison au début de l'automne et n'y revenait qu'à la fin du printemps, à l'exception de quelques jours à Noël. Il ne s'enrichissait pas beaucoup, avec ce travail, car le prix qu'il réussissait à obtenir de la compagnie forestière pour une corde de bois lui permettait à peine de couvrir ses dépenses.

Blandine, avec qui il eut cinq enfants – Madeleine, Armande, Arthem, Cécile et Carmen – mourut en 1925. Arthem, le seul garçon du couple, devait mourir lui aussi, de façon accidentelle, en 1943, à l'âge de 28 ans.

Se retrouvant donc veuf à 37 ans, avec 5 enfants à sa charge, il se mit à la recherche, 2 années plus tard, d'une nouvelle épouse. C'est ainsi qu'à l'été 1927, il rencontra celle qui allait devenir ma mère, Lucinda Vandal.

Lucinda était une belle jeune fille de Saint-Tite, qui était d'une vingtaine d'années sa cadette. Devenue orpheline très jeune et placée sous la responsabilité d'un tuteur, Lucinda, qui préférait se faire appeler Lucie, s'était débrouillée pour subvenir à ses besoins et pour apprendre le métier de modiste. À l'âge de 16 ans, après un stage à Shawinigan, elle se rendit travailler à Montréal pour un fabricant de chapeaux. Quelques mois plus tard, de retour en Mauricie, elle ouvrit une petite boutique de chapeaux pour dames à Saint-Adelphe. C'est là qu'elle rencontra mon père.

Les fréquentations furent de courte durée. À peine six semaines après s'être connus, Henri Perron et Lucinda Vandal s'épousaient. À 18 ans, elle devenait l'épouse d'un homme de 39 ans et la mère de 5 enfants, dont la plus vieille, Madeleine, avait à peine 4 ans de moins qu'elle ! En plus, elle s'en allait vivre en Abitibi, dans une maison dont la construction n'était qu'à moitié terminée, puisque la précédente avait brûlé l'année précédente.

De cette nouvelle union allaient naître quatre enfants : Normand en 1928, Éliette en 1930, moi-même en 1932 et Jean en 1934.

Le chantier

Quand j'étais jeune, nous demeurions dans une ferme située à environ un mille du village de La Sarre. Jusqu'en 1939, nous y passions tous les printemps et tous les étés. Mais dès que le mois de novembre arrivait, toute la famille déménageait au chantier. Mon père étant le *boss* de ce chantier, il avait le privilège d'emmener sa famille avec lui. Carmen, Éliette et Normand, qui étaient tous d'âge scolaire, étaient envoyés dans un pensionnat à Nicolet, alors que Jean et moi suivions nos parents dans le bois.

Quand j'avais quatre ou cinq ans, mon père travaillait dans un chantier de la CIP situé dans la région du lac Joanne, près de Rouyn-Noranda. Mes premiers souvenirs, bien qu'un peu vagues, datent de cette époque et de ce chantier. Je me rappelle en particulier qu'il y avait à cet endroit plusieurs bâtiments : de grands camps pouvant loger une centaine d'hommes chacun, un *office,* une « cookerie », des maisons pour le contremaître et les mesureurs, des écuries ainsi qu'une boutique de forge. Tous les jours, mon plus grand plaisir était d'aller faire un tour à cette boutique pour voir le forgeron ferrer les chevaux ou réparer les *sleighs* qui servaient à transporter le bois sur les chemins glacés. C'est d'ailleurs ce forgeron qui m'a appris quelques-uns des premiers mots d'Église que j'ai entendus dans ma vie.

— Crisse de câlisse de tabarnac, arrête de bouger ! Wo ! Hue !

Ce sont-là quelques-uns des mots qu'il lui arrivait d'utiliser lorsque le cheval qu'il ferrait se montrait un peu trop rétif ! La première fois que j'ai eu le malheur de répéter ces mots-là devant ma mère, elle en fut complètement scandalisée :

— Tais-toé, mon p'tit chenapan. Si tu dis encore ces mots-là, je vais te laver la bouche avec du savon !

Le premier moulin à scie

En 1938, mon père approchait de la cinquantaine et il commençait à être tanné de passer ses hivers dans le bois. Ma mère aussi ! Comme elle avait un grand don pour la diplomatie, elle s'en servait souvent pour lui passer des messages :

— Henri, disait-elle, comment ça se fait que Willie Létourneau, comment ça se fait que Philippe Poulin, comment ça se fait que F.X. Martel y vont pas dans le bois l'hiver ? Eux aussi y travaillent dans le domaine du bois, pis y s'organisent pour rester à La Sarre, l'hiver. Pis y ont pas l'air à crever de faim. Me semble que tu serais capable de trouver une façon de faire ça, toé aussi.

Mon père, ayant une vingtaine d'années de plus qu'elle, aimait avoir de l'autorité et être celui qui prenait les décisions. Elle avait compris ça et c'est pourquoi elle ne lui donnait jamais d'ordres. Elle utilisait plutôt sa méthode suggestive et elle arrivait habituellement à ses fins.

Par ailleurs, les *chums* de mon père l'incitaient eux aussi à partir sa propre *business*.

— Nous autres, Henri, on a des petits moulins à scie. La demande pour le bois est bonne. Pis y a des nouvelles paroisses qui ouvrent et les colons ont du bois en masse à vendre. Nous autres, on arrive à gagner notre vie comme ça. Toé, Henri, tu connais bien le bois, me semble que tu devrais faire comme nous autres et te construire une scierie.

Cette idée lui trotta dans la tête un bon bout de temps. Puis un jour, en 1938, il nous annonça sa décision.

— On va s'bâtir un p'tit moulin à scie à Val-Paradis. M'a vendre les 50 vaches à lait que j'ai achetées l'an passé de M. Chartré de Macamic, et l'argent va servir à payer l'équipement. On va juste garder quatre ou cinq vaches pour nos besoins à nous autres. Pis on gardera pus d'employés sur la ferme, les p'tits gars vont s'en occuper en vieillissant.

C'est ainsi que la scierie de Val-Paradis, située sur les rives de la rivière Pajegasque, vit le jour. Elle commença ses opérations à la fin de l'été 1939. Mon père avait alors 50 ans et moi, 7.

Le p'tit veau

L'été, à la ferme, mon père cultivait du foin et de l'avoine, qu'il utilisait l'hiver au chantier pour nourrir les animaux. Pour l'aider dans sa tâche, il embauchait trois ou quatre bons hommes, qu'il gardait généralement à son emploi durant l'hiver. Comme nous habitions une très grande maison, ces hommes demeuraient avec nous.

Sur la ferme, il y avait plusieurs animaux : des poules, des chevaux, un bœuf et des vaches. En plus de ses propres chevaux, mon père en gardait aussi d'autres en pension. Pour augmenter les revenus de la ferme, nous fabriquions du beurre, de la crème et du savon que nous vendions à des résidants de La Sarre. Nous leur vendions également du lait et des œufs.

Vivre sur une ferme offrait plusieurs avantages. Ça nous permettait d'apprendre beaucoup de choses sur la vie. On y voyait entre autres des animaux s'accoupler et, à l'occasion, il était possible d'assister à une naissance. J'aimerais d'ailleurs raconter une petite anecdote à ce sujet.

Un jour, alors que j'avais cinq ou six ans, je me trouvais seul dans l'écurie lorsque, tout à coup, j'aperçus quelque chose qui sortait du derrière d'une vache. Plus ça sortait, plus ça bougeait et plus la vache se lamentait ! Pour la première fois de ma vie, j'étais en train d'assister à la naissance d'un veau.

J'avais déjà entendu dire que parfois, lorsqu'un veau naît, il se blesse en tombant sur le plancher de ciment de l'écurie. Je me suis donc dépêché d'aller chercher du foin et je l'ai placé sous le veau avant qu'il tombe par terre.

Après la naissance, fier de moi, je suis retourné à la maison et j'ai annoncé à mes parents la grande nouvelle.

— Je viens de voir un p'tit veau venir au monde.

— Quoi! Tu aurais dû venir nous chercher, on s'en serait occupé.

— Ça n'avait pas été nécessaire parce que j'avais réussi à me débrouiller tout seul!

La queue des vaches

Quelques années plus tard, je devais avoir 10 ou 11 ans, quand mon père me confia la responsabilité de traire les vaches. Normand, mon frère aîné, n'aimait pas cette tâche. Il avait dédain de ça. Alors mon père l'avait mis en charge d'un autre travail, soit celui d'« écurer » les animaux, c'est-à-dire de ramasser leur merde dans l'écurie! Il devait donc chaque jour pelleter cette merde, la mettre dans une brouette et aller la jeter dehors. Normand, qui avait quatre ans de plus que moi, était beaucoup plus fort. Il fallait qu'il le soit, car une pelletée de bouse de vache, je vous assure que c'est pesant!

Quant à moi, j'avais cinq vaches à traire tous les jours. Jean, qui dans le temps était très petit, m'aidait en tenant la queue de la vache que j'étais en train de traire. Il m'était arrivé dans le passé de recevoir la queue d'une vache en pleine face et je m'étais aperçu que ça pince en maudit! Il fallait donc que je m'organise pour que ça n'arrive plus. C'est pourquoi j'avais recruté Jean pour m'aider.

À propos, ma mère était complètement découragée au sujet de Jean, car il semblait ne pas vouloir grandir.

— Celui-là, disait-elle, y va faire un p'tit « ragoton »!

Puis, Jean a grandi d'un coup sec. Une année, quand il est revenu du pensionnat pour le congé des fêtes, ses pantalons lui arrivaient juste au bas des genoux! Pendant les quatre mois précédents, il avait grandi de sept ou huit pouces!

Mais revenons à nos vaches. Le samedi soir, mon père avait l'habitude de nous remettre une paye pour notre travail de la semaine.

— Normand, dit-il, v'là ton 25 cents pour avoir nettoyé l'écurie. Toé Michel, v'là le tien pour avoir trait les vaches.

Jean, qui n'avait rien reçu, se mit soudainement à pleurer.

— Pis moé, dit-il, j'ai travaillé aussi, pis chu pas payé?

— Qu'est-ce que t'as fait ? lui demanda mon père.

— Ben, j'ai tenu la queue des vaches, répondit-il.

Mon père trouva sa réponse tellement drôle, qu'à compter de ce jour-là, il lui donna 10 cents par semaine pour tenir la queue des vaches !

L'école buissonnière

En 1938, j'ai commencé l'école. Mes deux premières années à l'école Saint-André se déroulèrent à peu près sans histoires. J'étais assidu, studieux et assez obéissant. Mais l'année suivante, les choses se gâtèrent un peu. J'avais rejoint, en troisième année, des gars qui avaient trois ou quatre ans de plus que moi et, malheureusement, je m'étais mis *chum* avec eux.

René Veillette, qui habitait tout près de chez nous, Roger Farrell, qu'on surnommait « Poute », Gérard « Picu » Simard et « Oiseau » Létourneau n'étaient pas très doués pour les études. Ils avaient en plus la mauvaise habitude de faire souvent l'école buissonnière. Très jeunes, ils avaient tous les quatre appris à pêcher, à chasser et à faire toutes sortes de mauvais coups ! Malheureusement pour moi, ils m'invitaient souvent à les accompagner dans leurs aventures. Ils étaient devenus particulièrement habiles pour chasser la perdrix à l'aide d'une fronde, un art qu'ils se sont vite fait un plaisir de m'enseigner. Ils m'ont aussi montré à capturer des lièvres au collet et à faire toutes sortes d'autres choses, certaines bonnes, d'autres moins.

Tous les jours, à l'école, la maîtresse prenait les présences. Il fallait donc que je me trouve de bonnes excuses pour justifier mes journées d'absence auprès d'elle. Comme j'avais remarqué que lorsqu'un p'tit gars disait qu'il s'était absenté de l'école pour aider ses parents à faire des travaux à la ferme, ça marchait, j'ai décidé moi aussi d'utiliser cette excuse. Malheureusement, j'avais oublié qu'à la fin de chaque mois, je devais remettre mon bulletin à mes parents. Quand ma mère constata mes nombreuses absences, elle fut vraiment très très fâchée.

— Où étais-tu ? Qu'est-ce que tu faisais ? Attends que je l'dise à ton père quand y va revenir en fin de semaine. Tu vas en manger toute une ! Pis je veux pus te voir jouer avec René Veillette, pis tes autres *chums* !

Malgré ces reproches et les punitions qu'on m'infligea par la suite, je dois avouer qu'il m'est arrivé quelques autres fois, au cours des années suivantes, de retourner jouer avec mes « mauvais » compagnons !

L'avion

L'anecdote qui suit eut une très grande influence dans ma vie. Elle se déroula à l'école Saint-André alors que j'étais en troisième ou quatrième année.

Un jour que j'étais en classe, j'entendis soudainement un grand bruit à l'extérieur.

— C'est un avion, cria quelqu'un.

Tout le monde se leva et se précipita à la fenêtre. C'était la première fois de ma vie que je voyais un avion ! Puisqu'il était environ 11 h 15, la maîtresse nous donna la permission de quitter la classe et de prendre congé pour le reste de la journée.

— Il a atterri dans le champ des Perron, dit un des garçons.

On s'est alors tous mis à courir dans cette direction, jusque chez nous. Une fois là, un des passagers de l'avion nous fit une mise en garde.

— Approchez pas, les jeunes, approchez pas de l'avion !

— Oui, mais moé, dis-je, mes parents restent icitte.

— Ok d'abord, toi tu peux venir, répondit-il, mais juste toi.

Excité, je m'approchai alors de l'appareil. Je me rappelle que c'était un bel avion bleu et jaune muni de skis, et qu'il y avait de la place pour deux passagers. J'étais complètement fasciné par la vision de cet appareil.

— À quelle heure vous repartez ? leur demandai-je.

— Cet après-midi, vers trois heures et demie, me répondit-on.

Alors, pour être sûr de le voir décoller, je suis resté là et j'ai attendu patiemment, pendant plus de trois heures.

Au cours des semaines qui suivirent, je me suis organisé pour emprunter de l'un de mes copains de classe, la revue *Popular Mechanics*. Même si c'était écrit en anglais et que je ne comprenais pas grand-chose, je regardais les images et j'aimais ça. Dans cette revue, il y avait une annonce qui faisait la promotion d'un livre sur le pilotage. « *Do you want to learn to fly ? Learn to fly a Piper Cub* », disait cette annonce.

J'ai économisé un dollar de peine et de misère, et j'ai commandé ce livre. C'était un beau petit volume illustré montrant comment, en tenant la manette des commandes, on pouvait faire monter, baisser ou tourner un avion. Je passais mes veillées à regarder les illustrations de ce livre. J'apprenais à piloter visuellement. Parfois, en classe, il m'arrivait même de me mettre une règle de bois entre les genoux et de me faire accroire que j'étais aux commandes d'un avion.

— Perron, où est-ce qu'on est rendu ?

— Hein ?

C'est ainsi que la maîtresse me sortait de mes rêves ! J'en ai eu, des coups de règle sur les doigts, à cause de ma passion pour les avions ! J'ai cependant compris à ce moment-là qu'un jour, je piloterais un avion.

La découverte d'un lac

L'été, quand j'avais une dizaine d'années, j'aimais beaucoup me retrouver de temps en temps au moulin de Val-Paradis. Je m'y amusais toujours beaucoup. Pour m'y rendre, j'avais l'habitude de voyager à bord des camions qui transportaient le bois de sciage entre Val-Paradis et La Sarre. Le soir, quand je revenais avec le dernier camion, plutôt que de monter dans la cabine avec le chauffeur, il m'arrivait souvent de m'asseoir sur le dessus de la pile de bois, à l'arrière du camion. Comme le camion ne roulait habituellement pas vite, à cause du mauvais état des routes, ce n'était pas très dangereux. Je m'arrangeais cependant toujours pour me tenir solidement aux chaînes qui retenaient le bois. De là-haut, j'avais une vue magnifique. Quand on approchait de La Sarre, on passait devant le lac Castor, où ma sœur Armande avait un chalet. Toute la famille avait d'ailleurs l'habitude d'aller se baigner régulièrement chez elle, et cette situation agaçait ma mère.

— Henri, disait-elle à mon père, on devrait se construire un chalet. Même si c'était juste une cabane. Au moins, on serait chez nous et on n'accaparerait pas Armande tout le temps.

— Ouais, répliquait mon père, mais y a pas de terrain de disponible au lac Castor. Si on s'trouvait un autre lac, ça serait correct, mais j'en connais pas d'autre.

Cette remarque ne tomba pas dans l'oreille d'un sourd. Un jour que nous passions dans le coin, juché sur mon tas de bois, j'aperçus un lac du côté opposé à celui du lac Castor. Personne ne m'avait jamais parlé de ce lac. Comme j'avais l'esprit aventurier, dès le lendemain matin, je partis avec Jean voir cet endroit de plus près. Nous y avons alors découvert un site magnifique. En plus, l'eau de ce lac était propre, claire et relativement chaude. De retour à la maison, je m'empressai de raconter ma découverte à mon père.

— Vous avez toujours dit que si on trouvait un lac, vous seriez prêt à y construire un chalet.

— Ouais, j'ai dit ça, pis je l'ferais.

— Ben moé, j'viens d'en découvrir un.

— Voyons donc, dit-il, s'il y avait un lac de libre, tu sais ben que tout le monde serait rendu là.

— J'vous dis qu'il y en a un ! lui répétai-je.

Mais mon père ne me croyait pas et il ne voulait pas venir voir mon lac. Ça m'a pris pas mal de temps pour le convaincre.

Un jour, à force de l'« achaler », il a accepté de venir y faire un tour. J'ai alors pris la peine de lui ouvrir une *trail* dans le bois, pour faciliter son accès à l'endroit.

— Vous voyez papa, on pourrait bâtir le chalet juste icitte ; comme ça, on éviterait que la route passe trop proche.

— Ouais, ça ben du bon sens.

Durant la semaine qui suivit, il loua un tracteur TD14 de Delphis Bussières et étendit du sable à cet endroit afin d'aménager une petite plage. Le reste de l'été, au lieu d'aller chez Armande, on se baignait là. L'été suivant, après avoir obtenu un bail du gouvernement pour le terrain, nous y construisions un chalet.

Le cours de premiers soins

Pour la construction du chalet, mon père avait engagé Galli Robin, un ouvrier de la région. Galli était un vieux garçon qui restait avec sa mère et un de ses frères, dont le prénom était Mignon ! À part leurs prénoms bizarres, les deux frères avaient autre chose en commun : ils prenaient tous les deux un coup solide !

Puisque j'avais 12 ans, mon père décida que j'étais assez vieux pour aider Galli à construire le camp. De son côté, Jean, qui avait

10 ans à peine, fut mis en charge du transport des matériaux. C'est lui qui conduisait le vieux camion que mon père avait acheté des surplus de l'armée.

Comme il n'était pas assez grand, une fois assis, pour atteindre les pédales, il conduisait le camion debout ! Il faut dire qu'en 1944, il n'y avait pas beaucoup de trafic sur la route et que, de toute façon, dans notre coin, la police était plutôt rare !

Pendant les travaux, Galli et moi passions toute la semaine sur place. Nous couchions dans une tente aménagée près du site de la construction. De temps en temps, mes parents venaient faire un tour. Ils en profitaient pour nous apporter de la nourriture et de l'eau fraîche qu'ils avaient l'habitude de mettre dans un pot en vitre. Par ailleurs, comme nous utilisions pour l'éclairage un fanal qui fonctionnait au *naphta,* mes parents apportaient aussi du gaz pour alimenter ce fanal. Ils le mettaient également dans un contenant en vitre…

Un beau lundi matin, alors qu'on travaillait à l'intérieur du chalet, Galli, qui avait « pris une brosse » durant toute la fin de semaine, eut soudainement très soif.

— Tabarnac qui fait chaud ! Moé, je descends de l'échafaud, pis j'va prendre une gorgée d'eau.

Aussitôt dit, aussitôt fait ! Malheureusement, au lieu de prendre le pot d'eau, il prit celui du *naphta* ! Et comme il avait vraiment très soif, il ouvrit la bouche toute grande et glou… et glou… et glou… Avant de réaliser son erreur, il eut le temps d'avaler une bonne *shot* de gaz. Il se mit tout à coup à sauter et à danser !

— Ostie de tabarnac, ça m'chauffe dans gueule, dans gorge pis dans l'ventre, cria-t-il.

Inquiet, je descendis à mon tour pour lui venir en aide. Heureusement, quelques mois plus tôt, j'avais suivi à l'école un cours de premiers soins. J'y avais appris entre autres que, lorsqu'une personne s'empoisonne, il faut lui donner le plus rapidement possible quelque chose pour la faire vomir et pour la purger. Il est absolument essentiel que le poison sorte, et vite !

— Écoute, Galli, lui dis-je, y a rien que deux choses à faire. Comme on n'a pas d'auto, on peut pas aller voir le docteur. Il va falloir qu'on s'arrange tout seuls. Mets-toi un doigt dans la gorge, ça va te faire vomir. Pis je vais te donner de la moutarde dans un verre d'eau, ça devrait te faire chier. J'ai suivi un cours de premiers soins à l'école et c'est ça qu'on dit de faire dans ces cas-là.

Galli se dépêcha donc de prendre le verre que je lui préparai et le but rien que d'une traite.

— Tabarnac que c'est méchant ! J'ai mal à gorge. P'tit câlisse, tu me donnes des affaires pas buvables !

Soudain, il se mit à être très malade et à vomir partout. Moi, je l'encourageais de mon mieux.

— Lâche pas, Galli, c'est bon ! Vomis, comme ça tu vas être sauvé, tu mourras pas !

— J'ai mal au cœur, pis en plus, tabarnac, j'ai l'va-vite.

En disant ça, il baissa ses culottes et il se mit à chier sur le bord du chalet. Ça sortait de tous bords, tous côtés !

— Tabarnac, j'ai le feu au cul !

J'imagine que c'était le gaz, qui sortait. Pour en être sûr, j'ai pris une allumette et je me suis approché de lui.

— Si ça chauffe trop, lui dis-je à la blague, on peut brûler le gaz qui sort.

— Ôte-toé de là, p'tit tabarnac, tu veux pas me mettre le feu au cul en plus !

Galli passa le reste de la journée couché. Le lendemain, après avoir mangé un peu, sa santé est revenue tranquillement.

Mon cours de premiers soins lui avait probablement sauvé la vie !

Mes parents

Enfin, j'aimerais dire encore quelques mots au sujet de mes parents. Mon père était un homme qui avait beaucoup de respect pour ses semblables. Il était très travaillant, tenace, et un de ses plus grands plaisirs était de pouvoir fournir du travail aux autres. Il était aussi très fier, toujours bien habillé et très orgueilleux de sa personne. Quand il allait faire des commissions au village, il prenait toujours le temps de se changer avant de partir. Étant plutôt renfermé de nature, il n'exprimait pas beaucoup ses sentiments. Jamais, par exemple, il ne disait devant nous qu'il était fier de ses fils. Mais je sais que c'était le cas, car il ne se gênait pas pour le dire aux autres, quand on n'était pas là !

Je dois avouer qu'il m'est arrivé à l'occasion de le trouver sévère et un peu borné. Il ne faut pas oublier qu'à ma naissance, il avait déjà 44 ans et qu'en vieillissant, j'avais parfois l'impression qu'il était davantage mon grand-père que mon père! Cependant, c'est lui qui m'a montré à travailler et qui m'a ouvert la voie. Je lui serai toujours reconnaissant pour ses conseils et pour la confiance qu'il m'a témoignée pendant mes premières années de travail.

Ma mère était quant à elle une très belle femme, jeune de corps et de caractère. Toujours souriante et à l'écoute des autres, elle avait le don de se faire aimer de tout le monde. Elle possédait un talent hors de l'ordinaire, comme je l'ai déjà mentionné, pour la diplomatie. Lorsqu'elle souhaitait obtenir quelque chose, elle s'arrangeait toujours pour dire que l'idée ne venait pas d'elle. Par exemple, quand elle allait s'acheter des vêtements dans les grands magasins, à Montréal, elle prétendait toujours qu'elle le faisait pour faire plaisir à son mari!

— Henri, il aime ça le beau linge, avait-elle l'habitude de dire. Il aime ça une femme bien habillée.

Elle s'arrangeait toujours pour donner à mon père l'impression que c'était lui qui prenait les décisions, mais dans le fond, la plupart du temps, c'est elle qui lui suggérait quoi faire.

À la maison, elle s'acquittait très bien de toutes les tâches ménagères. Elle était bonne cuisinière et excellente couturière. Par contre, les travaux de la ferme ne l'intéressaient pas beaucoup. Il était rare qu'elle mette les pieds dans la grange ou dans l'écurie. Et quand nous avions un problème quelconque, c'est vers elle que nous nous tournions. Elle nous écoutait et nous posait des tas de questions. Elle en posait tellement que, plus tard dans sa vie, ses petits-enfants l'ont surnommée «grand-maman Colombo»!

Elle a su inculquer à chacun de ses enfants de belles valeurs. Pour chacun de nous, elle a été une source d'inspiration continuelle. Même si nous devions nous y attendre, à cause de ses 95 ans, son décès en juin 2005 nous a tous beaucoup attristés.

Chapitre 3

Pensionnaire à Montréal

Le mois de septembre 1945 amena un grand bouleversement dans ma vie. Pour la première fois de ma jeune existence, je devais quitter La Sarre et la maison familiale pour m'en aller à Montréal comme pensionnaire au collège Mont-Saint-Louis. Ça ne me tentait pas beaucoup. N'étant pas très porté sur les études, il n'avait jamais été question pour moi de faire un cours classique. Cependant, comme ma mère tenait mordicus à ce que je complète au moins des études secondaires, on m'inscrivit au cours commercial de ce collège. Ainsi, dès les premiers jours de septembre, toute la famille prit place dans l'auto familiale. Dans ce temps-là, aller à Montréal était tout un voyage. Ça prenait deux bonnes journées. On passait par le Témiscamingue et le nord de l'Ontario. On couchait habituellement à Pembroke le premier soir, et le lendemain on reprenait la route en direction d'Ottawa, avant de finalement atteindre Montréal.

Après ce long périple, nous étions finalement arrivés, quelques jours avant mon entrée au collège. Nous logions dans un *tourist room* situé sur la rue Sherbrooke, près du Mont-Saint-Louis.

Jean et moi, qui en étions à notre première visite à Montréal, étions très excités par tout ce qu'on voyait : les autos, les tramways, les magasins, les néons, la foule… Il y avait beaucoup d'action et ça nous emballait ! Je me souviens que le lendemain de notre arrivée, nous étions allés magasiner chez Eaton, sur la rue Sainte-Catherine, et que dès notre entrée dans le magasin, Jean s'était écrié :

— Michel ! Regarde les escaliers, y montent tout seuls !

Nous venions tous les deux de découvrir les escaliers mobiles. Jamais, à La Sarre, on avait vu ça, des marches qu'on n'avait pas besoin de monter ! Ensuite, nous nous étions rendus à la Pharmacie Montréal, et là, c'étaient les portes, qui s'ouvraient toutes seules ! La journée suivante, nous étions allés reconduire Éliette au couvent des sœurs de Sainte-Anne, à Lachine. Ensuite, avant de reprendre la route pour l'Abitibi avec Jean, mes parents nous avaient laissés, Normand et moi, au Mont-Saint-Louis.

Je dois expliquer qu'après avoir passé trois ans au collège Saint-Laurent, Normand s'était aperçu qu'il n'aimait pas beaucoup les études classiques. Il avait donc décidé d'abandonner ce cours et opté plutôt pour le cours commercial. Il se retrouva donc au même collège que moi, mais dans une classe plus avancée.

Mon premier soir au collège fut très pénible. Couché dans un grand dortoir avec des dizaines d'autres garçons, j'avais l'impression que les draps et les couvertures de mon lit n'étaient pas comme chez nous. Comme en plus il faisait chaud, les fenêtres du dortoir étaient grandes ouvertes et on pouvait voir passer les « p'tits chars » en bas, sur la rue Ontario. Les *flashes* et le bruit qu'ils faisaient m'empêchaient de dormir. Alors, pour une des rares fois dans ma vie, j'ai pleuré.

La première leçon

Pendant les trois années que j'ai passées au Mont-Saint-Louis, j'ai appris plusieurs leçons. Dès ma deuxième journée, j'ai appris la première. Je me trouvais alors dans la salle de jeu, un endroit où on pouvait s'adonner à plusieurs activités. Il y avait des tables de ping-pong, des tables de mississippi, des jeux de poches, etc. Comme le ping-pong était un jeu que j'avais déjà pratiqué, je me suis immédiatement dirigé vers une table où deux gars étaient en train de jouer. Je me suis assis à côté de la table et j'ai attendu patiemment qu'un des joueurs parte. Après quelques minutes, l'un des deux quitta, et je me suis levé pour prendre sa place. Mais avant même que j'aie le temps de prendre la raquette sur la table, un grand gars est arrivé de je ne sais où et s'en est emparé.

— C'est mon tour, lui dis-je, indigné.

— Non, c'est pas ton tour. C'est moé qui joue, me répondit-il.

— Non, ça marche pas de même. J'ai attendu mon tour pendant plusieurs minutes et là, tu passes devant moé. C'est pas correct.

— Écoute ben, me dit-il, toé t'es un nouveau icitte. Moé, je suis un ancien et j'ai le droit de passer en avant de toé.

— Non, j'accepte pas ça, répondis-je. Tout le monde est égal et tu passeras pas devant moé !

Alors, on s'est mis à se bagarrer. Comme j'étais déjà pas mal costaud pour mon âge, j'ai réussi à le maîtriser assez rapidement. Tout à coup, j'entendis de grands coups de sifflet et un bruit de pas qui approchaient.

— Qu'est-ce qui se passe icitte, demanda le gros frère Robert, qui était préfet de discipline.

— Il a passé devant moé et m'a volé mon tour, répondis-je tout énervé.

Avant même que j'aie le temps de finir ma phrase, le frère Robert me souleva de terre et me « sacra » trois claques en pleine face ! Ne comprenant pas trop ce qui m'arrivait, je tentai de lui expliquer tant bien que mal ce qui s'était passé, mais chaque fois que j'ouvrais la bouche, je recevais une autre claque sur la gueule !

— L'autorité, icitte, c'est moé, dit-il. Assis-toé, pis farme ta boîte !

C'est ce que je fis ! À compter de ce jour-là, j'ai compris qu'au collège, il y avait de la discipline. Même quand on pensait avoir raison, on ne devait pas se chicaner avec les autres et on ne devait surtout jamais se battre !

La vie au collège

La vie au collège était très « régimentée ». On se levait toujours à la même heure, on mangeait à heures fixes et, toute la journée, on avait un programme précis à suivre. Ça commençait avec la messe le matin et ça se poursuivait toute la journée avec des tas d'activités. Les fins de semaine cependant, c'était moins pire.

Même si nous, les pensionnaires, n'avions pas le droit de sortir, nous pouvions quand même nous tenir occupés grâce à de nombreuses activités. Moi, mes loisirs préférés étaient les sports. J'étais privilégié, car dans ce domaine, tout était très bien organisé. Il y avait un gymnase où on pouvait jouer au basketball et au volleyball, des terrains de baseball, de même que des patinoires extérieures où on pouvait patiner et jouer au hockey. Nous avions aussi la possibilité d'aller nager au Bain Ontario, situé tout près.

À force de jouer et de pratiquer toutes les fins de semaine, je suis devenu assez bon au basketball et au hockey. Je faisais même partie des équipes qui représentaient notre collège. Nous faisions partie de ligues regroupant d'autres institutions comme les collèges Brébeuf, Sainte-Marie, Saint-Laurent, Laval… Nos parties locales de basketball avaient lieu à la Palestre Nationale, sur la rue Cherrier, le gymnase du Mont-Saint-Louis n'étant pas assez grand pour accommoder des spectateurs. Pour ce qui est du hockey, nous avions la chance inouïe de disputer nos parties le samedi matin ou le samedi après-midi, au Forum de Montréal! Ce grand privilège nous était en effet accordé parce que le Mont-Saint-Louis avait conclu une entente spéciale avec les dirigeants des Canadiens de Montréal. Selon cette entente, les meilleurs prospects dénichés par les Canadiens venaient étudier à notre collège avant de graduer avec l'équipe. Bernard « Boum Boum » Geoffrion est probablement le plus célèbre de ceux qui ont bénéficié de cet arrangement. Cette entente nous permettait aussi d'assister gratuitement aux parties du Royal de Montréal, le dimanche après-midi, ou à celles du Canadien Junior, le dimanche soir.

J'ai beaucoup joué au hockey, pendant ces années-là, et j'ai adoré ça. À ma dernière année, je faisais partie de la catégorie « juvénile », soit celle qui précède immédiatement le niveau junior.

Mais le hockey me servait aussi parfois de prétexte pour faire autre chose. Il arrivait en effet, à l'occasion, qu'après une pratique ou une partie disputée au Forum, je ne retourne pas directement au collège. En compagnie de quelques-uns de mes coéquipiers, j'arrêtais plutôt prendre une *draft* chez Méthot, la taverne située au coin des rues Saint-Denis et Ontario. Ces verres de bière furent les premiers de ma vie. Quelques autres ont suivi par la suite !

Je me rappelle qu'une fois, pour impressionner le *waiter*, j'étais entré seul dans la taverne et j'avais commandé 100 *drafts* ! Le pauvre gars n'en croyait pas ses yeux ! Mes neuf *chums* étaient ensuite entrés et, ensemble, nous nous étions fait un devoir de vider tous ces verres ! Cette fois-là, quand nous sommes retournés au collège, nous étions pas mal « gorlots » !

Le voyage en train

Quand arrivait le mois de décembre, je commençais à rêver aux vacances de Noël. Après presque quatre longs mois au collège, je pouvais enfin sortir et aller passer les fêtes dans ma famille.

Pour se rendre en Abitibi, il fallait cependant prendre le train, et ce voyage représentait pour moi tout un pique-nique ! On partait de la Gare centrale vers 18 heures et on n'arrivait à La Sarre que le lendemain après-midi. Même si mon budget me permettait de louer un oreiller pour la nuit, je n'avais pas vraiment le temps de dormir beaucoup. Je passais presque tout mon temps à fêter ! Le train était aussi l'occasion de rencontrer des filles. Étant pensionnaire, je n'avais pas cette chance bien souvent. Avant d'embarquer, je m'assurais toujours d'aller acheter quelques « p'tits mickeys » de gin, de rhum ou de rye. Avec ça, je pouvais ensuite payer la traite aux filles durant le voyage, avec bien sûr l'espoir qu'une fois un peu étourdies, elles acceptent de m'embrasser !

L'union fait la force

Vers la fin de ma dernière année au collège, un incident me permit d'apprendre une autre leçon. Pendant la semaine sainte, les frères avaient organisé une visite à l'Oratoire Saint-Joseph. Pensant que ceux-ci ne s'apercevraient pas de mon absence, je me suis enfui avant de monter dans l'autobus avec deux de mes compagnons. Nous nous sommes plutôt rendus au théâtre Gaieté, sur la rue Sainte-Catherine, pour aller voir le *strip tease* de Peaches ! Malheureusement pour nous, un des frères prit les présences à bord de l'autobus et nous nous sommes fait prendre. Comme je n'en étais pas à mon premier mauvais coup, ce fut la goutte qui fit déborder le vase. On m'expulsa du collège ! La direction du Mont-Saint-Louis fit parvenir à mes parents le télégramme suivant : « Votre fils Michel… Stop… expulsé du collège… Stop… Arrivera demain par le train… Stop… Prière de confirmer réception. »

Alors que, piteux, je préparais ma valise pour le départ, le directeur du collège, le frère Alexandre, me fit demander à son bureau.

— J'ai avisé tes parents que tu étais expulsé du collège, me dit-il. Avant de partir, aurais-tu quelque chose à dire ? As-tu au moins un peu de regret pour ce que tu as fait ?

Je me rendis compte, tout à coup, que si je retournais à La Sarre, mon année scolaire était fichue. Je me suis dit que je n'avais rien à perdre à montrer un peu de remords. Peut-être me laisserait-on alors une chance.

— Oui, je le regrette, répondis-je.

— Écoute, dit le frère directeur, ça me coûte un peu de te laisser partir. Ton frère Normand gradue cette année et c'est un élève modèle. Pis ton autre frère en est à sa première année ici. Toi, tu es entre les deux et il faut qu'on te mette dehors. J'ai peur que, si on fait ça, ça dérange tes frères dans leurs études. Si tu me promets d'avoir une bonne conduite et de suivre les règlements d'ici à la fin de l'année, je suis prêt à te donner une dernière chance.

— Je vous promets de faire attention, m'empressai-je de répondre, heureux de ce dénouement inattendu.

— Je veux que tu comprennes bien que c'est à cause de tes frères, si je te donne une chance. Sans eux, t'étais dehors !

Je venais d'être sauvé par mes frères ! J'ai réalisé alors, pour la première fois de ma vie, que lorsqu'on forme une équipe, on est toujours plus fort. Je n'ai jamais oublié cette leçon et je pense l'avoir mise en pratique très souvent par la suite.

J'aimerais mentionner ici que je garde un excellent souvenir de mes années au Mont-Saint-Louis. Les Frères des écoles chrétiennes ont toujours fait preuve d'un très grand dévouement et d'une immense patience envers moi. Même si parfois ils se montraient sévères, je pense qu'ils avaient raison. La discipline, dans la vie, c'est important ! On ne fait rien de bon sans ça. Je leur suis donc très reconnaissant pour tout ce qu'ils ont fait pour moi.

Le test d'anglais

Mon père a travaillé une grande partie de sa vie pour des compagnies forestières. Comme les dirigeants de ces entreprises étaient tous des anglophones, il avait acquis la conviction qu'on ne pouvait pas devenir *boss* si on ne parlait pas l'anglais. Au fil des ans, il avait réussi à apprendre quelques mots, mais il ne pouvait pas soutenir une conversation dans cette langue. Quand il était obligé de transiger avec les représentants des compagnies forestières, il devait toujours avoir recours à un interprète. Cette situation le frustrait et l'avait amené à avoir une vision assez simpliste de l'éducation :

— Les p'tits gars, vous arrêterez d'aller à l'école quand vous parlerez anglais, nous répétait-il souvent.

C'est probablement la raison pour laquelle j'ai décidé d'aller faire la dernière année de mon cours commercial au St. Jerome's College, à Kitchener en Ontario. Inutile de dire que mes premiers mois là-bas furent pénibles. Comme je ne maîtrisais pas beaucoup l'anglais, il m'était difficile de comprendre ce qui se disait en classe. Mais avec le temps et la pratique, c'est devenu graduellement plus facile, si bien qu'au mois de juin suivant, je suis reparti pour La Sarre avec mon diplôme de *high school* en poche.

Quand je suis arrivé, mon père n'arrivait pas à croire que j'aie pu apprendre l'anglais aussi vite. Il demanda à Mme Poupart, une de ses employées bilingues, de me faire passer un test. Nous avons alors jasé ensemble quelques minutes en anglais. Puis, mon père lui demanda ce qu'elle en pensait.

— Monsieur Perron, lui répondit-elle, votre fils Michel parle l'anglais aussi bien que Normand.

Il n'en revenait tout simplement pas !

On prépare la carrière

Étant convaincu que mon avenir passait par l'entreprise familiale, je me suis inscrit, quelques semaines plus tard, à l'École forestière de Duchesnay, située près de Québec. Pendant les cinq mois qui suivirent, je participai à de nombreux stages au cours desquels on m'enseigna les techniques de mesurage du bois, de même que celles de la classification des bois, particulièrement celles des bois mous, puisque ce sont surtout ces essences qu'on retrouve en Abitibi. On m'apprit aussi différentes notions d'exploitation forestière qui, plus tard dans ma carrière, se sont avérées très utiles. En novembre 1949, quand je terminai ce cours, on me remit deux diplômes : une licence de mesureur et une autre de classificateur de bois. J'étais alors fin prêt à commencer ma carrière à la scierie de Val-Paradis !

En 1937, mon père dirigeait le chantier de la CIP, au lac Joannès.
J'avais alors quatre ans et Jean, deux.

Mon père, Henri Perron, en 1925.

La scierie de Val-Paradis, dans les années 1940.
C'est là que j'ai fait mon apprentissage du métier.

La famille devant le chalet du Jardin botanique à Montréal.
Quelques jours plus tard, je faisais mon entrée au collège Mont-Saint-Louis.

Cette bicyclette «familiale» servait aussi à faire la livraison du lait, de la crème et des œufs. Sur la photo de droite, j'apparais avec ma grand-mère Perron, ma tante Marie-Lise, ma sœur Carmen, ma tante Annette et ma sœur Éliette. Jean est assis dans la remorque.

À ma dernière année à l'école Saint-André, avec le frère Bolduc, des Clercs Saint-Viateur. Je suis à gauche, dans la dernière rangée.

Je jouais au hockey pour l'équipe de niveau midget du collège.
Je suis le deuxième à partir de la droite, dans la première rangée.

J'étais aussi membre de l'équipe de basketball. Je porte le numéro 3.

Voici quelques membres de l'équipe de softball.
Le plus grand, à gauche, en arrière, c'est moi.

À Kitchener, je n'ai pas appris que l'anglais. Me voici avec Jean-Paul Carrier,
mon entraîneur, lors du championnat de boxe du St. Jerome's College.

En 1952, un incendie ravagea le moulin que mon père avait construit en 1939.
Voici la scierie construite quelques mois plus tard sur le même site.

Me voici avec mon père et la règle que j'avais inventée afin de nous
permettre de mesurer la quantité de bois transportée par un camion.

Une chasse à l'orignal, au lac Cambraie, avec Fridolin Simard,
le futur propriétaire de l'hôtel L'Estérel, et Jean-Baptiste Lavoie.

Mon premier avion, un Taylorcraft, photographié
devant le premier camp que j'ai rafistolé, au lac Trollope.

La maison familiale, à La Sarre, en 1950.

La famille au grand complet, lors du vingt-cinquième anniversaire de mariage
de mes parents, en 1952. À l'avant, entourant mes parents, de gauche à droite,
mes quatre demi-sœurs : Cécile, Armande, Madeleine et Carmen.
À l'arrière : moi, Éliette, Normand et Jean.

En 1953, avant que mon avion soit muni de flotteurs,
je devais atterrir dans un champ.

Philémon Bruneau, un trappeur à qui
je suis allé rendre visite, à l'occasion
d'une ballade en avion.

Lise, la compagne de ma vie,
lors de notre premier voyage de
pêche, en 1954, au lac Hébécourt.

Notre mariage fut célébré le 14 avril 1956, à Chibougamau.

Nous voici à Mexico, pendant notre voyage de noces, avec
Anselmo Del Cueto, un ancien compagnon du Mont-Saint-Louis.

Ma première excursion de pêche avec « C.P.R. » Perrault, mon beau-père,
au lac Wacanichi, au nord de Chibougamau.

Le premier tour à dérouler le tremble de
la nouvelle usine de contreplaqué de La Sarre.

Le 10 novembre 1956, l'usine de *plywood* de J.H. Normick est inaugurée
à La Sarre. Le ruban est coupé par Émile Lesage, le député d'Abitibi-Ouest.
On l'aperçoit entouré de Victor Cormier, le curé de La Sarre, moi,
mon père Henri Perron, mon beau-frère Alex Laurin, Normand Perron,
Clément Déry, le maire de La Sarre, et Jean Perron.

Un groupe d'employés photographié lors de l'ouverture officielle de l'usine.
À la droite de mon père, on reconnaît Jean, Alex Laurin et Lise Barrette.
À sa gauche, moi-même, Normand, Tom Chess et Elphège Marseille.

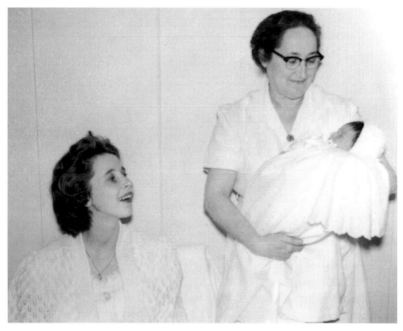

Anne-Marie, notre première enfant, dans les bras de l'infirmière Bergeron.
Puisqu'il n'y avait pas encore d'hôpital à La Sarre, Lise a accouché à la maison.

Pique-nique annuel du Club Rotary de La Sarre, au lac Perron.
Première rangée, de gauche à droite : Alfred Baril, Philippe Duval,
Antonio Gaudreau, André Descelliers, Ange-Albert St-Amant et Rock Fafard.
Deuxième rangée : Le Dr Gustave Rheault, Paul Denoncourt, Clément Déry, Charlie
Duval et Raoul Chamberland. Troisième rangée : J.A. Duval, Émilien Pronovost,
Paulin Bordeleau, moi, Charles Alarie, Yvon Bédard et Henri Lamothe.

Au début des années 1960, je possédais deux avions : un Cessna CF-JAZ,
qu'on aperçoit à l'arrière-plan, et un Aironca, qu'un vent violent a endommagé.
Les deux sont stationnés dans un champ situé près de notre première résidence,
construite sur la terre familiale.

Albert Boisvert et moi, au petit lac Abitibi, situé au nord de Cochrane.

Signature, en 1962, d'un contrat d'approvisionnement, avec le ministre Kevin Drummond. À mes côtés, Jean, André Lavigne et Roger Houde, le chef de cabinet du ministre.

Une chasse à l'oie à la rivière Pontax, située à la Baie-James. De gauche à droite : Don Millen, Doug Cowan, Dick Day, Albert Boisvert, Fred Burrows, Ed Stone, moi, Charlie Campbell et Yvon Fortin.

Normand, Jean et moi, devant le chalet de l'île Mouk-Mouk.

La photo officielle de notre première carte de Noël, en 1963.
Nos cartes de Noël sont devenues une tradition familiale depuis 44 ans.

Un voyage chez les Inuits, en 1964.
À l'arrière-plan, celui qui porte des lunettes
est mon ami Pete Hughes, de Cochrane.

Mon avion Super Cub est amarré sur la rivière Pajegasque, à Val-Paradis,
près du bureau de la scierie.

Lise et Bertrand sont photographiés ici avec le curé McDuff, de Beaucanton et sa femme de ménage. Passionné d'aviation, c'est lui qui m'a initié au pilotage.

Mon père, quelques mois avant son décès, avec ses trois fils.

En 1964, Jean, Albert Boisvert et moi nous sommes rendus à Seattle
pour acheter de l'équipement, afin de remplacer celui qui avait été détruit
lors de l'incendie de l'usine de Cochrane.

Un voyage de pêche au lac Mistassini en compagnie de Dick Day
et Vince Van Vlemen, d'Abitibi Paper.

À la cérémonie officielle soulignant le début des travaux de construction de l'usine de Cochrane, le 1er avril 1963.

Le 4 octobre 1964, un incendie détruit complètement l'usine de contreplaqué de Cochrane, ouverte à peine un an plus tôt. Nous l'avons reconstruite dans un temps record.

Session de sauna, à l'île Mouk-Mouk, en compagnie de
Doug Cowan, Jean et Dick Day.

Une délégation de l'Association forestière de l'Abitibi, au bureau du ministre
Bona Arsenault, à Québec. De gauche à droite : Jos Therrien, une personne
inconnue, Edgar Jolin, Jules Breton, Jean-Baptiste Lebel, Lorenzo Turcotte,
Bona Arsenault, Lucien Cliche, Edgar Turpin, moi-même et Philippe de Blois.

Notre résidence de La Sarre, construite en 1964.
Nous l'avons habitée jusqu'en 1998.

Cinq de nos enfants, après un moment dans le sauna du lac Perron.

Dans les années 1960, le Club Rotary organisait un échange d'étudiants
entre les villes d'Haliburton, en Ontario, et La Sarre.
Plusieurs de nos enfants y ont participé.

Monsieur Normick, la mascotte de
notre compagnie. Celui qui se cachait
derrière ce personnage, Armand
Hémond, mesurait près de 7 pieds.

Un associé, un conseiller et
un grand ami, le notaire Marc Lavigne,
décédé subitement le jour de
mon anniversaire, en 1984.

Claude et Bertrand, à 5 et 6 ans,
avec leur première cannette de bière.
Ça promet ! (Remarquez
la marque…)

À 5 ans, Claude était déjà un adepte
de l'équitation.

À l'occasion de l'Expo 67, la famille
a effectué un long voyage
dans l'est du pays.

Les parents de Lise, en 1966, devant la plaque commémorant le cinquantième anniversaire du feu qui détruisit le village de Nushka (Val Gagné) en Ontario. Dans cette tragédie, 244 personnes périrent. Monsieur Perrault fut le seul survivant.

Un voyage d'exploration à Fraserdale, au nord de Cochrane, pour évaluer le potentiel forestier de la région. Je suis accompagné de Don Millen, un consultant, et Fernand Lacroix, un employé de notre compagnie.

Avec Bill Desrosiers, un de mes grands amis, à Seal River, à la Baie-d'Hudson.

Au lac Kipawa, avec Lazare Pelletier, le *waiter* de l'hôtel La Sarre,
et Roméo Dubuc, le propriétaire de l'hôtel.

Un match de curling, à Normétal, avec Nestor Moore,
Alphonse Gaudet et Charles Alarie.

Une vue de nos installations de l'île Mouk-Mouk, vers 1965.

Jean-Yves Deslauriers, Jean Desjardins et Michel Roy,
au départ d'un voyage de chasse à la rivière Pontax.

Une chasse à l'outarde, à la Baie-James. Dans l'ordre habituel :
Nestor Moore, Gaston Gilbert, Albert Boisvert, moi et Dick Allen.
Debout : Marcel Monette et Roméo Dubuc.

Une visite au lac d'Argent, au nord de Mont-Laurier, chez Jacques Daigle,
accompagné de Jean et son épouse.

En 1968, nous avons reçu la visite, à La Sarre, du frère Urbain,
l'ancien maître de salle du collège Mont-Saint-Louis.

En 1969, j'ai été nommé Homme du mois de la revue *Commerce*.
Me voici avec Lise, lors du banquet annuel, avec de gauche à droite :
l'épouse de Gérard Gingras, Normand et Thérèse Perron, Fernand et
Margot Doyon, Marcel et Éliette Monette, Claude Ducharme et son épouse,
ma mère Lucie Perron, et Gérard Gingras.

L'ouverture officielle de la scierie de La Sarre, en 1969. De gauche à droite :
Thérèse et Normand Perron, l'honorable Claude Gosselin, ministre des Terres
et Forêts du Québec, moi, Jean Perron et Antonio Flamand, le député
de notre région.

La famille au grand complet, devant notre premier chalet
de ski, au mont Vidéo.

Quelques photos de notre voyage dans l'Ouest, à l'été 1972.

« Éric le brave », à l'île Mouk-Mouk,
avec un bébé orignal.

Brrr… Une saucette hivernale
dans le lac Perron, après une
séance de sauna.

La photo officielle de la famille, pour la carte de Noël de 1970 : entre Lise et moi,
Anne-Marie, Bertrand, Claude, Denise, Éric, François, Geneviève et Henri.

Chapitre 4

Val-Paradis, mon université

Tous les étés, quand j'étais étudiant, je travaillais à Val-Paradis. J'ai eu l'occasion, pendant cette période, de me familiariser avec plusieurs des tâches qui font partie des opérations courantes d'une scierie. J'ai travaillé sur la table de « trille », empilé des planches de bois, fait de la drave sur la rivière, conduit des camions et fait bien d'autres choses. Mais, en ce mois de décembre 1949, ce n'était plus un travail temporaire qui m'attendait, mais ma carrière qui débutait pour de bon.

À cette époque, la scierie fonctionnait toujours sans électricité. À peu de choses près, elle avait la même apparence que lors de son ouverture en 1939. Une cinquantaine d'employés y travaillaient six jours par semaine, de 7 heures le matin jusqu'à 18 heures. La plupart de ces travailleurs demeuraient dans des camps situés près de l'usine. Ils n'allaient faire un tour à La Sarre ou dans leurs villages respectifs qu'environ une fois par mois. La production annuelle de la scierie était alors d'environ trois millions PMP[1].

---

1. PMP signifie pied mesure de planche. C'est une mesure utilisée dans l'industrie forestière pour désigner la production d'une usine.

Dans les chantiers, où travaillaient une autre cinquantaine d'hommes, les chevaux étaient encore présents et les outils utilisés par les bûcherons étaient sensiblement les mêmes qu'au temps de leur père. La mécanisation ne s'est faite que plus tard, dans les années 1960.

Les opérations forestières commençaient habituellement vers le 15 novembre, soit au moment où les chemins gelaient. L'abattage des arbres se faisait ensuite durant tout l'hiver et s'arrêtait avec le dégel, à la fin du mois de mars. La scierie, grâce aux billots accumulés pendant l'hiver, continuait cependant à opérer une bonne partie de l'été. Le *break up* du mois d'avril nous forçait cependant à arrêter les opérations pendant quelques semaines. À ce moment-là, la rivière Pajegasque, sur les bords de laquelle la scierie était construite, débordait et inondait le moulin. Nous devions vivre avec ce problème, puisque, à cette époque, une scierie devait obligatoirement être construite au bord d'un cours d'eau, tous les moteurs de ses machines fonctionnant à la vapeur. De plus, le cours d'eau était un moyen de transport pour une bonne partie des billots qui l'approvisionnaient. On les faisait tout simplement flotter du chantier au moulin. C'était la drave.

Mais à partir de 1950, la plus grande partie de nos billots était transportée par camions. Ils provenaient de cantons non défrichés situés au nord-ouest de La Sarre. Nous comptions également pour notre approvisionnement sur l'apport des colons qui, encore en 1950, défrichaient leurs lots. Les planches qui sortaient de la scierie étaient transportées à La Sarre, à l'usine de rabotage de F.X. Martel. Elles séchaient alors pendant quelques mois avant d'être planées et expédiées à des grossistes.

Mon frère Normand, qui, après ses études, avait fait un stage de quelques années à la succursale de la Banque Nationale de La Sarre, s'était ensuite joint à l'entreprise familiale. Par un drôle de hasard, il n'y était arrivé que deux semaines seulement avant moi ! Mon père lui avait confié la responsabilité du bureau, qui, en 1950, était situé au deuxième étage du garage de notre maison, à La Sarre. Il s'occupait de différentes tâches administratives comme la préparation des payes, les achats, le paiement des factures, la comptabilité, les assurances... Normand était vraiment à sa place dans un bureau. Pour l'aider, il pouvait compter sur les services de Mme Poupart, celle qui m'avait fait passer mon test d'anglais, quelques semaines auparavant. De mon côté, j'étais comblé. Je travaillais au grand air, en pleine nature. Je ne pouvais être plus dans mon élément.

Au cours des premiers mois, mon père m'a initié aux différentes facettes du métier. Il m'a enseigné tous les rouages de l'usine et m'a montré à travailler. Graduellement, sa confiance en moi a grandi et il m'a confié de plus en plus de responsabilités. Peu à peu, je suis devenu son adjoint. D'ailleurs, très souvent, quand un employé allait le voir avec un problème, il me le référait.

— Va voir Michel, disait-il, il va s'occuper de ça.

Avec le recul, je me rends compte aujourd'hui combien j'ai été chanceux d'avoir un père qui ait eu cette attitude. Grâce à lui, mon apprentissage s'est fait en douceur. D'ailleurs, j'aimerais mentionner au passage qu'à ma connaissance, mon père n'a jamais, de toute sa vie, congédié qui que ce soit. Sa philosophie est bien résumée par la déclaration suivante, qu'il me fit un jour :

— Je n'ai jamais « clairé » personne de ma vie. J'essaie d'engager des gars qui ont du talent et la volonté de travailler. Si je me trompe, je m'arrange pour qu'ils partent d'eux-mêmes. Comme ça, quand ils retournent chez eux, ils ne disent pas que je suis un mauvais *boss*.

Inutile d'ajouter qu'avec cette approche, sa réputation comme employeur était très bonne et qu'elle facilitait grandement le recrutement de travailleurs.

Quelques mois après mes débuts, j'ai commencé à mettre en application quelques-unes des notions que j'avais apprises à l'école de foresterie. La première anomalie dont je me suis aperçu est que nous vendions du bois qui n'était pas classifié. Ça veut dire que nous vendions toutes les qualités de bois au même prix. Ça n'avait tout simplement pas de bon sens! J'ai donc déterminé quatre grades de bois différents, chaque grade correspondant à une qualité et à un prix différents. Avant que je fasse cet exercice, tout notre bois était vendu au même prix, soit à peu près celui qui équivalait au grade trois. Après ça, on s'est mis à vendre les grades un et deux à des prix supérieurs et, bien entendu, nos revenus ont augmenté.

Ma deuxième initiative fut le développement d'une méthode pour mesurer le bois transporté par camions. Jusque-là, on payait le camionneur en se contentant de compter le nombre de billots chargés sur le camion, quel que soit le diamètre de ceux-ci. J'ai donc imaginé une technique simple, et acceptée de tous, qui donnait un aperçu plus exact de la quantité de bois transportée par le camion. Cette nouvelle procédure permit de diminuer nos frais de transport de façon importante.

Je m'étais également rendu compte que nous étions toujours à la merci des *brokers* de Montréal, quand venait le temps de vendre notre bois. Ces courtiers étant nos seuls clients, notre pouvoir de négociation avec eux était à peu près nul. Si bien que nous n'obtenions que rarement un prix équitable pour le bois que nous leur vendions. J'ai donc décidé de me servir d'une des connaissances importantes que j'avais acquises à Kitchener, l'anglais !

J'ai pris ma valise et je me suis rendu à Toronto rencontrer des *brokers* de l'Ontario. J'y ai alors fait une découverte importante. Je me suis aperçu que là-bas, on pouvait vendre notre bois à un prix pas mal supérieur à celui que nous obtenions à Montréal. Montréal étant largement approvisionnée par les scieries établies dans les Laurentides et au Lac-Saint-Jean, la compétition y était plus vive. Ce n'était pas le cas à Toronto. Il était donc possible d'obtenir là-bas un prix plus élevé pour notre bois de sciage. À compter de ce jour-là, on s'est donc mis à vendre la majeure partie de notre production en Ontario.

Ma connaissance de la langue anglaise fut mise à profit au moins une autre fois. À Normétal, il y avait une mine exploitée par une compagnie dont tous les dirigeants étaient anglophones. Après plusieurs rencontres, je me suis organisé pour me lier d'amitié avec deux d'entre eux. Au cours d'une réunion, j'appris que la mine procédait elle-même au sciage de tout le bois nécessaire à ses opérations. À première vue, ça m'apparaissait être une opération coûteuse pour eux, puisqu'elle nécessitait une installation importante. J'ai réussi, après quelques rencontres, à leur démontrer que cette pratique était très onéreuse pour la mine et qu'en achetant le bois de notre entreprise, elle épargnerait beaucoup d'argent. Ma recommandation fut suivie et la mine de Normétal devint un de nos meilleurs clients.

Quelques années plus tard, je leur proposai un autre changement qui s'avéra profitable aussi bien pour eux que pour nous. L'hiver, à Val-Paradis, nous chauffions notre moulin avec du bran de scie. Ce résidu de nos opérations n'avait pour nous aucune autre utilité. À la mine de Normétal, par contre, les bâtiments étaient chauffés avec du charbon. Après beaucoup d'efforts et l'aide de quelques-uns de nos employés les plus créatifs, je suis parvenu à démontrer qu'il était techniquement possible de remplacer le charbon par du bran de scie. Ce changement allait permettre à la mine d'économiser pas mal d'argent. Ils s'en sont d'ailleurs rendu compte par la suite, puisque leur facture annuelle de chauffage a baissé de moitié. Comme le bran de scie ne nous coûtait rien et que nous en produisions en quantité industrielle, nous avons aussi, de notre côté, réalisé une excellente affaire. Chaque jour, un de nos camions partait pour Normétal, situé à environ 15 milles de Val-Paradis, avec un voyage de bran de scie. Même si nous avions accepté, pour obtenir ce contrat, de vendre notre bran de scie à un prix très bas, l'opération s'avéra très profitable pour nous. Elle l'est devenue encore plus, quelques années plus tard, quand nous avons augmenté notre prix !

On repart à neuf

En juillet 1952, un incendie détruisit entièrement le moulin de Val-Paradis. Heureusement, le feu ne fit aucune victime parmi les travailleurs. Cependant, les bâtiments et la machinerie furent une perte totale. Dans un sens, même s'il s'agissait d'un grand malheur, nous avions quand même été chanceux que le feu se déclare durant l'été, au moment où nos activités fonctionnaient au ralenti.

Mon père, qui avait alors 64 ans, fut très ébranlé par cet événement. Si deux de ses fils n'avaient pas travaillé avec lui dans l'entreprise, je ne suis pas certain qu'il aurait eu le courage de repartir à zéro. Pour Normand et moi, par contre, la question de reconstruire ou non le moulin ne se posait pas. Nous étions tous les deux jeunes et énergiques, et nous avions des projets plein la tête.

— Non seulement nous allons reconstruire la scierie, dis-je à mon père, mais on va en profiter pour l'agrandir et la moderniser.

— J'sais pas avec quel argent vous allez faire ça, répondit-il.

— Inquiétez-vous pas pour ça. On va trouver l'argent qu'il faut. D'abord, on a l'argent des assurances, pis si c'est nécessaire, on va s'endetter un peu. Normand et moi, ça nous fait pas peur !

Je profitai des mois qui suivirent pour visiter une dizaine de scieries un peu partout en Abitibi et dans le nord de l'Ontario. Quand cette tournée fut terminée, j'avais une bonne idée des améliorations que nous devions apporter à notre nouveau moulin.

Avant de poursuivre ce récit, il faut que j'ouvre ici une parenthèse et que je retourne quelques années en arrière. En 1950, Normand et moi nous étions associés et avions acheté un camion de trois tonnes que nous avions payé 3 000 $. Nous en avions acquitté une partie comptant et avions financé le reste auprès de Household Finance. Nous avions alors fait une entente avec mon père. On louait notre camion à l'entreprise familiale durant l'hiver et le printemps, alors que l'été, on l'utilisait pour le transport de gravier pour la construction de routes. Après notre première année d'opération, une fois les dépenses payées, nous avions réussi à faire un petit profit, ce qui nous permit d'acheter un deuxième camion. Après la deuxième année, nous avons réussi à en acheter un troisième.

Mais revenons au moulin… Depuis l'ouverture de sa scierie, en 1939, mon père avait toujours géré son entreprise comme un projet personnel. Elle était connue sous le nom d'Henri Perron Enregistrée et, légalement, l'entreprise et lui-même ne faisaient qu'un. Convaincus que le temps était venu d'agir en hommes d'affaires, nous avons décidé, mon père, Normand et moi, de nous incorporer. Nous avons alors formé une compagnie, H. Perron & Fils Limitée, et constitué le capital de base de cette entreprise avec l'argent perçu des assurances lors de l'incendie, soit environ 25 000 $, avec les trois camions que Normand et moi possédions, ainsi qu'avec quelques petites économies que mon père avait réussi à faire au fil des ans. Les actions furent réparties de la façon suivante : Henri Perron, 50 % ; Normand Perron, 25 % ; Michel Perron, 25 %.

La scierie fut ensuite reconstruite et recommença ses opérations en novembre 1952, juste à temps pour la nouvelle saison de coupe. Quelques années plus tard, grâce à certaines améliorations, sa production annuelle avait augmenté à 10 millions PMP.

Une rencontre avec le député

Au début des années 1950, pour obtenir des territoires et des permis de coupe, il fallait s'adresser à notre député, Émile Lesage. J'aimerais raconter comment se déroulait habituellement une rencontre avec lui.

Émile Lesage était député du comté d'Abitibi-Ouest depuis plusieurs termes. Il demeurait à Macamic, une petite localité située à environ 10 milles à l'est de La Sarre. Il était propriétaire d'un gros magasin de vêtements situé en plein centre du village, et il avait installé son bureau de député à l'intérieur de son commerce. Alors, quand on allait le voir, on devait d'abord traverser le magasin, puis trouver le grand banc vert qui servait de salle d'attente. Après quoi, il ne restait qu'à attendre son tour. Il y avait toujours beaucoup de gens qui voulaient le rencontrer. Il arrivait même parfois que l'attente dure trois ou quatre heures ! Pendant ce temps, Mme Lesage, l'épouse du député, qui était une dame d'une grande gentillesse, faisait le tour et jasait avec tout le monde.

— Bonjour, monsieur Perron, comment allez-vous ?

— Très bien, madame Lesage, et vous ?

— Très bien merci. Comment sont vos parents ? Vous les saluerez de ma part.

Puis, elle continuait habituellement la conversation de la façon suivante.

— Je viens de recevoir des beaux échantillons d'habits. Aimeriez-vous jeter un coup d'œil là-dessus ?

— Certainement madame Lesage, avec plaisir.

Je regardais alors les échantillons et, évidemment, la plupart du temps, je m'achetais un habit. Mme Lesage prenait ensuite mes mesures et je pouvais voir à sa mine réjouie qu'elle était heureuse d'avoir fait une bonne vente.

Puis, mon tour d'entrer dans le bureau arrivait enfin. M. Lesage, qui était toujours accompagné de sa secrétaire, Thérèse Lambert, se levait alors et me tendait la main.

— Bonjour Michel, ça me fait plaisir de te voir. Viens t'asseoir.

Puis, avant que la porte du bureau soit refermée, Mme Lesage se pointait le bout du nez.

— Émile, disait-elle, monsieur Michel, il a bien du goût. Il vient de s'acheter un bel habit !

J'avais bien compris qu'encourager les affaires du magasin, ça ne pouvait qu'aider à obtenir des faveurs du député !

— Alors, Michel le « matamore », qu'est-ce qu'on peut faire pour toi aujourd'hui ?

C'est ainsi que m'appelait toujours Émile Lesage, parce que, selon lui, j'étais le plus fonceur de la famille Perron.

— Monsieur Lesage, commençai-je, vous savez qu'on vient de rebâtir notre moulin qui a passé au feu au mois de juillet dernier. Pis là, on a plein de projets pour grossir.

— C'est bien ça ! Des jeunes qui veulent prendre de l'expansion, dit-il, il faut encourager ça.

— Pour faire grossir notre *business*, continuai-je, ça nous prendrait plus de bois. On est trop limités, dans le moment, avec les permis qu'on a.

— Ç'a bien du bon sens. Je vais voir ce que je peux faire pour vous autres à Québec.

Dans ce temps-là, les députés avaient beaucoup de pouvoirs. Comme il n'y avait pas vraiment de politiques forestières établies, l'octroi des territoires et des permis de coupe était laissé à leur bon jugement politique. Il était donc très important d'encourager le « bon parti » qui, dans ce temps-là, était bien sûr l'Union nationale de Maurice Duplessis ! Les permis de coupe qu'on nous octroyait étaient limités à un million et demi de pieds de bois par personne, ce qui n'était pas beaucoup. À un certain moment, pour avoir une quantité de bois raisonnable, des permis avaient été émis aux noms de mon père, de ma mère et de Normand, ainsi qu'à mon nom !

Quand nos dossiers étaient plus importants, Émile Lesage demandait qu'on se rende à Québec. Il nous faisait alors rencontrer des fonctionnaires du ministère des Terres et Forêts et, au besoin, le sous-ministre ou le ministre lui-même. Un jour, il me fit même rencontrer le « cheuf », Maurice Duplessis lui-même !

L'achat d'une deuxième scierie

En 1955, on entendit une rumeur voulant que Léopold Chabot, propriétaire du magasin général de Villebois, ait décidé de vendre sa scierie. Car, en effet, comme beaucoup d'autres marchands généraux du temps, Chabot était également propriétaire d'une scierie. Il était en quelque sorte, le « roi » de son village, puisqu'il donnait de l'ouvrage aux hommes de la place avec son moulin et que ça permettait ensuite à ceux-ci de pouvoir acheter des produits à son magasin. Il était donc gagnant sur toute la ligne.

Après plusieurs rencontres avec monsieur Chabot, mon père, qui était un excellent négociateur, en arriva à un accord avec lui. On acheta sa scierie pour 30 000 $, aux conditions suivantes : 5 000 $ comptant et 5 000 $ par année pendant 5 ans, plus les intérêts, au taux courant de la banque.

Même si cette scierie était un peu plus petite que celle que nous possédions à Val-Paradis, son acquisition ne nous coûtait que 5 000 $. Nous étions en effet convaincus que le reste se paierait tout seul, avec les profits qu'elle générerait au cours des années suivantes.

Nous étions donc désormais propriétaires de deux scieries. Pas une, deux ! Avec deux scieries, nous allions pouvoir rationaliser nos coûts, améliorer notre pouvoir d'achat et surtout être en mesure d'obtenir plus de territoires et de permis de coupe.

Cette scierie, qui était connue jusque-là sous le nom de Léopold Chabot, fut rebaptisée Villebois Lumber. Notre entreprise comptait dorénavant 225 employés et sa production totale était rendue à 20 millions PMP par année.

La réalisation d'un vieux rêve

Permettez-moi de retourner deux ans en arrière pour raconter un événement très important. En 1953, j'ai pu réaliser un vieux rêve de jeunesse, soit celui de posséder mon propre avion et de le piloter moi-même. Depuis que j'avais vu un appareil atterrir dans le champ de mes parents, en 1940, cette idée ne m'avait jamais quitté. C'était devenu le rêve de ma vie !

Au début des années 1950, le curé McDuff, de Beaucanton, qui possédait un avion, me faisait faire des tours de temps en temps. Je lui payais son essence, et il m'emmenait survoler les lacs et les bois de la région. De temps à autre, il me passait les commandes et je montais alors au septième ciel !

Parfois, il m'arrivait de discuter avec mon père de la possibilité d'acheter un avion.

— Un avion, ça serait pratique pour nous autres, lui disais-je. Avec un avion à Val-Paradis, on pourrait faire nos commissions à La Sarre pas mal plus rapidement. Pis, avec un avion, on pourrait voir beaucoup de choses dans le bois qu'on ne voit pas quand on reste à terre.

— Un avion ! Es-tu fou ? répondait-il. On n'a pas les moyens d'acheter ça. Encore moins de payer un pilote. Si au moins tu savais piloter.

— Justement, je pourrais apprendre.

— Tu seras jamais capable d'apprendre ça.

Cette remarque me piqua au vif. On ne dit pas à un jeune de 20 ans « tu ne seras pas capable de… » !

Dès le début du mois d'avril, je profitai des vacances annuelles de mes parents en Floride pour « descendre » à Montréal et m'inscrire à un cours de pilotage de Laurentide Aviation, à Cartierville. J'avais mentionné, en m'inscrivant, que non seulement je voulais apprendre à piloter, mais que j'étais aussi intéressé à m'acheter un avion. Comme Laurentide Aviation en vendait, on m'accorda une attention spéciale. Mon instructeur, Ben Belley, qui était à peine plus âgé que moi, m'encourageait et m'aidait à progresser rapidement. Dix jours plus tard, à force de détermination et de travail, j'obtenais ma licence de pilote. On n'avait jamais vu ça à cet endroit, quelqu'un qui obtienne sa licence aussi vite.

Une semaine plus tard, après être retourné à La Sarre, je me suis dirigé avec un ami vers Senneterre. J'y avais déniché, quelques semaines auparavant, un avion qui était à vendre et qui correspondait exactement à ce que je cherchais. C'était un petit

Taylorcraft BC-12D à deux places muni d'un moteur de 85 for-ces et qui avait peu volé, malgré ses deux ans d'âge. On deman-dait 2 000 $ pour l'avion et 1 500 $ pour les flotteurs. C'était un prix qui me semblait raisonnable. Comme mes finances étaient cependant limitées, je dus me contenter d'acheter l'avion seule-ment, en me disant que j'achèterais les flotteurs plus tard. Mes moyens ne me permettaient pas non plus de prendre des assu-rances ! Alors que mon *chum* ramenait mon auto à La Sarre, moi, je parcourais la distance dans les airs, aux commandes de mon avion. Mon rêve s'était réalisé !

Ma fiancée

Quelques semaines plus tard, mes parents revinrent de Floride. Entre-temps, je m'étais promené tous les jours au-dessus de la ville, si bien qu'à peu près tout le monde était au courant de mon achat. J'avais cependant averti tous mes proches de ne pas en parler à mes parents. Je savais toutefois que, tôt ou tard, quelqu'un s'échapperait. Je me devais donc de prendre les devants et de leur annoncer moi-même la grande nouvelle.

Un soir que nous étions assis tous les trois à table pour le souper, je sentis que le moment était propice pour cette annonce importante.

— J'ai du nouveau dans ma vie, dis-je.

— C'est quoi, demanda ma mère, curieuse.

— Ben, je suis sur le bord de me fiancer.

— Hein ! Qu'est-ce que tu dis ? dit ma mère tout excitée. Te fiancer avec qui ?

— Est-ce qu'on connaît la fille ? ajouta mon père.

Comme j'hésitais à leur répondre, ma mère insista.

— C'est-tu une fille qu'on connaît ?

Étant au courant de mes fréquentations des dernières années, elle s'inquiétait un peu.

— C'est-tu quelqu'un qui a du bon sens ? reprit-elle.

— Je suis certain que vous allez l'aimer, répondis-je.

Puis, voyant que mes parents étaient anxieux de savoir de qui il s'agissait, je me décidai de leur annoncer le nom de l'élue de mon cœur.

— Je vais vous le dire. Je me suis fiancé avec un avion !

— Un avion ?

— Oui ! Mon amour, moé, c'est l'aviation. Ça faisait long-temps que j'étais malade de m'acheter un avion. Ben là, c'est fait. J'en ai acheté un.

— Un avion, dit mon père, qui va piloter ça ?

— C'est moé. Pendant que vous étiez en Floride, je suis allé suivre mon cours de pilote à Cartierville, pis, j'ai eu ma licence.

— Ça s'peut pas, dit mon père. On peut pas savoir conduire un avion si vite que ça !

— Écoutez, leur dis-je, si ça vous tente, demain, je vais vous faire faire un tour.

— Es-tu fou ? répondit mon père, tu nous embarqueras jamais là-dedans !

Cependant, un mois plus tard, après les avoir invités à maintes reprises, ils se sont enfin décidés à venir. Ils ont tous les deux beaucoup aimé l'expérience !

Pour faciliter mes déplacements, je me suis ensuite construit à différents endroits, à l'aide d'un tracteur, des petites pistes d'atterrissage. D'abord à Val-Paradis, près du moulin, puis au lac Perron, pas très loin du chalet de mes parents. C'était très pratique. L'hiver suivant, j'ai enlevé les roues et mis des skis à la place. Je pus ainsi continuer à l'utiliser. J'ai gardé cet avion jusqu'en 1956, puis j'en ai acheté un autre par la suite.

Chapitre 5

La compagne de ma vie

Souvent, le samedi soir, après le travail, j'arrêtais prendre une bière à l'hôtel Chabot. Un jour, je crois que c'était en juin ou juillet 1953, j'étais assis au bar avec des amis quand j'aperçus tout à coup Gilles Lavigne dans la salle. Gilles n'était pas seul. Il était accompagné d'une belle jeune fille que je n'avais jamais vue auparavant à La Sarre. Il faut comprendre qu'en 1953, la ville ne comptait que quelques milliers d'habitants et que, donc, tout le monde se connaissait. Curieux de savoir qui était cette belle étrangère, je me suis trouvé un prétexte pour aller le saluer.

— Bonsoir Gilles. Comment ça va ? Je vois que tu es en charmante compagnie.

— Oui, Michel, répondit-il, en très charmante compagnie. Je te présente Lise Perrault, qui vient d'arriver de Montréal. Elle est en visite chez sa sœur, Liliane Mercier, pendant ses vacances.

— Bonsoir mademoiselle, lui dis-je. Bienvenue à La Sarre. Je connais bien votre sœur Liliane. Elle a un chalet au lac Castor, près de celui de ma sœur Armande. Est-ce que vous travaillez à Montréal ?

— Non, répondit-elle, j'étudie à l'hôpital St. Mary's pour devenir infirmière. Je viens d'ailleurs de terminer ma première année.

Notre conversation ne dura que quelques minutes, car je ne voulais pas m'imposer. Cependant, j'avais eu le temps d'apprendre que Lise était la fille de C.P.R. Perrault, l'ex-gérant du magasin de la mine d'East Malartic et que ce dernier, avec toute sa famille, avait déménagé à Chibougamau quelques mois auparavant. C'est ainsi que se déroula notre première rencontre. Quelques années plus tard, quand j'ai rappelé celle-ci à Lise, elle m'a répondu qu'elle ne s'en souvenait pas. Je lui avais fait toute une impression !

Environ un an plus tard, je me préparais à me rendre à Montréal par affaires quand je reçus, quelques jours avant mon départ, un appel de Liliane Mercier.

— Michel, me dit-elle, j'ai appris que tu allais à Montréal la semaine prochaine. Accepterais-tu de ramener à La Sarre ma sœur Lise, qui vient de terminer son année scolaire à St. Mary's ?

— Oui, bien sûr, avec grand plaisir, lui répondis-je.

Quel coup de chance ! Ce voyage allait me donner l'occasion de revoir cette belle fille qui m'était tombée dans l'œil, l'été précédent. Par ailleurs, comme ma mère avait du magasinage à faire à Montréal, je l'invitai à m'accompagner. En cours de route, nous nous sommes arrêtés à Amos pour saluer celui qui allait devenir propriétaire de l'hôtel L'Estérel, quelques années plus tard, Fridolin Simard. Il m'arrivait à l'occasion de sortir avec Denise, une de ses filles. Quand celle-ci apprit que nous étions en route pour Montréal, elle exprima fortement le désir de nous accompagner.

— Embarque, lui dis-je, tu en profiteras pour aller magasiner avec ma mère.

C'est ce qu'elle fit. Le voyage se déroula ensuite normalement. Cependant, au retour, quand nous arrêtâmes à St. Mary's pour prendre Lise, Denise fut un peu surprise. J'avais oublié de lui mentionner que pour le retour, nous serions quatre plutôt que trois. J'avais aussi oublié de lui dire que la quatrième personne était une belle fille d'une vingtaine d'années ! Pendant le voyage, entre Montréal et Amos, il devint évident assez rapidement que j'étais pas mal plus intéressé à Lise qu'à elle. Elle n'a pas aimé ça, probablement avec raison, et ce fut la fin de notre relation.

Puisque Lise passait les deux semaines suivantes à La Sarre, je me suis arrangé pour la rencontrer le plus souvent possible. Je me souviens que je lui avais fait faire un tour dans mon avion, entre autres.

— L'été prochain, je vais mettre des flotteurs sur mon avion et, si tu veux, on va aller voir tes parents à Chibougamau.

Quand j'avais acheté mon avion, l'année précédente, je n'avais pas eu les moyens de mettre des flotteurs. J'étais donc toujours obligé d'atterrir sur les roues l'été et sur les skis l'hiver. À Chibougamau, par contre, je n'avais pas le choix, je devais me poser sur l'eau.

Au cours de ces deux semaines, je l'ai aussi emmenée à la pêche au lac Hébécourt, près de Duparquet. Je voulais savoir si elle aimait le bois et voir comment elle réagissait, quand les mouches noires lui tournaient autour de la tête. Elle a passé ce test avec brio !

Lise me plaisait beaucoup et je me sentais bien avec elle. Comme en 1954, les mœurs étaient pas mal plus sévères qu'aujourd'hui, on se contentait de se tenir la main et de se donner des p'tits becs. Ça n'allait pas tellement plus loin !

Dans les mois qui suivirent, Lise étant retournée à Montréal pour ses études, notre seul moyen de communiquer était de s'écrire. C'est ce que nous avons fait de façon régulière. Évidemment, en plus, chaque fois que j'allais à Montréal, j'en profitais pour aller la voir. Nous allions alors au cinéma ou encore, nous soupions tout simplement ensemble. Nos amours allaient bien !

Puis tout à coup, un jour, je reçus une lettre qui m'annonçait qu'elle désirait mettre fin à notre relation ! Elle m'avouait qu'elle s'était éprise d'un garçon de Montréal et que leur relation était très sérieuse. Il était même question de fiançailles. À propos, ce garçon, Yves Gratton, est devenu plus tard président d'UAP, la plus grande entreprise de distribution de pièces automobiles au Québec. Je fus profondément déçu et peiné. Cependant, quand je lui téléphonai pour la féliciter de ses fiançailles, je décidai de ne pas trop le lui montrer.

— Écoute Lise, j'ai reçu ta lettre. Je suis déçu, mais je comprends la situation. Je te remercie pour ta franchise. J'espère que tu seras heureuse et que la vie sera bonne pour toi. Si jamais ta destinée changeait, on ne sait jamais ce que la vie nous réserve, peut-être que nos chemins se recroiseront.

Elle m'avoua plus tard que mon attitude l'avait étonnée. Alors qu'elle s'attendait à une réaction assez vive de ma part, je m'étais plutôt montré compréhensif et raisonnable. Elle avait beaucoup apprécié mon comportement.

Puis, les mois passèrent et la vie poursuivit son cours. Un jour, je reçus une nouvelle lettre de Lise. Celle-ci m'apprenait que ses amours avec Yves Gratton étaient maintenant finies et qu'elle était de nouveau libre. Elle souhaitait même me revoir ! Ce revirement de situation me laissa pas mal perplexe. Il est certain que Lise m'intéressait, mais j'avais été profondément déçu, quelques mois auparavant, quand elle avait rompu notre relation. Je me demandais si je devais de nouveau m'engager avec elle. J'avais donc besoin d'être conseillé.

Il y avait à La Sarre, à cette époque, un commerçant de chevaux avec qui je faisais affaire régulièrement. Rolland Roy était un homme prospère, respecté de tous et reconnu pour sa grande sagesse. Je me suis donc arrangé pour arrêter à son bureau un matin.

— Rolland, lui dis-je, j'aimerais te parler de quelque chose de très personnel. J'ai rencontré une fille, il y a un an et demi. On s'est fréquentés un bout de temps, pis notre relation s'est refroidie. Mais là, on dirait que ça veut reprendre. Je la trouve à mon goût, mais je ne la connais pas beaucoup. Je ne suis pas confortable avec ça. Aurais-tu un conseil à me donner ?

— Écoute Michel, me répondit-il, moé, je te vends des chevaux. Je t'en vends à peu près 40 par année. Es-tu satisfait des chevaux que je t'ai vendus à date ?

— Certainement, lui répondis-je, très satisfait. Je trouve que tu me vends des chevaux de bonne qualité, pis qu'en plus, tes prix sont raisonnables.

— Aimerais-tu savoir pourquoi mes chevaux sont si bons ? poursuivit-il.

— Ben sûr !

— C'est parce que j'ai un homme, à Calgary, qui inspecte tous les chevaux avant de les « shipper ». Il étudie aussi le pedigree de chacun. Si le père et la mère sont de bons chevaux, il y a de bonnes chances que leur rejeton soit bon lui aussi. C'est comme ça qu'on s'assure d'avoir de la qualité.

Puis, afin de bien se faire comprendre, il ajouta ceci :

— Connais-tu la famille de ta blonde ? Connais-tu son père pis sa mère ?

— Non, répondis-je, je ne les ai jamais rencontrés.

— Alors, tu devrais peut-être corriger cette lacune, me dit-il. Tu devrais t'arranger pour les rencontrer. Quand tu vas être marié depuis longtemps, que ta femme aura eu des enfants et qu'elle sera rendue à l'âge que sa mère a maintenant, ben toé, tu vas être obligé de vivre encore avec. Si sa mère a 50 ans aujourd'hui, en la voyant, ça va te donner une idée à quoi sa fille va ressembler quand elle aura son âge. Oublie pas que la génétique, c'est très important !

— Maudit Rolland ! Ç'a ben du bon sens, ce que tu dis là ! J'avais jamais pensé à ça. Il faut absolument que je rencontre ses parents !

L'été suivant, comme d'habitude, Lise est venue passer ses vacances à La Sarre. Comme je le lui avais promis l'été précédent, nous avons pris mon avion, sur lequel des flotteurs étaient maintenant installés, et nous nous sommes rendus à Chibougamau visiter sa famille. Nous sommes restés là-bas une semaine et avons demeuré chez ses parents. Son père était propriétaire d'un petit magasin de vêtements pour hommes dont la clientèle se composait surtout de gars travaillant à la mine locale. Il était également associé dans une petite scierie qui vendait son bois à la compagnie minière. Pendant cette semaine-là, grâce à mon avion, nous avons visité la région de fond en comble. Nous sommes aussi souvent allés à la pêche. Je me souviens d'ailleurs qu'une journée, j'avais emmené toute la famille avec moi. Il avait même fallu que je fasse trois voyages d'avion pour réussir à emmener tout le monde. Cette journée avait été très agréable et j'en garde encore aujourd'hui un excellent souvenir. Pendant la semaine, j'ai eu l'occasion de bien connaître les parents de Lise et de constater qu'ils s'entendaient encore très bien après plusieurs années de mariage. Et puis sa mère avait encore bien de l'allure ! Je suis donc revenu à La Sarre enthousiasmé. J'étais maintenant convaincu que Lise était la femme avec qui j'avais envie de passer le reste de ma vie. La date de notre mariage fut fixée au 14 avril suivant.

« C.P.R. »

Avant de poursuivre, j'aimerais raconter une anecdote au sujet du père de Lise. Camil Rodolphe Perrault, C.P.R. pour les intimes, connut une jeunesse pénible. Il était originaire de Nushka, un petit village du nord de l'Ontario qui plus tard fut rebaptisé Val Gagné. En 1916, alors qu'il n'avait que 16 ans, son père, sa mère et ses neuf frères et sœurs périrent tous dans un terrible incendie qui détruisit complètement son village. D'ailleurs, tous les résidents de cet endroit, soit 247 personnes, moururent dans cette tragédie. C'est par miracle que C.P.R. fut épargné. Environ un mois avant le drame, il s'était trouvé un emploi dans une ferronnerie de Cochrane. Il n'était donc pas chez lui quand le malheur frappa. Par contre, son frère Gillis, qui lui aussi travaillait à la ferronnerie, avait quitté son emploi la semaine précédente et était retourné à la maison familiale. Une décision qui lui coûta la vie.

Après cette terrible épreuve, C.P.R. se rendit en Californie, où il avait un oncle. Après deux ans là-bas, s'ennuyant de son pays, il décida de revenir et s'installa à Timmins en Ontario. Peu de temps après, il rencontra une jeune fille de la région et se maria. Mais un nouveau drame l'attendait. Alors que sa jeune épouse accouchait de son premier bébé, elle mourut. À 18 ans à peine, après avoir perdu toute sa famille deux ans auparavant, il se retrouvait maintenant veuf et père d'un petit garçon. Heureusement, la suite de sa vie fut meilleure.

Il rencontra quelques années plus tard celle qui allait devenir la mère de Lise et se remaria. Ils eurent 10 enfants, dont celle qui allait devenir plus tard la compagne de ma vie.

Le voyage de noces

Notre mariage fut béni le 14 avril 1956 à Chibougamau. Nous avions choisi cette date parce qu'elle correspondait avec le temps du *break up* dans notre industrie. Comme je l'ai déjà expliqué, au mois d'avril, les cours d'eau et les chemins dégelaient et les scieries devaient temporairement arrêter leurs opérations.

En 1956, il n'y avait pas encore d'église à Chibougamau. Nous nous sommes donc mariés au sous-sol de la petite école du village. Cet endroit servait d'ailleurs pour les offices de toutes les religions. Quand nous sommes sortis de là, après la cérémonie, je me souviens que nous avons dû marcher sur des madriers pour ne pas patauger dans la boue. La réception eut lieu ensuite dans le plus gros hôtel du village, le Chibougamau Inn! J'ai l'impression que tout le monde de la ville avait été invité. Mes parents, Éliette, Normand et son épouse, Carmen et son mari Alex Lorrain, de même que Jean, étaient aussi venus de l'Abitibi.

Après la réception, nous sommes partis en voyage de noces avec mon auto. Le premier soir, nous avons couché à Chicoutimi. Même si la distance entre Chibougamau et Chicoutimi n'était que de 150 milles, ça nous avait pris 4 heures pour la parcourir. Les routes, à cette époque, n'étaient pas ce qu'elles sont aujourd'hui! Le lendemain, nous nous sommes rendus à Québec prendre un avion pour Mexico. Comme il s'agissait d'un vol qui se déroulait en grande partie la nuit, je me rappelle que je pouvais voir une flamme sortir des moteurs du DC-6 et ça m'inquiétait beaucoup. Mais, le vol se déroula sans pépins. Nous avons ensuite visité Mexico pendant quelques jours, puis nous nous sommes rendus à Acapulco.

Avant de continuer, j'aimerais raconter une petite anecdote. Quand j'étais étudiant au Mont-Saint-Louis, il y avait dans ma classe un Mexicain qui s'appelait Anselmo Del Cueto. Il était issu d'une famille riche qui exploitait plusieurs commerces au Mexique et qui possédait en plus des actifs fonciers. Ses parents l'avaient envoyé étudier à Montréal afin qu'il apprenne le français et l'anglais. Dès notre arrivée à Mexico, le premier jour, j'ai voulu lui téléphoner pour le saluer, mais Lise m'en empêcha.

— En voyage de noces, me dit-elle sur un ton qui ne supportait pas la réplique, on n'appelle pas ses *chums*!

Comme je suis très docile, je l'ai écoutée! Par ailleurs, avant de partir de La Sarre, quelqu'un nous avait recommandé un hôtel à Acapulco. Cet endroit était supposé être la huitième merveille du monde. Ce n'était malheureusement pas le cas! C'était plutôt un hôtel miteux, laid et sans air climatisé. Comme il faisait très chaud, à ce temps-là de l'année, on devait ouvrir les fenêtres la nuit pour réussir à dormir un peu. Mais à quatre heures du matin, les maudits coqs se mettaient à chanter ! Nos nuits étaient donc très courtes. Nous nous sommes vite tannés de ce régime et nous sommes retournés à Mexico.

Cette fois-là, j'ai appelé mon ami Anselmo. Je ne lui avais pas parlé depuis huit ans. Après avoir pris de ses nouvelles, je lui ai raconté la mésaventure que nous avions eue à Acapulco.

— Michel, me dit-il alors, tu aurais dû m'appeler avant de te rendre à Acapulco. Mes parents ont une belle maison là-bas, tout près de la plage, et au mois d'avril, elle n'est jamais occupée !

C'est là que Lise et moi avons eu notre première vraie discussion !

Après deux semaines au Mexique, nous avions envie de voir autre chose. J'ai donc suggéré à Lise qu'on aille passer le reste de notre voyage à Miami. J'ai réussi à faire changer nos billets d'avion sans frais. Il faut dire que c'était pas mal plus facile dans ce temps-là !

Lise n'était jamais allée en Floride. Moi, j'avais eu l'occasion d'accompagner mes parents à quelques reprises et, chaque fois, on allait demeurer chez M. Solim Audette. Monsieur Sélim, comme on l'appelait communément, était un ancien hôtelier et vendeur de fourrures de La Sarre. Maintenant à la retraite, il avait acheté une petite maison de pension située près de l'aéroport de Miami. C'était à 10 milles de la mer et pas mal bruyant, mais ça ne coûtait pas cher. Monsieur Sélim était marié à une Finlandaise qui « cassait » un peu le français. Madame Sélim, comme on l'appelait, avait également une drôle d'habitude : elle appelait son mari monsieur Audette !

Quand j'ai proposé à Lise de demeurer chez Solim Audette, pendant notre séjour à Miami, je lui ai dit qu'elle était pour rencontrer une femme qui pourrait lui servir de « modèle », c'est-à-dire une femme soumise, une femme qui respectait tellement son mari qu'elle l'appelait Monsieur !

Après une semaine en Floride, nous sommes revenus à La Sarre. J'avais hâte d'être de retour, car je désirais m'occuper des travaux de construction de l'usine de contreplaqué que nous avions décidé de bâtir quelques mois auparavant. Le début des travaux était prévu pour la mi-mai, période où le sol dégèle, habituellement, en Abitibi.

L'ordre alphabétique

Durant les deux premières années de notre mariage, nous avons habité un logement aménagé à l'étage de la maison de mes parents. Comme cette maison était très grande, mon père a décidé d'y apporter certains changements, après que tous ses enfants furent partis. Il aménagea alors deux logements à l'étage et construisit des escaliers extérieurs pour y accéder.

Notre première enfant, Anne-Marie, est née en 1957, exactement neuf mois après notre mariage ! De plus, elle est née exactement dans la même chambre que moi ! En effet, puisqu'il n'y avait pas encore d'hôpital à La Sarre en 1957, les femmes continuaient d'accoucher à la maison. Comme ma mère occupait en 1932 la même chambre que Lise et moi occupions en 1957, Anne-Marie a vu le jour au même endroit que son père.

Par la suite, la famille s'est enrichie d'un enfant à peu près chaque année. Lise et moi étions d'accord dès le départ pour avoir une grosse famille. Entre 1957 et 1968, nous avons donc eu le bonheur d'avoir huit enfants : Anne-Marie, Bertrand, Claude, Denise, Éric, François, Geneviève et Henri. Vous remarquerez que leurs prénoms suivent l'ordre des lettres de l'alphabet. Ce n'est pas un hasard. À cause de mon travail, j'étais souvent absent de la maison. Aussi, la façon la plus simple pour moi de me rappeler le nom de chacun et de savoir lequel était plus vieux que l'autre était tout simplement de les nommer par ordre alphabétique !

Mon conseiller matrimonial

L'ouverture officielle de l'usine de contreplaqué eut lieu en novembre 1956. Pour l'occasion, nous avions invité tous les notables de la place : monseigneur Victor Cormier, le curé de La Sarre, qui procéda à la bénédiction officielle ; le nouveau député du comté, Alcide Courcy, élu quelques mois auparavant ; Émile Lesage, notre ex-député (dont le parti, l'Union nationale, avait cependant conservé le pouvoir) ; le maire de la ville,

Clément Déry, et plusieurs autres. Parmi les nombreux invités, il y avait aussi Rolland Roy, dont j'ai parlé plus tôt. Dès que l'occasion se présenta, je lui fis rencontrer ma nouvelle épouse.

— Rolland, je te présente Lise. C'est celle dont je t'ai parlé l'an dernier.

Puis, me tournant vers Lise, je lui présentai Rolland.

— Lise, je te présente Rolland Roy, mon conseiller matrimonial.

Surprise, Lise me demanda aussitôt pourquoi Rolland était mon conseiller matrimonial. Je lui racontai alors ma rencontre de l'année précédente et lui fit part des précieux conseils que Rolland m'avait donnés. Heureusement, elle trouva l'anecdote bien drôle !

Chapitre 6

La première usine de contreplaqué

Un soir, vers la fin de l'été 1955, je prenais une bière avec Jim Sargeant, un représentant de Laidlaw Lumber, un de nos plus importants grossistes de l'Ontario. Pendant la conversation, Jim m'apprit qu'à Kirkland Lake, une ville du nord de l'Ontario, une usine fabriquait depuis quelque temps des panneaux de contreplaqué avec le tremble. C'était la première fois de ma vie que j'entendais parler de ça. En 1955, le contreplaqué utilisé dans la construction des armoires de cuisine, des portes ou des meubles était fait avec du merisier ou du *BC fir*, du sapin qui provenait de la Colombie-Britannique. En Abitibi, le tremble est un arbre qui pousse en grande quantité à travers l'épinette et le pin gris. Si on ne le coupait pas à l'époque, c'est qu'on n'avait pas trouvé de débouché pour cette essence de bois.

J'avais hâte de me rendre au plus tôt à Kirkland Lake, qui n'est situé qu'à environ une centaine de milles de La Sarre, pour jeter un coup d'œil à cette usine. Je m'arrangeai donc pour y effectuer une visite quelques jours plus tard. Alors que je fouinais à l'intérieur de l'usine sans autorisation, je rencontrai Elphège Marseille, le *foreman* de la place. Surpris de me voir là, il accepta quand même de répondre à certaines de mes questions. Quelques minutes plus tard, comme je ne voulais pas le déranger trop longtemps, je l'invitai à prendre une bière avec moi après son travail. Nous nous sommes donc retrouvés à l'hôtel, quelques heures plus tard.

Au cours des heures qui suivirent, la bière aidant, il s'établit entre nous une confiance mutuelle. Elphège me transmit alors à bâtons rompus une foule de renseignements utiles sur les procédés de fabrication de leur *plywood* de tremble. Il me donna aussi le nom de plusieurs compagnies d'équipements, de même qu'un certain nombre d'autres informations. Vers la fin de notre rencontre, voulant connaître un peu ses intentions futures, je lui posai la question suivante :

— Elphège, si on te demandait aujourd'hui de construire une usine semblable, le ferais-tu de la même manière ?

— Non, répondit-il, c'est certain que je referais pas les mêmes erreurs.

— Nous autres à La Sarre, lui demandai-je ensuite, si on embarquait dans un projet comme ça, nous aiderais-tu ? Viendrais-tu travailler pour nous ?

— Il faudrait que j'y pense, me dit-il, mais je ne dis pas non.

— Écoute, lui dis-je en guise de conclusion, on va réfléchir à ça nous autres aussi, pis on se reparle. En attendant, parle pas à personne de notre rencontre.

De retour à La Sarre, je m'empressai de discuter avec mon père et Normand de la possibilité de construire une usine semblable chez nous. Ils se montrèrent tous deux très intéressés. À ce moment-là, nos deux scieries fonctionnaient bien, leurs ventes étaient bonnes et nos dettes se situaient à un niveau acceptable. C'était donc le temps d'aller de l'avant avec un nouveau projet.

Dans les semaines suivantes, plusieurs autres rencontres avec Elphège Marseille eurent lieu. Des dizaines de *meetings* et de conversations téléphoniques avec les représentants des fabricants de machinerie se déroulèrent aussi.

Avant de continuer, je dois raconter que, deux ans auparavant, nous avions acquis pour la somme de 3 500 $, l'ancienne terre d'Adélard Lafontaine, située à la limite est de la ville. Cette terre étant traversée par la voie ferrée et la rivière, nous nous étions dit qu'un jour, elle pourrait servir. C'est donc sur ce terrain qu'on décida de construire notre future usine de contreplaqué.

Après avoir embauché Elphège Marseille, dessiné les plans de la bâtisse, estimé nos coûts de construction à 250 000 $ et évalué la somme nécessaire à l'acquisition de l'équipement à 200 000 $, on prit la décision de commencer la construction de l'usine à la mi-mai 1956, soit au retour de mon voyage de noces.

Pour encadrer ce nouveau projet, il était nécessaire de former une nouvelle compagnie. On constitua le capital de départ de cette nouvelle corporation avec les dividendes que mon père, Normand et moi reçûmes de H. Perron & Fils Limitée, notre compagnie de bois de sciage. Les actions furent réparties en parts égales entre nous, soit 33,3 % pour chacun. Thérèse, l'épouse de Normand, trouva ensuite le nom de la nouvelle entreprise.

— On pourrait peut-être mettre vos prénoms ensemble, suggéra-t-elle. Toi, Normand, tes frères t'appellent « Norm ». Toi, Michel, on t'appelle tout le temps « Mike ». La compagnie pourrait s'appeler Normike ou Normick, ou quelque chose dans ce genre-là.

— Et votre père, là-dedans, s'objecta ma mère.

— On pourrait mettre un H avant, pour Henri, répondit-elle, ça ferait H. Normick.

— Mets la hache dedans, tant qu'à y être ! dit ma mère.

— Maman a raison, dis-je. La lettre H, quand tu vends du bois, ça risque de faire rire.

— Attendez, répliqua Thérèse, je pense que j'ai trouvé la solution. Jean va revenir dans pas grand temps, à la fin de ses études, et je suppose qu'il va travailler avec vous autres ?

— C'est certain, dis-je, on a toujours prévu que Jean se joindrait à nous.

— Écoutez ce que ça donne : J.H. Normick.

Elle venait de trouver le nom. Il fallait maintenant trouver le financement nécessaire. Après plusieurs tentatives infructueuses auprès des banques, il devint évident que celles-ci ne voulaient pas nous prêter d'argent. « Une usine en Abitibi, nous disait-on, ça n'a pas de valeur de revente. Si vous n'êtes pas capables de nous rembourser, à qui on va vendre votre usine et votre équipement ? Si c'était à Montréal, ce serait différent. Mais à La Sarre, non, c'est trop risqué ! »

Au cours de nos nombreuses démarches, nous avions aussi fait une demande auprès de la Banque d'expansion industrielle, l'ancêtre de la Banque fédérale de développement. Plusieurs mois plus tard, en septembre 1956, quand leur ingénieur vint enfin nous visiter pour approuver le site de l'usine, elle était déjà construite ! Quelques mois plus tard, la BEI accepta quand même de nous prêter 175 000 $. Entre-temps, nous avions réussi à financer nos coûts de construction grâce au fonds de roulement de la compagnie de bois de sciage. Nous avions aussi réussi à acheter la machinerie en promettant aux fournisseurs de la payer six mois après le début de nos opérations. L'ouverture officielle de l'usine eut lieu le samedi 10 novembre 1956. Ses opérations commencèrent le lundi suivant.

Le démarrage fut très difficile. Nous éprouvions toutes sortes de problèmes. D'abord, les machines étaient mal ajustées. Ensuite, les employés, qui manquaient nettement de formation, n'étaient pas productifs. Elphège Marseille, sur qui nous comptions beaucoup, s'entêtait à faire les choses à sa manière, même si ça ne marchait pas. Il nous donnait pas mal de fil à retordre. En plus, la qualité de notre contreplaqué était mauvaise. Après un certain temps, les couches de bois décollaient à cause d'un grave problème d'humidité.

Par ailleurs, pendant cette période, j'avais fait le tour de nos principaux grossistes de Montréal et de l'Ontario, et la plupart d'entre eux s'étaient montrés réticents à essayer notre produit. Ça me prit beaucoup de patience et de solides arguments avant de finir par convaincre quelques-uns d'entre eux de l'essayer. Daigle Lumber, Bock et Tétrault ainsi que Consolidated Plywood furent les premiers à nous donner une chance. Je leur avais fait remarquer que notre *plywood* était plus économique que celui qui était fait avec du sapin Douglas. De plus, on pouvait l'utiliser dans la construction de planchers et de couvertures de maisons, de même que dans la fabrication de meubles.

Malheureusement, la mauvaise qualité de notre produit nous avait fait beaucoup de tort. Les grossistes nous en retournaient fréquemment de grandes quantités. Ça n'allait pas bien du tout !

Cependant, à force de faire des ajustements et des changements, à force de passer des heures et des heures à essayer de comprendre ce qui n'allait pas, nous avons fini par reprendre le contrôle de notre qualité. À l'été 1957, après huit ou neuf mois d'opération, notre contreplaqué était meilleur, la production allait beaucoup mieux et les ventes augmentaient. Malheureusement, le mal était fait. Nous n'avions plus d'argent! Les fournisseurs criaient pour se faire payer, les banques ne voulaient plus rien savoir de nous et le moral de nos employés était à son plus bas. Bref, nous étions vraiment mal pris!

Pour faire exprès, l'année 1956 avait aussi été une année très difficile dans le secteur de la construction, et nos ventes de bois de sciage avaient diminué énormément. Au lieu de faire le profit de 150 000 $ que nous avions budgété, nous n'avions réussi à faire que 25 000 $.

C'est alors que nous reçûmes un appel de la Banque d'expansion industrielle. On désirait nous rencontrer le plus vite possible. La rencontre eut lieu quelques jours plus tard, à Montréal.

— On regarde les états financiers que vous nous envoyez chaque mois et on constate que votre usine n'a pas l'air de marcher bien fort, nous dit-on d'abord. Il n'y a pas de profits et vous devez de l'argent à tout le monde. Vos fournisseurs doivent japper!

— Oui, justement on voulait vous en parler, dis-je. Notre rodage a été pénible. Il nous est arrivé toutes sortes d'imprévus. Mais là, ça va mieux. Notre produit est meilleur et nos clients sont satisfaits. Dans le moment, on est rendu au point de *break-even*. Si on en avait les moyens, on pourrait partir un deuxième *shift*, et nos ventes augmenteraient. Pourquoi, vous ne nous prêteriez pas un autre 175 000 $ pour nous remettre à flot?

— Non, on regrette, mais on ne peut pas faire ça! me répondit-on.

On me répéta alors tous les arguments entendus maintes fois déjà. « Votre entreprise est située en Abititi, elle n'a pas de valeur de revente », etc.

— Mais alors, demanda Normand, qu'est-ce que vous nous conseillez de faire?

— Pour éviter la faillite, on vous suggère de faire un concordat.

C'était la première fois que j'entendais ce mot-là.

— Un concordat ? demandai-je. Qu'est-ce que c'est ça ?

— Un concordat, me répondit-on, est une procédure légale par laquelle vous essayez de vous entendre avec vos créanciers. Vous leur faites une offre, qu'ils peuvent accepter ou refuser. Pendant tout le temps que dure cette procédure, la loi vous protège. Personne ne peut vous saisir. Vous pourrez donc continuer vos opérations pendant ce temps-là.

Nous n'avions plus le choix : c'était le concordat ou la faillite ! Notre orgueil en a « mangé une maudite » !

La date du 22 août 1957 restera à jamais gravée dans ma mémoire. Ce jour-là, à 17 heures, tous nos créanciers étaient réunis au Palais de justice d'Amos pour écouter l'offre de règlement que nous avions à leur faire. Notre dette s'élevait alors à plus de 700 000 $!

— Donnez-nous 30 mois et on va tous vous rembourser, « 100 cennes dans la piastre », leur avons-nous proposé.

Il y eut évidemment quelques objections, mais 90 % des créanciers acceptèrent cette proposition.

Un an plus tard, le contreplaqué Normick était classé parmi les produits de haute qualité recommandés par la Société centrale d'hypothèques et de logement et nos ventes étaient en hausse constante. À la fin de l'année 1959, le concordat a pris fin. Entre-temps, tous nos fournisseurs avaient été payés et, même si rien ne nous y obligeait, nous avions payé à chacun des intérêts. La tempête était passée. On pouvait maintenant regarder l'avenir avec optimisme !

L'arrivée de Jean dans l'entreprise familiale

Au mois de mai 1957, alors que nous étions en pleine tourmente, Jean fit ses débuts dans l'entreprise familiale. Jean est celui des trois garçons de la famille qui a étudié le plus longtemps. C'est aussi le seul à avoir fait des études universitaires. Après avoir complété sa onzième année au Mont-Saint-Louis, il est allé étudier à l'Académie de Québec. Cette école, affiliée à l'Université Laval, offrait un cours menant au diplôme de CGA. Après avoir complété celui-ci, il s'inscrivit au programme du MBA de l'Université Western, à London, en

Ontario. Il désirait parfaire ses connaissances en gestion et améliorer son anglais.

À son retour à La Sarre, en mai 1957, il n'avait complété que la première année de ce programme. Mais comme il était tanné des études et qu'à 23 ans, il avait hâte de travailler, Normand et moi, qui étions débordés de travail, lui avons proposé de se joindre à nous. Pour la première fois depuis les belles années du Mont-Saint-Louis, les trois frères Perron étaient de nouveau réunis. Et ils devaient d'ailleurs le demeurer pendant de nombreuses années !

Évidemment, Jean avait moins d'expérience que Normand et moi. Mais il apportait à l'entreprise les précieuses connaissances acquises pendant ses études. Nous l'avons immédiatement mis en charge de l'usine de contreplaqué. Son travail et sa détermination firent en sorte qu'au cours des mois suivants, plusieurs de nos problèmes se règlent.

L'île Mouk-Mouk

Quand j'étais jeune, le lac Duparquet était un de mes lacs préférés. Que ce soit pour la baignade ou la pêche, ce lac était un des plus beaux de la région de La Sarre. Plusieurs familles s'y étaient d'ailleurs construit un chalet. En mai 1957, cependant, la fermeture de la mine voisine du lac provoqua la vente de plusieurs de ces chalets.

Peu de temps après, un soir que je prenais une bière à l'hôtel Paquette avec Genest St-Pierre, un de mes amis, ce dernier me fit une proposition étonnante.

— Il y a un an, me dit-il, j'ai acheté un chalet sur une île au lac Duparquet. J'ai acheté ça de Paul Leblanc, qui est parti travailler à la nouvelle mine d'uranium à Elliot Lake. Je sais pas pourquoi j'ai acheté ça, j'en ai pas besoin pantoute. M'a t'le vendre.

— J'ai pas besoin de chalet, répondis-je. J'en ai déjà un, au lac Perron.

— Écoute, reprit-il, tu vas aimer cette place-là. Y a une belle baie et tu pourras faire atterrir ton avion juste devant ton camp. J'vas te le vendre pas cher, 500 $ seulement.

— Non, chus pas intéressé, lui répétai-je. Si j'avais un autre chalet, ce serait plus dans le nord. Probablement que ce serait un camp de chasse.

Puis, constatant que nos verres étaient vides, je fis signe au *waiter*.

— Lazare! Amène-nous une autre bière!

Déterminé plus que jamais à me vendre son chalet, vers une heure du matin, Genest améliora son offre.

— J'en veux pas de ce maudit chalet-là, me dit-il. Comme c'est un peu abandonné, on va régler ça vite, donne-moé 200 $.

— Non, j'en veux pas moé non plus, lui dis-je de nouveau. C'est pas parce que c'est cher. J'en ai pas d'besoin. J'en ai déjà un!

Puis, quelques autres bières plus tard, il me fit une nouvelle offre.

— J't'le laisse à 100 $, me dit-il. Crisse, à ce prix-là, tu peux pas te faire fourrer!

— Non! J'en veux pas de ton maudit chalet!

Finalement, à trois heures du matin, alors que le bar était sur le point de fermer et que nous étions pas mal éméchés tous les deux, il me fit une dernière offre.

— Écoute, dit-il désespéré, je peux pas aller plus bas que ça: 50 $! Pis en plus, le loyer de l'année est payé. Comme ça, tu vas sauver un autre 15 $. Si t'as pas d'argent sur toé, je vais te le passer. On sort pas d'icitte avant d'avoir réglé ça!

— OK, dis-je, à 50 $, j'va te l'acheter!

À ce prix-là, je me disais que, même si je n'avais pas vu l'endroit, je ne pouvais pas tellement me faire avoir. On a alors signé un papier tous les deux, le *waiter* agissant comme témoin!

Quelques jours plus tard, accompagné de Charlie Alarie, un de mes amis, et de nos épouses, je suis allé jeter un coup d'œil sur mon achat. L'île sur laquelle était situé le chalet n'avait pas de nom. Elle était simplement identifiée comme étant l'île numéro 39. Quelques années plus tard, nous lui en avons donné un: l'île Mouk-Mouk!

L'île 39 était située à un bout du lac, à environ une demi-heure de bateau de notre point de départ. Le site du chalet était bien choisi, mais le chalet lui-même était en piètre état. Les quais étaient pourris et le chalet avait besoin de sérieux travaux de rénovation. Le printemps suivant, j'ai engagé le père de Donald Farrell qui, en plus d'être un excellent trappeur, était très habile de ses mains. Quelques mois plus tard, grâce à ses talents, le chalet avait pas mal meilleure mine. Non seulement l'avait-il réparé, mais il l'avait aussi agrandi. Les quais avaient également été refaits. L'endroit était très agréable. Le lac était bon pour la pêche et les orignaux étaient nombreux dans le coin, à l'automne. Les premiers étés, Jean s'en servit comme chalet personnel. Puis, avec le temps, on s'est dit que ce serait une belle place pour inviter des clients et des relations d'affaires.

Au cours des années suivantes, nous y avons donc organisé des excursions et des tournois de pêche pour nos employés, et y avons aussi invité de nombreux clients. Au fil des ans, le chalet fut agrandi et d'autres bâtiments vinrent s'y annexer. Alors qu'au début, nous ne pouvions accueillir que 7 ou 8 personnes à la fois, dans les années 1980, il était possible d'y recevoir jusqu'à 24 personnes en même temps.

Puis, plus notre entreprise prit de l'expansion, plus l'île Mouk-Mouk reçut des invités. L'endroit était pratiquement toujours occupé. Nous étions du genre très « recevants » ! Graduellement, c'est devenu un détour obligé pour tous les hommes d'affaires qui venaient nous rencontrer à La Sarre. À partir de 1972, quand nous avons eu des hélicoptères, ça prenait à peine 10 minutes pour couvrir la distance entre La Sarre et l'île Mouk-Mouk, et un autre 10 minutes pour se rendre ensuite à l'aéroport de Rouyn-Noranda.

À plusieurs occasions, le domaine fut prêté à des organismes communautaires. Tous les clubs sociaux de la région y ont organisé, à un moment ou à un autre, un souper ou une réception. En 1972, les organisateurs des Jeux du Québec de Rouyn-Noranda en ont aussi beaucoup profité.

Mais il y a un groupe que je n'oublierai jamais. Il s'agit du Conseil québécois des évêques qui, vers la fin des années 1970, y a tenu un colloque. Quand le curé de La Sarre me demanda de lui prêter l'île pour ce groupe, avant d'accepter, je lui ai imposé une condition. Je lui ai dit que ma réponse serait affirmative si les évêques me promettaient, pendant leur séjour là-bas, de purifier l'île de tous les péchés qui y avaient été commis au fil des ans ! Surtout ceux qui étaient reliés à la consommation abusive de boissons alcoolisées !

L'achat de l'usine de F.X. Martel

En 1959, notre situation financière s'étant améliorée, nous pouvions de nouveau songer à prendre de l'expansion. Depuis plusieurs années, nous avions un œil sur l'usine de planage de F.X. Martel. Nous nous disions qu'en devenant propriétaire de cette usine, nous pourrions alors contrôler toutes les phases de la transformation du bois, le sciage, le séchage et le planage.

Comme nos scieries de Val-Paradis et de Villebois expédiaient maintenant beaucoup de bois à cette usine, nous étions pratiquement devenus son seul client. De plus, monsieur Martel étant décédé quelques années auparavant, sa veuve était disposée à vendre. Toutes les conditions étaient maintenant réunies pour conclure une transaction, nous nous sommes donc rapidement entendus et nous avons acheté l'usine.

La mode, dans ce temps-là, était de donner un nom anglais aux entreprises parce qu'on croyait que ça faisait plus *business*. Alors nous avons rebaptisé cet endroit La Sarre Forest Products !

Chapitre 7

L'expansion en Ontario

L'année 1960 fut décrétée « Année de la forêt » au Québec. Les compagnies forestières en profitèrent pour mettre sur pied une vaste campagne de sensibilisation destinée à rehausser l'image de la foresterie dans la province. Plusieurs mesures furent alors annoncées pour promouvoir la conservation et la protection des forêts québécoises. Une de ces mesures eut un impact important sur notre entreprise. Pour la première fois, les grandes compagnies de pâtes et papiers se montrèrent disposées à acheter du copeau de bois. Les copeaux étaient des résidus qui provenaient des opérations des scieries. Ils étaient produits à partir des croûtes, des bouts de bois croches, etc. Jusqu'à ce moment-là, ces résidus étaient brûlés et constituaient une source de pollution. Juste en Abitibi, il s'en brûlait des milliers de tonnes chaque année.

La production de copeaux représentait donc une nouvelle occasion d'affaires pour notre entreprise. Très rapidement, nous avons équipé nos moulins d'écorceurs, de *chippers* et de toute la machinerie nécessaire à leur production. Nous avons également profité de l'occasion pour installer dans nos scieries de nouvelles génératrices fonctionnant au diesel. Les copeaux qu'on produisait étaient vendus à la compagnie CIP qui, après les avoir transportés par train à son usine de La Tuque, les transformait ensuite en boîtes de carton. Pour notre entreprise, ce nouveau produit s'avérait une source de revenus supplémentaires très importante.

Des nuages à l'horizon

L'année 1960 amena également un autre changement très important pour nous. Lors des élections tenues au Québec le 22 juin 1960, le Parti libéral de Jean Lesage battit l'Union nationale et prit le pouvoir. Cette date fut identifiée plus tard par les historiens comme celle qui marqua le début de la Révolution tranquille au Québec. Pour la famille Perron, cette date marqua plutôt le début d'une période de turbulences et d'incertitude. En effet, au cours des 20 années précédentes, notre famille avait toujours appuyé le parti de Maurice Duplessis et, en retour, l'Union nationale lui avait toujours témoigné sa reconnaissance.

Mais là, les choses venaient de changer. Au cours des mois qui suivirent, nos relations avec les nouveaux dirigeants de la province s'avérèrent plutôt difficiles. On nous laissait entendre à mi-mots que nos territoires de coupe pourraient être réduits et qu'il n'était absolument pas question de nous en accorder de nouveaux. Cette situation était intolérable pour nous. Nous avons alors pris la décision de regarder ailleurs pour notre approvisionnement.

À cette époque, j'entretenais d'excellentes relations avec plusieurs dirigeants de la compagnie Abitibi Power and Paper. Il m'arrivait d'ailleurs assez souvent d'inviter ces gens-là à l'île Mouk-Mouk. Cette grande compagnie possédait plusieurs territoires de coupe dans le nord de l'Ontario et je savais qu'elle disposait d'un surplus important d'arbres. Je savais aussi que dans ses opérations de coupe, elle ne bûchait ni le tremble ni le pin gris. Or, ces arbres abondaient dans la région. J'ai donc entrepris des discussions avec eux et, assez rapidement, nous en sommes venus à une entente. Abitibi nous autorisait à couper des arbres sur son territoire et, en retour, en plus de lui verser des redevances, nous acceptions de lui vendre des copeaux. Cette entente nous permit de retrouver notre indépendance.

Nous nous sommes donc mis à abattre des arbres en Ontario. Ces arbres étaient ensuite transportés à notre scierie de Val-Paradis. L'Ontario permettait en effet que des ressources naturelles provenant de son territoire soient exportées au Québec, alors que l'inverse n'était pas permis par la province de Québec.

Grâce à ce nouvel approvisionnement, nous avons réussi très rapidement à doubler le chiffre d'affaires de nos scieries. Par ailleurs, comme le bouleau et le tremble que nous bûchions en Ontario étaient d'une qualité exceptionnelle, ils nous permettaient de fabriquer des panneaux de contreplaqué d'une excellente qualité. Ce type de *plywood* étant très en demande pour la fabrication de meubles, nous pouvions en obtenir un meilleur prix !

La *round house*

Durant l'été 1962, Aristide Boisvert, un ex-résidant de La Sarre devenu entrepreneur forestier en Ontario, m'apprit que le Canadian National venait de mettre en vente ses ateliers de réparation de Cochrane, en Ontario. Cette ville, située à environ 100 milles de La Sarre, s'était développée grâce à l'industrie ferroviaire. Comme la ligne du Transcontinental passait par là, le CN y avait construit des ateliers pour ses locomotives, de même que divers autres bâtiments. Ceux qui étaient mis en vente comprenaient une vingtaine de *bungalows*, de même qu'une grande bâtisse qu'on appelait la *round house*, à cause de sa forme. Cet endroit était une espèce de garage dans lequel une vingtaine de locomotives pouvaient être garées. À l'époque des trains à vapeur, on entrait les locomotives dans ce bâtiment, l'hiver, afin de les dégeler. Avec l'avènement du diesel, cette opération devint inutile et la *round house* perdit sa raison d'être. Mais Boisvert croyait que cette immense bâtisse pourrait possiblement être transformée en usine.

La ville de Cochrane ne m'était pas inconnue. J'avais eu l'occasion de la survoler à plusieurs reprises dans le passé, lors de mes promenades en avion. Du haut des airs, j'avais d'ailleurs remarqué que beaucoup de peuplier et de tremble poussait dans cette région. L'idée de transformer la *round house* du CN en usine de contreplaqué commença alors à germer tranquillement dans ma tête. À première vue, plusieurs facteurs favorables semblaient réunis. D'abord, la matière première abondait dans la région. Ensuite, la présence de la voie ferrée assurait le transport du produit fini vers les grands marchés. Enfin, les bâtiments mis en vente n'ayant plus aucune utilité pour le CN, ils pouvaient probablement être acquis à bon prix.

Cependant, avant d'aller de l'avant, il fallait que je trouve à Cochrane quelqu'un qui pourrait devenir pour nous un ambassadeur. Cette personne aurait principalement pour mission de nous représenter auprès des politiciens et des gens influents de la région. Elle nous aiderait ainsi à faire avancer notre projet dans la bonne direction. Aristide Boisvert avait justement un frère qui demeurait à Cochrane depuis plusieurs années. Albert Boisvert était propriétaire de deux hôtels, dans la ville. C'était donc un homme connu et respecté de tous. Cependant, avant de lui faire part de notre projet, Jean et moi désirions le connaître un peu plus. Nous avons donc décidé de l'inviter un jour à une excursion de pêche au petit lac Abitibi.

Mon expérience m'a toujours démontré que, lorsque tu passes une journée dans un bateau avec quelqu'un, tu apprends à le connaître. Tu découvres assez rapidement ses qualités et ses défauts. Cette technique m'a souvent servi dans ma carrière et, la plupart du temps, elle s'est avérée efficace. Dès la première journée de pêche, donc, Albert Boisvert m'est apparu comme un homme gentil, sympathique et fin diplomate. J'ai vite réalisé que je n'aurais aucune difficulté à m'entendre avec lui. D'ailleurs, dès qu'il fut mis au courant de notre projet, Albert se montra enthousiaste et nous assura immédiatement de son entière collaboration. Il voyait d'ailleurs dans notre future usine une façon de donner une nouvelle vie à sa ville. En effet, depuis la fermeture des ateliers du CN, un an auparavant, celle-ci avait pas mal décliné.

Dans les mois qui suivirent, il se révéla être un atout très important pour nous. Il nous présenta plusieurs personnes influentes : René Brunelle, le député de la région, Michel Palangio, le maire de Cochrane, plusieurs dirigeants du CN, des représentants de la Chambre de commerce locale, etc. Tous ces gens se montrèrent favorables à notre projet et nous assurèrent de leur collaboration.

Encouragés par cette attitude, nous avons dès l'automne procédé à l'achat des bâtiments du CN, et les travaux de réaménagement de la *round house* commencèrent immédiatement. Quelques mois plus tard, quand l'hiver arriva, ils étaient pas mal avancés. Déjà le plancher avait été entièrement recouvert de « concassé ». Durant l'hiver, la machinerie fut commandée. L'équipement s'était beaucoup amélioré depuis 1956, l'année où nous avions ouvert notre première usine à La Sarre. En avril, les travaux à l'intérieur de la bâtisse reprirent. Une vingtaine d'employés de notre usine de La Sarre, choisis parmi les plus expérimentés, vinrent donner un coup de main aux ouvriers locaux.

Pendant ces travaux, Jean et moi avions décidé de rester à Cochrane. Nous avions loué la suite de l'hôtel Albert et en avions fait notre quartier général. Nous y demeurions du lundi au vendredi. La fin de semaine, nous retournions à La Sarre dans nos familles respectives.

Au cours des travaux, un problème important surgit. Afin de réduire les risques d'incendie, nous souhaitions installer des gicleurs. Ceux-ci auraient eu en plus l'avantage de réduire de façon importante nos primes d'assurance. Malheureusement, la ville était incapable de nous fournir l'eau nécessaire à une pression suffisante pour les faire fonctionner. Il fut donc impossible d'en installer.

L'ensemble des coûts d'aménagement de l'usine fut estimé à un million et demi de dollars. Les banques refusant toujours de nous aider, l'argent nécessaire fut obtenu d'une importante « compagnie de finance » de l'époque, Trader Finance. Il fallut cependant qu'on accepte de payer un taux d'intérêt assez élevé et qu'on rembourse le prêt dans un laps de temps assez court.

Par ailleurs, pour chapeauter ce projet, nous avions créé une nouvelle compagnie : Cochrane Enterprises Ltd. Le capital initial était de 100 000 $, 90 000 $ provenant de J.H. Normick et 10 000 $ d'Albert Boisvert. Le 18 septembre 1963, l'usine était officiellement inaugurée.

Non seulement elle fournissait de l'emploi à 125 personnes de la région, mais elle était alors considérée comme la plus importante usine de contreplaqué de peuplier au Canada !

Notre première année d'opération se déroula merveilleusement bien. La demande pour le *plywood* de peuplier que nous fabriquions était excellente et nous faisions beaucoup d'argent. De plus, nous avions la chance de profiter d'une loi fédérale qui venait tout juste d'entrer en vigueur. Cette loi accordait un congé d'impôt pendant trois ans à toute entreprise créant de nouveaux emplois dans une région éloignée. Cette première année se solda donc avec un profit de 400 000 $, sur lequel nous n'avions pas un sou d'impôt à payer ! Mais c'était trop beau pour durer !

L'usine en flammes

Le 4 octobre 1964, alors que je revenais d'un voyage de chasse avec Jean, on m'apprit que l'usine de Cochrane était en feu. Nous nous sommes immédiatement rendus sur place. À notre arrivée, les murs de brique qui, pendant 60 ans, s'étaient imprégnés de poussière de charbon brûlaient comme du papier. L'usine fut une perte totale. Heureusement, tous les travailleurs avaient eu le temps de sortir, de sorte qu'à part les dommages matériels, nous n'avions rien à déplorer.

Quatre jours à peine après cet événement malheureux, nous prenions la décision de reconstruire l'usine sur les fondations existantes. Avant de prendre une telle décision, nous nous étions cependant assurés au préalable que la machinerie pouvait être réparée ou remplacée dans un délai maximum de six mois. De plus, nous avions la certitude que nos assureurs accepteraient de payer pour les dommages que nous avions subis. Les dirigeants de la ville nous donnaient aussi l'assurance qu'ils s'organiseraient, dans les mois à venir, pour nous fournir de l'eau à une pression assez grande pour que nous puissions installer des gicleurs dans la nouvelle usine.

La décision de reconstruire avait été prise rapidement pour plusieurs raisons. D'abord, l'hiver approchait et 125 travailleurs se retrouvaient sans emploi. Ensuite, plusieurs opérateurs forestiers de la région s'affolaient devant l'absence de débouchés pour leurs billots de peuplier. Finalement, de nombreux clients s'inquiétaient aussi face à une pénurie possible de contreplaqué. La suite des événements relève de l'exploit !

Grâce à une équipe d'hommes extraordinaires à qui le travail ne faisait pas peur, nous avons réussi, en deux mois et demi à peine, à reconstruire l'usine! Quand Noël arriva, les murs et le toit de la bâtisse étaient entièrement complétés. Durant l'hiver, les travaux se poursuivirent à l'intérieur et, une par une, les machines furent graduellement réinstallées. Vers la fin du mois d'avril 1965, la production recommençait!

La *guest house*

En 1963, en même temps que l'achat de la *round house,* nous avions aussi acquis un certain nombre de petites maisons. Une de celles-ci, celle de l'ancien surintendant, était plus grande que les autres. Nous l'avons rénovée et agrandie, et nous en avons fait une *guest house.* Nous y avons aussi ajouté une piscine et un sauna, de même qu'un salon de barbier. C'était presque un petit hôtel!

Au cours des années suivantes, des centaines de personnes, dont plusieurs de nos clients, y ont séjourné à un moment ou à un autre. Nous avions d'ailleurs fait un arrangement avec le maire de Cochrane, Michel Palangio. Quand un ministre, un député, un fonctionnaire important ou un dirigeant de la compagnie Abitibi Paper venait dans la région, si cette personne le désirait, il était entendu qu'elle pouvait demeurer à notre *guest house.* Non seulement elle était logée et nourrie, mais elle pouvait en plus profiter de tous les avantages de l'endroit. Plusieurs personnes importantes de l'époque, dont les premiers ministres John Robarts et Bill Davis, y ont d'ailleurs fait un séjour. Pour nous, cet endroit constituait un moyen de connaître ces gens-là et de tisser des liens avec eux.

La stratégie d'inviter des gens, que ce soit à l'île Mouk-Mouk, à la *guest house* de Cochrane ou ailleurs, a toujours constitué pour nous une façon efficace de faire connaître notre entreprise et de nous rapprocher du monde.

Un hommage touchant

Nos relations avec René Brunelle, le député de la région de Cochrane devenu quelques années plus tard ministre des Terres et Forêts de l'Ontario, ont toujours été excellentes. Cet homme attachant était un député dévoué et intègre qui se consacrait entièrement à ses concitoyens. Pour lui, les frères Perron étaient de véritables sauveurs. Venus d'une province voisine, ils avaient créé des centaines d'emplois dans sa région et avaient ainsi contribué à stimuler l'économie locale. Jamais il ne perdait une occasion de nous exprimer sa reconnaissance.

Un jour qu'il se rendait à Toronto pour participer à une séance de l'Assemblée législative de l'Ontario, il nous invita à l'accompagner. Alors que nous assistions aux débats depuis la galerie des visiteurs, il se leva tout à coup et demanda la parole au président de l'Assemblée. Il prononça alors un discours d'une dizaine de minutes dans lequel il souligna notre présence et nous rendit un vibrant hommage ! Quand il termina, tous les membres de l'Assemblée se levèrent et nous applaudirent. Ceux d'entre eux qui nous connaissaient, dont le premier ministre John Robarts, vinrent ensuite nous serrer la main. Rarement, dans ma vie, j'ai été aussi fier d'être québécois !

Un grand départ

Le début de l'année 1965 fut obscurci par un triste événement. Mon père, Henri Perron, mourut le 18 janvier, à l'âge de 76 ans. Au cours des huit années précédentes, les nombreuses attaques cardiovasculaires dont il avait été victime l'avaient laissé à demi paralysé. Mais même avec des capacités physiques réduites, sa tête continuait à bien fonctionner. Il se tenait constamment informé des derniers développements de l'entreprise, et il lui arrivait fréquemment de nous faire part de ses commentaires et de ses suggestions.

Arrivé en Abitibi en 1914 avec à peu près rien, mon père a le mérite d'avoir réussi à mettre sur pied une entreprise qui, au moment de son décès, comptait deux usines de contreplaqué, deux scieries et une usine de rabotage. Lui qui s'était toujours fait un devoir de fournir du travail à des gens pouvait être fier de ce qu'il avait accompli. Ses usines faisaient maintenant travailler plus de 500 personnes !

Chapitre 8

Les Entreprises Perron

Vers la fin des années 1960, nos usines fonctionnaient bien et elles généraient des revenus relativement bons. Cependant, plusieurs facteurs m'incitaient à penser que cette situation ne durerait pas très longtemps. Nos deux scieries dataient en effet d'une trentaine d'années chacune et avaient besoin d'une sérieuse cure de rajeunissement. L'usine de planage de F.X. Martel commençait elle aussi à montrer des signes de fatigue. Enfin, l'usine de contreplaqué de La Sarre, bien que n'ayant qu'une douzaine d'années, allait bientôt avoir besoin qu'on remplace ses équipements. Une technologie plus avancée permettait déjà d'être beaucoup plus productif.

J'avais aussi l'impression que nos opérations étaient pas mal éparpillées. Nous avions en tout une scierie à Val-Paradis, une autre à Villebois, une usine de planage située à l'extrémité ouest de La Sarre et une usine de contreplaqué à l'autre bout de la ville. Cet éparpillement nécessitait beaucoup de transport et occasionnait des dépenses importantes.

L'idéal était de centraliser toutes nos opérations au même endroit, en construisant à La Sarre, à côté de l'usine de contreplaqué, une scierie ultramoderne et une usine de planage. Mes frères et moi songions à ce plan depuis quelques années, mais pour pouvoir le réaliser et permettre ainsi à notre entreprise de progresser, il nous fallait trouver de nouveaux capitaux. Nous avions estimé à environ deux millions de dollars la somme nécessaire qui nous permettrait à la fois de payer toutes nos dettes et de réaliser ce plan. Je discutais souvent de cette situation avec Marc Lavigne, un jeune et brillant notaire de La Sarre dont le père, Jules, également notaire, avait été un des premiers citoyens du village. Marc, mes frères et moi, de même que quelques autres personnes, étions par ailleurs associés, depuis deux ou trois ans, dans une petite société d'investissement qui s'appelait Crédit La Vérendrye.

Conscient de mes préoccupations, Marc me parla un jour de Gérard Gingras, un courtier de Montréal se spécialisant dans le financement des entreprises. Marc m'expliqua que le travail de ce monsieur consistait à trouver des investisseurs intéressés à financer des compagnies comme la nôtre.

Un jour que Gérard Gingras était à La Sarre pour étudier le financement public de la compagnie de téléphone locale, je l'invitai à visiter notre usine de contreplaqué en compagnie de mes frères. J'en profitai aussi pour lui parler du projet de centralisation de nos opérations. Il se montra très intéressé, aussi bien par l'usine que par nos projets. Avant de repartir, il demanda qu'on lui remette nos plus récents états financiers.

Plusieurs mois passèrent, et un jour, le téléphone sonna.

— Si vous êtes encore intéressés à faire des affaires, me dit Gérard Gingras, venez me voir à Montréal. Je pense que je peux vous aider.

Quelques jours plus tard, à la fois heureux et anxieux, mes frères et moi sommes allés le rencontrer à son bureau de la Société de Placements. Marc Lavigne était aussi avec nous.

— Voyez-vous, les garçons, nous expliqua-t-il, emprunter, c'est une excellente idée. Mais dans le moment, vous êtes trop pauvres pour intéresser les banques. Votre seul moyen de trouver de l'argent, c'est quand vous promettez de rembourser à court terme. À long terme, vous n'en trouverez jamais.

— Comment ça, pauvres ? s'indigna Jean. Nos usines fonctionnent bien. Pis, à part ça, on est jeunes et on pense pareil.

— C'est justement à cause de ça que vous m'intéressez, dit-il. Quand trois gars visent le même objectif, les chances de l'atteindre sont meilleures. Mais ça ne vous empêche pas d'être pauvres. J'ai examiné vos états financiers et je me suis aperçu que dans votre *business,* vous ne possédez que 13 % des actifs. Le reste appartient aux « compagnies de finance ». Pour que je puisse aller vous chercher de l'argent, il va falloir que vous en trouviez d'abord de votre côté. Sans ça, je ne peux pas vous aider.

— Et moi, ajouta Marc Lavigne, je pense que vous devriez aussi faire le ménage dans vos compagnies. Quatre compagnies, c'est trop, on ne s'y retrouve plus. Une seule suffirait.

— Je connais les grands investisseurs comme la Caisse de Dépôt et Placement du Québec, reprit Gérard Gingras. Ils veulent des papiers qui se lisent tout seuls. Marc a raison. Une compagnie, c'est assez. Vous pourriez l'appeler Les Entreprises Perron et, sous ce nom, vous continueriez à administrer vos usines de La Sarre, Val-Paradis, Villebois et Cochrane. Une fois que vous aurez créé le holding dont je vous parle, vous irez voir vos amis et vous leur demanderez si ça leur tente d'investir dans votre compagnie.

— Combien faudrait-il trouver, demanda Normand.

— Cinq cent mille piastres !

Le 30 avril 1968, une nouvelle entité de gestion était créée. La société Les Entreprises Perron Limitée devenait responsable de l'administration de H. Perron et Fils Limitée, J.H. Normick Limitée, Cochrane Enterprises Limited et Forest Products Limited. Le capital-actions de cette nouvelle entreprise était formé, d'une part, d'actions ordinaires ayant droit de vote, réparties en parts égales entre Normand, Jean et moi, et, d'autre part, d'actions privilégiées ayant une valeur de 500 000 $. Le conseil d'administration était formé des 11 personnes suivantes : Normand, Jean et moi ; Marc Lavigne, Fernand Doyon et Bernard David, tous trois membres de Crédit La Vérendrye ; Gérard Gingras, Albert Boisvert et trois avocats de Montréal, Michel Roy, Kenneth Done et Gérald McCarthy. C'était la première fois que des personnes qui n'étaient pas de la famille faisaient partie du conseil d'administration de l'une de nos compagnies.

Les actions privilégiées furent ensuite vendues à des entreprises avec qui nous faisions affaire depuis plusieurs années. Laidlaw Lumber de Toronto en acheta pour 200 000 $, alors que Consolidated Plywood y alla pour 150 000 $. Enfin, Crédit La Vérendrye y vit une belle occasion de placement et en acheta pour 100 000 $. Ça faisait un total de 450 000 $. Il manquait encore 50 000 $. Pour les trouver, Normand, Jean et moi avons dû nous endosser mutuellement pour pouvoir obtenir chacun un prêt personnel de 16 666 $ à la banque !

Quelques mois plus tard, Gérard Gingras réussit à trouver une compagnie prête à nous consentir un prêt de deux millions de dollars. La Prudential Insurance Company of America acheta les débentures d'une durée de 15 ans que nous venions d'émettre. Le taux de celles-ci était pas mal plus bas que celui que nous avions l'habitude de payer aux « compagnies de finance ».

Au cours des années suivantes, plusieurs nouveaux projets nécessitèrent du financement additionnel. La Prudentielle accepta alors d'augmenter à trois, puis à quatre et enfin à cinq millions de dollars le montant total de ses prêts.

Nous avions maintenant toutes les sommes nécessaires pour réaliser notre projet de centralisation. Les travaux de construction de l'usine de sciage commencèrent à la fin de l'été 1968 et durèrent un an. Lorsqu'ils furent complétés, la scierie de Val-Paradis fut vendue à une compagnie de Terre-Neuve, alors que celle de Villebois fut démantelée et vendue en pièces détachées.

L'ouverture officielle de la nouvelle scierie, dont la capacité était de 75 millions PMP par année, eût lieu le 27 août 1969. C'était à ce moment-là la scierie la plus moderne et la plus importante aménagée à l'est des Rocheuses ! L'usine de planage fut construite l'année suivante. Ce fut notre premier investissement des années 1970, années au cours desquelles notre entreprise connut un essor considérable.

Chapitre 9

Acquisitions et croissance

À l'aube des années 1970, la situation financière de notre entreprise s'était grandement améliorée. Les ventes avoisinaient les 10 millions de dollars, les profits se situaient autour de 400 000 $ et nos filiales fournissaient de l'emploi à environ 700 personnes. De plus, la scierie que nous venions d'inaugurer à La Sarre nous permit d'accéder à une catégorie supérieure de producteurs de bois de sciage. En effet, son équipement des plus modernes permettait à la fois d'augmenter la production totale de l'entreprise et sa rentabilité. Nous étions donc devenus plus productifs, plus efficaces et plus rentables.

Par ailleurs, l'expérience acquise lors de la planification, du financement, de la construction et de la mise en marche de cette scierie fut pour nous très enrichissante. Nous nous savions dès lors capables de réaliser des projets de grande envergure.

C'est un peu dans cet esprit que fut rédigé, à la fin de l'année 1969, le Message de la Direction apparaissant dans le bulletin semestriel des Entreprises Perron. À sa lecture, vous noterez entre autres que la montée du mouvement séparatiste dans la province de Québec nous préoccupait alors beaucoup.

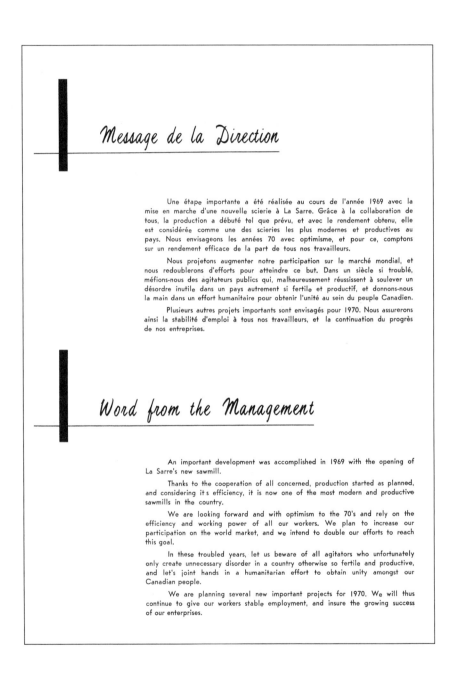

Message de la Direction

Une étape importante a été réalisée au cours de l'année 1969 avec la mise en marche d'une nouvelle scierie à La Sarre. Grâce à la collaboration de tous, la production a débuté tel que prévu, et avec le rendement obtenu, elle est considérée comme une des scieries les plus modernes et productives au pays. Nous envisageons les années 70 avec optimisme, et pour ce, comptons sur un rendement efficace de la part de tous nos travailleurs.

Nous projetons augmenter notre participation sur le marché mondial, et nous redoublerons d'efforts pour atteindre ce but. Dans un siècle si troublé, méfions-nous des agitateurs publics qui, malheureusement réussissent à soulever un désordre inutile dans un pays autrement si fertile et productif, et donnons-nous la main dans un effort humanitaire pour obtenir l'unité au sein du peuple Canadien.

Plusieurs autres projets importants sont envisagés pour 1970. Nous assurerons ainsi la stabilité d'emploi à tous nos travailleurs, et la continuation du progrès de nos entreprises.

Word from the Management

An important development was accomplished in 1969 with the opening of La Sarre's new sawmill.

Thanks to the cooperation of all concerned, production started as planned, and considering it s efficiency, it is now one of the most modern and productive sawmills in the country.

We are looking forward and with optimism to the 70's and rely on the efficiency and working power of all our workers. We plan to increase our participation on the world market, and we intend to double our efforts to reach this goal.

In these troubled years, let us beware of all agitators who unfortunately only create unnecessary disorder in a country otherwise so fertile and productive, and let's joint hands in a humanitarian effort to obtain unity amongst our Canadian people.

We are planning several new important projects for 1970. We will thus continue to give our workers stable employment, and insure the growing success of our enterprises.

Personnellement, j'étais contre ce mouvement et je ne partageais absolument pas son idéologie. J'étais convaincu, et je le suis encore aujourd'hui, que le Canada constituait et constitue toujours, pour les Québécois, le meilleur endroit pour réaliser leurs ambitions et vivre dans un environnement stable et sécuritaire.

Donc, au début de l'année 1970, la croissance de notre entreprise était au centre des discussions que nous avions, mes frères et moi. Nous tenions d'ailleurs régulièrement des sessions de réflexion à ce sujet, la plupart du temps à l'île Mouk-Mouk.

Au cours de l'une de ces réunions où il fut question du développement futur de la compagnie, nous avions identifié deux grandes stratégies. La première consistait à investir dans des produits de seconde transformation comme les panneaux de particules. Ces panneaux étaient issus d'une nouvelle technologie développée en Europe. Ils étaient fabriqués avec des résidus de bois de sciage comme les « rippes », le bran de scie et les planures. On les utilisait principalement dans la fabrication de meubles, de dessus de tables et de portes d'armoires. Comme il n'existait alors au Québec aucune usine fabriquant ce genre de produit, le gouvernement canadien nous approcha pour que nous formions un partenariat avec une compagnie française spécialisée dans ce domaine. Nous sommes donc allés en France visiter quelques usines produisant ce genre de panneaux. À notre retour, nous étions venus bien près de nous lancer dans cette aventure. Mais la construction d'une telle usine aurait nécessité un investissement d'environ 10 millions de dollars, une somme qu'il nous aurait fallu emprunter. Nous trouvions que notre niveau d'endettement était à ce moment-là déjà assez élevé. Nous avons donc décidé de ne pas nous embarquer là-dedans.

La deuxième stratégie était d'investir dans la matière première, un secteur que nous connaissions bien. Il nous serait ainsi possible de croître, soit en faisant l'acquisition de scieries déjà existantes, soit en en construisant de nouvelles.

À ce moment-là, il y avait en Abitibi et dans le nord de l'Ontario, plusieurs moulins à scie qui fonctionnaient avec du vieil équipement. On se disait qu'en faisant l'acquisition de certains d'entre eux, il serait possible de les agrandir, de les moderniser et d'en augmenter la production. Comme chacun possédait en plus son propre territoire de coupe, ça nous permettrait par la même occasion d'augmenter notre approvisionnement en matière première.

Nous avons donc opté pour cette seconde stratégie, d'autant plus qu'elle nous permettait une croissance par étapes, une croissance mieux adaptée à nos moyens financiers. Dans ce sens, notre première décision importante fut d'ajouter, en 1971, une ligne supplémentaire de production à notre scierie de La Sarre. Dès l'année suivante, nous récoltions les fruits de cette décision, puisque la production annuelle de cette scierie grimpait de 75 à 125 millions PMP.

L'achat de la scierie de J.E. Therrien

Jos Therrien était un entrepreneur d'Amos en affaires depuis une trentaine d'années. Il était propriétaire d'un des plus beaux complexes de bois de sciage de l'Abitibi. Sa scierie produisait environ 40 millions PMP par année, et son territoire de coupe, que j'avais eu l'occasion de survoler souvent, était magnifique. J'avais d'ailleurs remarqué, du haut des airs, qu'il se contentait de n'y bûcher que les plus beaux arbres. J'étais donc persuadé que, si on y coupait tout le bois disponible, on pourrait facilement doubler et même tripler la production de cette scierie.

Je connaissais Jos depuis plusieurs années. Nous avions eu l'occasion de nous croiser régulièrement lors des congrès de l'Association du nord-ouest du Québec, un regroupement régional de producteurs forestiers. Jos, qui avait à cette époque une soixantaine d'années, était un homme indépendant et très fier de sa réussite.

En 1972, connaissant sa situation familiale, je me suis dit qu'il serait peut-être intéressé à vendre son entreprise. Je fis donc une approche dans ce sens lors d'un congrès de l'ANOQ.

— Salut Jos. Comment ça va ?

— Très bien, mon p'tit Perron, pis toé ?

Jos parlait un peu du nez, ce qui fait que, des fois, ça sonnait un peu drôle.

— Bien merci, Jos, lui répondis-je. J'ai entendu dire que tu serais peut-être intéressé à vendre ta *business*.

Départ pour un petit voyage d'exploration forestière.
À mes côtés : Gérard Laforest, André McNeil et Fred Burrows.

Une excursion familiale faite en 1971. Partis du lac Dasserat, sur la ligne
de partage des eaux, près de Rouyn, nous avons suivi la rivière Kanasuta
vers le nord le premier jour, et atteint l'île Mouk-Mouk,
au lac Duparquet, le lendemain.

Mon frère Normand en compagnie de Gérard Gingras et Raymond Carrier. À l'arrière, on aperçoit le hangar des hélicoptères de la compagnie.

Visite à La Sarre de René Brunelle (le troisième à partir de la droite), le ministre des Terres et Forêts de l'Ontario, accompagné de ses sous-ministres.

Grand départ pour notre premier
voyage familial de ski, en 1973.
Notre destination est Banff, dans
les Rocheuses.

Le clan Perron à Banff.

Départ pour Hannah Bay à la Baie-James, à bord du Polar Bear Express.

Claude, François et Éric à la chasse à la perdrix, en 1974.

Une rencontre informelle des trois frères Perron avec
Robert Bourrassa, le premier ministre du Québec.

Tommy Woods, le *headmaster* du collège Sedbergh,
où tous nos fils ont fait leur cours secondaire.

Visite, en 1980, aux usines de La Sarre, de Robert Provost,
le président de Provost Transport.

L'inscription de Normick Perron à la Bourse de Montréal, le 21 novembre 1973.

Un pique-nique improvisé avec Lise et Éric,
à la rivière La Grande, à la Baie-James.

Un de mes nombreux camps de chasse : celui du lac Toison d'Or.

Un de mes compagnons de chasse et de pêche les plus célèbres : le peintre canadien Stanley Cosgrove, à la rivière George, en Ungava, en 1979.

Michel Bock et moi, à l'île Mouk-Mouk, vers la fin des années 1970,
à l'époque où nous prenions encore un verre.

Un copieux repas après une belle journée de pêche à la rivière George.
De gauche à droite : Jean-Luc Lussier, Michel Bock,
Jean-Guy Hubert et Jean Perron.

La famille, en 1980, au Club Chambeaux situé au barrage Caniapiscau.

Le débitage d'un caribou, à la rivière George, en Ungava.

Une excursion à la pêche au saumon du Pacifique, au nord de Vancouver. À droite de Lise, on aperçoit Bob Rogers, devenu quelques années plus tard le lieutenant-gouverneur de la Colombie-Britannique.

Une autre photo prise à la rivière George. Dans l'ordre habituel : le guide de pêche dont j'ignore le nom, Jean-Guy Hubert et Claude Bock.

Une photo de famille prise à Hilton Head Island, en 1980, lors d'un séminaire de la Young President Organisation organisé à l'intention des familles des membres.

Match de tennis avec mes fils Claude, Bertrand et François.

Jean, Normand et moi avec notre mère, lors de l'inauguration officielle
du siège social de Normick Perron à La Sarre, en 1980. La charrue est celle que
mon père a utilisée peu de temps après son arrivée en Abitibi, en 1914.

Je suis ici en compagnie d'Aurèle Lamothe et de Pierre MacDonald,
le ministre de l'Industrie et du Commerce du Québec,
lors de l'inauguration de nos bureaux à La Sarre.

Une vue aérienne du siège social de Normick Perron à La Sarre.
On aperçoit une partie des usines de la compagnie juste derrière.

Voici un homme fier de sa chasse.
Le panache mesure 68 pouces !

Mon fils François est fier de me montrer sa belle prise,
sur la rivière Moisie.

Claude, Bertrand, Éric, François et moi, avant le départ
pour une excursion de pêche à la rivière Moisie.

Pierre Masson et Jean Pelletier,
le maire de Québec, ont été deux
de mes compagnons de pêche
à la rivière Moisie.

L'usine en construction de Donohue-Normick, à Amos.
Dans l'ordre habituel : Paul Prémont, Jacques Paquin, Jean Perron,
moi, Edward Walsh, Marc Lavigne et Jacques Jelly.

En 1981, nous avons fait un voyage à Jérusalem avec le YPO.
Voici Lise, serrant la main de Golda Meir, ex-Premier ministre d'Israël.

Visite à Cochrane d'Adam Zimmerman (le deuxième à gauche),
président de Noranda, de Tim Kenny (troisième à partir de la gauche)
et de leurs adjoints. Derrière l'hélicoptère, on aperçoit partiellement la
guest house de la compagnie.

Mon chalet au lac de la Grosse-Île.
J'y suis allé régulièrement entre 1981 et 1986.

Lise et moi au Mont-Sainte-Anne avec Rosanne Laflamme, une
femme handicapée championne nord-américaine de ski alpin.

Gala-bénéfice du Centre François-Michelle,
à l'hippodrome Blue Bonnets. De gauche à droite : Thérèse
Perron, Fernand Doyon, Monique Brooks, moi, Lise, Jack
Brooks, Margot Doyon et Normand Perron.

Normand, Jean et moi souhaitant la bienvenue à La Sarre
aux frères Claude et Pierre Michaud, à l'occasion de l'ouverture
de nos nouveaux bureaux, en 1980.

Bruce Little, le président de la compagnie MacLaren,
en visite à l'île Mouk-Mouk.

René Veillette, un copain de jeunesse qui a ensuite travaillé pour moi comme guide pendant une bonne partie de sa vie. C'est aussi lui qui a construit la plupart de mes camps de chasse et de pêche.

Lise et moi à Val d'Isère, en 1984.

Un groupe de skieurs heureux à Vail, au Colorado.
De gauche à droite : Hélène Hubert, Johanne Bock, Jean-Guy Hubert,
Lise, moi, Evelyne Hubert, Michel Bock, Rachel Goyette et Christine Goyette.

Au camp de la compagnie MacLaren, en 1984, avec Lise et Tim Kenny
(à droite), ainsi que notre guide, Stanley (à gauche).

Quelques dirigeants de la compagnie La Laurentienne, en visite à La Sarre.
À mes côtés, Jean-Marie Poitras, Claude Castonguay,
Martial Asselin et Jean Perron.

Une visite au chalet de mon frère Normand et de son épouse,
au lac des Trente et Un Milles, près de Maniwaki.

À l'île d'Anticosti, avec mes fils François et Henri, ainsi qu'André Bérard et Pierre Masson.

Un couple heureux après une autre belle journée de pêche!

Une visite au peintre René Gagnon et à son épouse Claire Hovington,
à leur chalet situé à l'embouchure de la rivière Saguenay.
À droite, mon ami Fred Burrows.

La famille à l'île d'Anticosti, en 1985. Michel, Lise, Bertrand, Claude,
Denise, Éric, François, Geneviève et Henri.

Jean-Yves Deslauriers, mon « associé de canot »,
avec un autre beau saumon de la rivière Moisie.

Mon ami Jean-Luc Lussier est lui aussi
très heureux de son saumon !

Mes filles Anne-Marie et Denise ont pêché ce saumon de 24 livres
dans la rivière Moisie.

En compagnie de Mila et Brian Mulroney, en 1985, à l'occasion
d'une activité-bénéfice. La dame à ma droite est Madeleine Le Saux.

Avec Rodrigue et Liette Biron, à la rivière Moisie, en 1987.
Rodrigue Biron était alors ministre de l'Industrie et du Commerce du Québec.

Une belle journée de ski au Mont-Sainte-Anne, en 1988.
De gauche à droite : Guy Nadeau, moi, André McNeil, Lise Nadeau,
Marie-Josée et Éric Nadeau, Lise Perron et Gérard Lebeau.

Le lancement du livre *Les fils de la forêt*, en 1989.
Jean, Normand et moi sommes photographiés avec Gaston Gilbert,
un des plus anciens employés de notre compagnie.

André Bérard, l'ancien président de la Banque Nationale,
avec son premier brochet de la saison 1988.

Une réunion, en 1988, au lac Legardeur, de tous les vice-présidents de Normick Perron. Dans l'ordre habituel : Normand Biron, Jules Parent, Jean Perron, Bertrand Perron, Fred Burrows alias le « Scieur » de Legardeur, Donald Farrell, Marcel Gagnon, Fernand Lacroix, Normand Perron, Raymond Carrier, moi et Jean Mercier.

Lise et moi avec un autre magnifique saumon de la rivière Moisie.

Lise et moi avec Gérard et Michèle Lebeau.

Quelques photos de mon expédition au pôle Nord, en avril 1994,
un an après ma greffe de rein.

Mes compagnons d'expédition. En bas, de gauche à droite : Micha Malakhov,
Pierre Simard, Tim Goodsel, Gérard Lebeau, Richard Perron, Richard Weber.
Debout : moi, Bertrand Perron, Rob Bryce, Jeff Mantell et Tim Kenny.

En route pour le pôle Nord en compagnie de mon fils Bertrand.

Le 30 avril 1994, je plantais le drapeau de la
Fondation canadienne du rein au pôle Nord.

À la fin du voyage au pôle Nord, mon fils Claude était venu à ma rencontre
avec quelques autres personnes. Au retour, nous nous sommes arrêtés
à Eureka, une station de météo canadienne.

Mon fils Henri était venu
m'accueillir à l'aéroport de Dorval et
s'informer de l'état de « son » rein !

En 1995, la Fondation canadienne du rein m'a remis son Prix du Fondateur, en reconnaissance des services que j'ai rendus à cette organisation. Debout, de gauche à droite : Henri et Bess, François, Anne-Marie, Dominique, Chantal et Claude, Denise et David, Line. À ma droite, Alain, et à la gauche de Lise, Bertrand.

Lise et Guy Nadeau, en 1989, au pied des chutes du lac Evans.

La rencontre de trois personnes ayant subi une greffe d'organe :
Moi (un rein), Diane Hébert (le cœur et les poumons) et Carmen Houde
(le cœur), l'épouse de Normand Houde, le maire actuel de La Sarre.
Diane Hébert a été, en 1985, la première Québécoise à bénéficier
d'une greffe cœur-poumons.

Le chef, préparant sa fameuse salade à la crème !

— Vendre ma *business*! dit-il. Es-tu fou? C'est moé qui a le plus beau moulin de l'Abitibi. Y faudrait que quelqu'un soit prêt à mettre ben du *cash*!

— Ouais, répliquai-je, mais oublie pas que tu vieillis, Jos, et que t'as pas de relève.

— Ouais, c'est vrai que d'la manière que ça va là, mes enfants me remplaceront pas. Des fois que je serais prêt à vendre, ajouta-t-il, combien que vous seriez prêts à me donner, vous autres, pour mon moulin? Oubliez pas que chus un millionnaire, moé, pis que ça m'prend ben de l'argent!

— Ben, il faudrait que j'en parle d'abord avec mes frères, lui répondis-je, mais je pense qu'on pourrait se rendre jusqu'à deux millions.

— Deux millions, dit-il, t'es malade! Ça en vaut au moins cinq!

— Écoute, Jos, pars pas en peur, lui dis-je. Nous, on est jeunes et on va être tes successeurs. On va continuer ton œuvre et ton nom ne disparaîtra pas! Si on paie trop cher pour ta *business,* on n'arrivera pas, pis on va faire faillite. Ça fait que ton nom va disparaître.

Sachant que Jos était très sensible à la flatterie, je savais que je venais de marquer un point.

— Ouais, répliqua-t-il, je vais penser à ça, pis on va se r'parler, mon p'tit Perron.

Quelques mois plus tard, après plusieurs autres rencontres, nous en sommes arrivés à une entente. Nous lui avons donné trois millions de dollars pour sa scierie. Comme sa compagnie détenait parmi ses actifs des certificats-dépôts pour une valeur de un million, notre coût réel ne fut en fait que de deux millions. Et pour faire changement, nous avons réussi à faire cette acquisition sans qu'il soit nécessaire de nous endetter. Des actions privilégiées d'une valeur de 500 000 $ furent émises et le reste fut payé à même le fonds de roulement de la compagnie.

Au cours de la première année, nous avons opéré la scierie de Jos Therrien sans faire de changements. L'année suivante, certains travaux visant à l'agrandir et à la moderniser permirent d'augmenter sa production. Quelques années plus tard, cette production était rendue à 125 millions PMP.

La prédiction

D'aussi loin que je puisse me souvenir, une certaine rivalité a toujours existé entre Amos et La Sarre. Que ce soit dans une compétition sportive ou culturelle, la rivalité entre les deux villes a toujours été vive. Il ne fallait donc pas se surprendre que, pendant nos négociations avec Jos Therrien, un groupe de marchands et de professionnels d'Amos ait été tenté de faire avorter la transaction. Ce groupe exerça des pressions sur Jos afin de l'inciter à vendre son moulin à des intérêts locaux. On ne voulait absolument pas que sa scierie passe aux mains de gens de La Sarre.

Un peu inquiet par cette résistance, je me suis organisé, au plus fort de la tempête, pour rencontrer les membres de la Chambre de commerce d'Amos. On m'invita alors à prononcer une conférence à l'occasion de l'une de leurs réunions mensuelles.

— Vous n'avez pas à vous inquiéter, leur dis-je. On n'a pas l'intention de déménager d'emplois à La Sarre. Au contraire, notre intention est d'en créer de nouveaux ici.

Puis, sûr de moi, je leur fis une prédiction.

— Faites confiance à des industriels et vous ne le regretterez pas. Un jour, vous aurez peut-être un moulin à papier à Amos !

Même si je suis optimiste de nature, j'étais loin de me douter alors qu'une dizaine d'années plus tard, Normick Perron et Donohue s'associeraient et construiraient à Amos un moulin à papier de 220 millions de dollars !

L'acquisition de la scierie Camille Richard

En 1973, une autre occasion se présenta. Camille Richard était un pionnier de Beattyville, une petite localité située à environ 40 milles au nord de Senneterre, dans la région de Lebel-sur-Quévillon. À force de travail et de persévérance, M. Richard avait réussi, à partir d'une petite scierie construite en 1951, à faire progresser son entreprise à un point tel qu'en 1971, il construisait une scierie moderne capable de produire près de 40 millions PMP par année.

En 1972, se sentant vieillir et inquiet des rumeurs qui couraient au sujet de l'introduction prochaine d'un impôt sur les gains en capital, il vendit son entreprise pour un million de dollars à Nolin, le plus vieux de ses fils.

Nolin opéra la scierie pendant un an, puis il m'approcha ensuite pour me la vendre.

— Si je vous disais que je suis prêt à vendre, me dit-il, seriez-vous intéressé ?

— Certainement, lui dis-je. Je suis toujours prêt à écouter.

— Alors, écoutez bien, répliqua-t-il, je vais aller droit au but. Je sais que vous avez donné trois millions à Jos Therrien, l'an dernier, pour sa *business*. Comme je pense que ma scierie en vaut autant, seriez-vous prêt à me donner la même chose ?

— Oui, mon Nolin, je serai prêt à faire ça ! Pis, en plus, je te paierais ça *cash* !

Nolin n'en revenait pas qu'on puisse s'entendre si facilement.

— *Wow !* dit-il. Quand est-ce qu'on passe chez le notaire ?

Les papiers furent ensuite signés rapidement et Nolin encaissa un profit de deux millions en un an ! Malheureusement, il ne put profiter de cet argent bien longtemps. Un an plus tard, il mourut dans un accident d'avion. L'acquisition de cette scierie, tout comme l'avait été celle de Jos Therrien un an auparavant, s'avéra un autre bon achat pour nous. De plus, nous avions encore une fois réussi à acquitter entièrement le coût d'achat à même notre fonds de roulement. Dès l'année suivante, une deuxième équipe de production était ajoutée, ce qui permit d'augmenter la production de 50 %.

Normick Perron

À l'automne 1973, notre entreprise comptait 1 500 employés. Quand un étranger demandait à l'un d'eux pour qui il travaillait, il répondait « Je travaille chez Normick », alors qu'un autre pouvait répondre « Je travaille chez Perron ». Il arrivait même assez souvent, quand j'étais au bureau, que la téléphoniste me passe un appel de quelqu'un désirant parler à M. Normick ! À ce moment-là, le nom officiel de la compagnie était Les Entreprises Perron inc., et tous les produits que nous vendions arboraient le logo ovale Normick. Nous avions donc conclu qu'il serait préférable d'incorporer le mot Normick dans la raison sociale de la compagnie. D'autant plus que nous venions tout juste de prendre la décision de devenir une compagnie publique et d'inscrire nos actions en Bourse. C'est donc à compter de ce moment-là que la compagnie s'est appelée Normick Perron inc.

Le 21 novembre 1973, lors d'une cérémonie officielle, nos actions furent inscrites à la Bourse de Montréal sous le sigle NPI. Quelques jours plus tard, une cérémonie semblable eut lieu à la Bourse de Toronto.

La scierie de Cochrane

Dès le début de l'année 1974, nous annoncions la construction, à Cochrane, d'un complexe ultramoderne comprenant une scierie, des séchoirs et une usine de rabotage. Il s'agissait d'un projet évalué à plus de six millions de dollars assez semblable à celui que nous avions réalisé à La Sarre quelques années auparavant. Cependant, cette annonce avait été précédée d'un cheminement long et ardu. Établis à Cochrane depuis 1963, nous avions en effet, au fil des ans, fait beaucoup de pressions auprès des politiciens locaux et des autorités gouvernementales de l'Ontario pour obtenir nos propres territoires de coupe dans la région. Pendant toutes ces années, notre approvisionnement en bois dépendait de la compagnie Abitibi Paper. Puisque les territoires sur lesquels nous bûchions leur appartenaient, nous devions constamment prendre des ententes avec eux, et le fait d'être constamment à leur merci nous inquiétait.

On avait également peur qu'un jour, un compétiteur s'amène, construise une scierie dans la région et s'approprie en même temps tout le bois disponible. Cette perspective nous préoccupait d'autant plus que nous dépendions aussi, en bonne partie, pour nos deux usines de La Sarre, du bois coupé en Ontario. Nous nous devions donc d'être les premiers à construire un moulin à cet endroit. Mais pour cela, il fallait d'abord qu'on nous assure, à long terme, un approvisionnement important en bois.

À force de répéter continuellement à qui voulait bien l'entendre que notre projet de scierie permettrait de créer plusieurs emplois et stimulerait l'économie de la région, le gouvernement ontarien finit par nous accorder les territoires demandés. Étant une compagnie québécoise, il fallut cependant au préalable que des arrêtés ministériels soient passés à l'Assemblée législative de l'Ontario. Sans l'implication de René Brunelle, ce projet n'aurait jamais vu le jour. On lui doit donc une fière chandelle !

Le gouvernement nous accorda donc une dizaine de cantons au nord de Cochrane, cantons qui avaient été préalablement promis à la compagnie Abitibi Paper. Pour les dirigeants de cette dernière, on venait de commettre un vrai sacrilège. Même s'ils n'exploitaient pas ces cantons, nous venions de leur enlever des territoires de coupe et ils n'étaient pas contents du tout ! Au cours des mois suivants, il fallut qu'on soit pas mal fins avec eux. Il fallut aussi que plusieurs rencontres aient lieu à la *guest house* de Cochrane et à l'île Mouk-Mouk ! Nous avons même dû nous rendre à Toronto, à un certain moment, afin de nous expliquer avec leur président. Après lui avoir donné l'assurance que nous continuerions à alimenter à long terme ses moulins d'Iroquois Falls et de Smooth Rock Falls avec nos copeaux, les choses s'arrangèrent.

Au moment de son ouverture, en septembre 1975, la scierie de Cochrane avait une capacité de 60 millions PMP. Comme c'était devenu notre habitude, nous avons graduellement augmenté cette capacité au cours des années suivantes en ajoutant de nouvelles lignes de production.

Le décès d'un collaborateur

Le 15 février 1974 fut un jour triste dans ma vie. René Lavoie, qui travaillait pour notre entreprise depuis une dizaine d'années, mourut tragiquement dans un accident d'automobile.

René, qui s'occupait des relations publiques de la compagnie, était également l'éditeur en chef du bulletin, devenu annuel, de Normick Perron. C'était un travailleur infatigable, très dévoué et que tout le monde appréciait et aimait. En plus de ses nombreuses tâches chez Normick Perron, il trouvait aussi le temps de se dévouer auprès de nombreux organismes sociaux de la région.

Aujourd'hui, plus de 30 ans après son décès, je le retrouve parfois à travers son fils Daniel. Ce dernier est en effet devenu depuis plusieurs années un de mes meilleurs amis et un de mes plus fidèles compagnons de randonnées de motoneige, de VTT et de motomarine.

L'achat de Paradis et Fils Ltée

L'année 1976 fut une année très difficile dans l'industrie forestière. Plusieurs scieries connurent de sérieuses difficultés financières et certaines durent même fermer leurs portes. C'est dans ce contexte difficile que nous avions acquis, vers la fin de cette année-là, les actifs de Paradis et Fils, une compagnie qui opérait deux moulins dans la région de Senneterre. Un de ces moulins avait été construit en plein bois, à Forsyth, une petite localité située le long de la ligne du chemin de fer, à 40 milles à l'est de Senneterre. Nous avons rapidement fermé ce moulin et rapatrié toutes ses opérations à celui de Senneterre, afin de faire de ce dernier un complexe ayant une capacité d'environ 100 millions PMP.

Cette transaction marqua le début pour moi d'une association qui devait durer plusieurs années avec un nouveau partenaire, la Banque Mercantile du Canada.

Une réorganisation majeure

En 1977, Normick Perron comptait près de 2 000 travailleurs. Pour assurer une bonne gestion de ses activités avec un si grand nombre d'employés, il était primordial que la compagnie puisse compter sur une équipe de dirigeants compétents et dévoués.

Jusqu'en 1968, la compagnie n'avait aucun professionnel à son emploi. Mes frères et moi étions tour à tour comptables, ingénieurs, spécialistes du marketing… Nous avons alors recruté quelques hommes jeunes et pleins de potentiel. Au cours des années qui ont suivi, ces hommes ont pris de l'expérience et sont devenus les meilleurs de leur industrie. Leur travail et leur talent ont largement contribué à faire croître l'entreprise et à en faire un *leader* dans son domaine.

Au moment de leur embauche, nous leur avions donné un titre de directeur, mais nous trouvions que ce titre ne reflétait plus vraiment leur rôle. Nous avons donc décidé, au cours de l'année 1977, de corriger cette situation et d'accorder à chacun un statut de vice-président.

Voici donc la liste des principaux dirigeants de Normick Perron telle qu'elle apparaissait en 1977 :

- Michel Perron, président du conseil et chef de la direction ;
- Normand Perron, vice-président du conseil et trésorier ;
- Jean Perron, président et chef des opérations ;
- Marc Lavigne, M.S.C., vice-président Affaires corporatives et secrétaire ;
- Norman Biron, ing., vice-président Ingénierie ;
- Fred R. Burrows, rpf, vice-président Opérations forestières ;
- Raymond Carrier, c.a., vice-président Finances ;
- Jules Parent, vice-président Marketing ;
- Raymond Thibault, vice-président Opérations des usines ;
- Jean Mercier, c.a., contrôleur ;
- Fernand Lacroix, directeur des usines de Cochrane ;
- Gérard Laforest, chef forestier pour le Québec ;
- Donald Farrell, chef forestier pour l'Ontario.

La plupart de ces hommes sont demeurés avec l'entreprise jusqu'à sa vente, en 1989.

Les autres acquisitions

En 1978, nous avons fait l'acquisition de deux autres scieries : une à Kirkland Lake et l'autre à Rouyn-Noranda. Celle de Kirkland Lake avait appartenu pendant plusieurs générations à la famille Kokotow. Des difficultés financières l'avait forcée à fermer ses portes quelques années auparavant. Nous avons acquis cette usine pour seulement un million de dollars de la compagnie d'équipements Forano, qui en détenait une première hypothèque. Cette scierie possédait un vaste territoire de coupe en Ontario, et les arbres qu'on y retrouvait étaient généralement plus gros que ceux de l'Abitibi. Ces arbres assuraient un approvisionnement en matière première non seulement pour cette scierie, mais également pour celle de Cochrane. Après y avoir fait des travaux qui durèrent presque un an, nous l'avons réouverte en 1979. Elle est rapidement devenue très rentable.

À Rouyn, nous nous sommes portés acquéreurs de Northern Timber, une scierie appartenant à Roland Grandbois, un ex-résidant de La Sarre. Ce n'est pas tant la scierie qui nous intéressait que ses grands territoires de coupe, qui étaient situés près de Rouyn de même que dans la région du Témiscamingue. Nous l'avons donc fermée et avons intégré ses opérations à celles de l'usine de La Sarre.

Quelques statistiques

J'aimerais ici donner quelques statistiques, car je pense que ces chiffres démontrent bien la croissance que connut notre entreprise au cours des seules années 1970.

En 1979, Normick Perron était propriétaire de six complexes de sciage, quatre au Québec et deux en Ontario, ainsi que de deux usines de contreplaqué, une à La Sarre et l'autre à Cochrane. Ses scieries produisaient près de 350 millions PMP de bois d'œuvre, plus de 500 000 tonnes de copeaux et environ 150 000 tonnes de sciures et de planures par année. Ses usines de contreplaqué produisaient quant à elles plus de 125 millions de pieds carrés (base ¼ pouce) de panneaux. Sa matière première provenait à plus de 60 % de l'Ontario. Ses ventes atteignaient 102 millions de dollars, et ses bénéfices nets après impôts, plus de 10 millions. Enfin, 2 700 employés et sous-traitants travaillaient alors pour elle !

Chapitre 10

La famille

Quand un homme d'affaires raconte sa vie, il lui arrive souvent de décrire avec beaucoup de détails les principales étapes de sa carrière ainsi que les événements qui ont eu une influence marquante sur son entreprise. Malheureusement, en voulant trop insister sur sa vie professionnelle, il finit parfois par oublier de parler du plus important, sa famille. Pour ne pas commettre cette erreur, je vais immédiatement consacrer quelques pages de ce livre à mon épouse et mes enfants.

J'aimerais rappeler ici que Lise et moi avons eu 8 enfants en 11 ans. Laissez-moi vous dire que, quand ils étaient jeunes, il y avait pas mal d'action dans la maison! Durant cette période, mon travail m'obligeait à m'absenter très souvent. C'est donc Lise qui, plus souvent qu'à son tour, a dû jouer les rôles de mère et de père auprès d'eux. C'est elle qui a dû s'occuper, souvent seule, de leur éducation et de leurs études. De mon côté, j'essayais de m'assurer qu'ils ne manquent de rien sur le plan matériel et je m'efforçais de participer le plus souvent possible aux activités familiales.

Nos résidences

Après être resté pendant les deux premières années de notre mariage dans un logement situé à l'étage supérieur de la maison paternelle, nous nous sommes fait construire en 1958 une petite maison sur un lot situé sur la terre de mon père.

Vers la fin des années 1950, un peu à cause de la croissance de notre entreprise, la ville de La Sarre grandissait sans cesse. Mon père en a profité pour subdiviser sa terre en lots et vendre des terrains aux gens qui voulaient se construire une maison. En fait, il a fait plus d'argent pendant ces quelques années en faisant ça qu'il en avait fait pendant toute sa vie à cultiver sa terre !

Notre maison était située à côté d'un grand champ, de sorte qu'il m'était possible, l'hiver, d'y faire atterrir mon avion. Ainsi, le matin, quand j'allais travailler, selon l'endroit où je me rendais, j'avais le choix de prendre mon auto ou mon avion !

Nous avons habité cette demeure pendant six ans au cours desquels Claude, Denise, Éric et François sont venus grossir les rangs de la famille. Avec six enfants, c'était devenu trop petit. Nous avons donc déménagé, à la fin de 1964, dans une maison beaucoup plus grande.

Lise rêvait depuis plusieurs années d'une résidence pouvant accommoder les besoins grandissants de la famille. Nous avons donc demandé à Marcel Monette, le mari de ma sœur Liette, de nous faire profiter de ses talents d'architecte. Marcel a alors dessiné les plans d'une grande maison assez spacieuse pour loger confortablement toute notre famille. Cette propriété fut construite sur un grand terrain boisé situé pas très loin de notre usine. C'est dans cette maison que nous avons élevé notre famille, puisque nous l'avons habitée jusqu'en 1998.

Les écoles des enfants

Un jour, Vincent Lavoie, le président de Consolidated Plywood, un de nos principaux grossistes, m'invita à la chasse au chevreuil au Signory Club, un club privé très sélect situé à Montebello, en Outaouais. Le deuxième jour, alors que nous nous apprêtions à entrer dans la forêt, j'aperçus à travers les arbres une belle bâtisse blanche. Intrigué, je demandai à Vincent ce que c'était. Il me répondit qu'il s'agissait d'une école privée pour garçons appelée Sedbergh. Il me la recommanda d'ailleurs fortement, y ayant enseigné lui-même, plusieurs années auparavant.

Comme nous étions à la recherche d'un collège pour Bertrand, qui terminait alors son primaire à La Sarre, Lise et moi sommes allés rencontrer, quelques semaines plus tard, les propriétaires de l'école, Tom Woods et son épouse. Au cours de cette rencontre, ils nous apprirent que l'école Sedbergh était assez différente des écoles traditionnelles. D'abord, l'enseignement se faisait principalement en anglais. Ensuite, puisqu'il n'y avait qu'une soixantaine d'étudiants, les professeurs avaient le temps d'accorder à chacun une attention particulière. Puis, en plus des matières scolaires usuelles, les étudiants apprenaient toutes sortes de choses pratiques. Par exemple, les fins de semaine, ils devaient coucher dans des huttes en plein bois afin d'apprendre à se débrouiller seuls. On nous mentionna également, lors de cette rencontre, que l'école était reconnue pour sa discipline très stricte. Un jeune qui désobéissait aux règlements était assuré de recevoir une punition, parfois même une punition corporelle.

Persuadés que cette école était bonne, nous avons décidé d'y inscrire Bertrand pour l'année suivante. Il y fit ensuite toutes les années de son secondaire. Cet endroit lui plut tellement que, par la suite, nous y avons aussi envoyé nos autres garçons. À part Henri, ils ont tous beaucoup apprécié leur séjour là-bas et en ont gardé un excellent souvenir.

Les filles ont eu un cheminement un peu différent. Anne-Marie et Denise ont fait leur secondaire au Bishops College High School de Lennoxville, dans les Cantons-de-l'Est, alors que Geneviève, la plus jeune, est allée au collège Branksome Hall, à Toronto.

Vous avez sans doute remarqué que tous nos enfants ont fait leurs études secondaires dans des collèges anglais. C'est que, un peu comme mon père, Lise et moi étions convaincus que leur éducation demeurerait incomplète tant qu'ils n'auraient pas une bonne connaissance de cette langue.

Les vacances d'été

Tous les étés, dès qu'ils atteignaient l'âge de huit ou neuf ans, on envoyait les enfants passer un mois dans un camp d'été en Ontario. C'est là qu'ils ont appris leurs premiers mots d'anglais. Ils passaient ensuite le reste de l'été au lac Perron, où nous avions acheté, au début des années 1960, un petit chalet qu'un de mes beaux-frères, Alex Laurin, avait construit. Nous avons habité ce chalet pendant quelques années, jusqu'à ce qu'un incendie le détruise, en 1969. Nous avons ensuite construit, sur les mêmes fondations, un chalet que nous habitons encore aujourd'hui. Soit dit en passant, le lac Perron est le lac que j'avais découvert une trentaine d'années auparavant et qui fut rebaptisé, quelques années plus tard, du nom de notre famille.

Quand les enfants atteignaient l'âge de 13 ou 14 ans, ils commençaient à travailler dans l'entreprise familiale durant leurs vacances. Les garçons travaillaient dans l'entretien ou la maintenance, ou encore à la *machine shop,* que les ouvriers de l'usine avaient affectueusement rebaptisée la « pouponnière à Michel ». Les filles remplaçaient au bureau les secrétaires en vacances ou bien travaillaient dans la forêt comme mesureurs. Ils ont donc tous découvert très jeunes les vertus du travail.

Le sauna

En 1963, j'ai fait la découverte, à Cochrane, de ce qu'était un sauna. Il y avait en effet là-bas un club pour hommes, le Artic Bathing Club, dont les membres se réunissaient généralement le mercredi après-midi pour s'adonner à cette activité. Le rituel était sensiblement toujours le même. Après avoir pris une douche, on passait une vingtaine de minutes à l'intérieur du sauna, à une température pouvant atteindre les 100 degrés Celsius, et ensuite, on faisait une brève saucette dans une piscine d'eau froide. Cette procédure était répétée quelques fois. Après environ une heure, on se sentait vraiment reposé, détendu et revigoré. Cette expérience m'avait tellement plu que, par la suite, j'ai aménagé des saunas un peu partout. Il y en a eu un à la *guest house* de Cochrane, un à l'île Mouk-Mouk et un autre au lac Perron, près de notre chalet.

L'hiver, surtout quand le soleil était de la partie, le sauna était une activité familiale que tout le monde appréciait. Après y être entrés complètement nus, nous y passions une dizaine ou une quinzaine de minutes. Ensuite, à tour de rôle, les enfants étaient plongés pendant quelques secondes dans l'eau du lac, par un trou pratiqué dans la glace. On pouvait répéter ce manège trois ou quatre fois de suite. J'ai remarqué plusieurs fois que cette activité avait un effet très bénéfique sur les enfants. En effet, lorsqu'ils étaient malcommodes, elle avait le mérite de les calmer en un temps record !

Le mont Vidéo

Quelques années plus tard, la famille Perron s'est initiée au ski alpin. Même si l'Abitibi n'est pas reconnue pour ses montagnes, il y avait au sud d'Amos un centre de ski, le mont Vidéo, dont la dénivellation était d'environ 300 pieds. C'est à cet endroit, vers le début des années 1970, que nous avons commencé la pratique de ce sport.

Le mont Vidéo étant situé à 90 milles de La Sarre, il n'était pas réaliste de parcourir cette distance matin et soir tous les samedis et les dimanches de l'hiver. Nous avons donc fait l'acquisition, dès la deuxième année, d'une maison mobile que nous avons installée au pied des pentes. Ce n'était ni très grand ni très confortable, mais nous avions l'avantage, le matin, d'être les premiers sur les pistes. Nous avons vécu des moments merveilleux à cet endroit, surtout pendant les vacances des enfants, à Noël et à Pâques. Évidemment, il y eut quelques accidents. Plusieurs des enfants se sont cassé un bras, un poignet, une clavicule, une jambe ou autre chose. Mais ces accidents n'ont jamais empêché personne de continuer à faire du ski.

Plusieurs années plus tard, quand nous sommes devenus de meilleurs skieurs, nous sommes allés à quelques occasions passer des vacances à Banff, en Alberta, puis à Vail, dans le Colorado.

Le voyage dans l'Ouest

Au début de l'année 1972, Lise et moi avons pensé qu'il serait amusant de faire un voyage avec les enfants, l'été suivant. Après y avoir réfléchi un certain temps, nous avons décidé que ce voyage aurait lieu au mois de juillet, qu'il durerait environ un mois et que nous irions visiter l'Ouest canadien et américain… en camping !

Anne-Marie, l'aînée, avait alors une quinzaine d'années, et Henri, le petit dernier, quatre ans.

Par un heureux concours de circonstances, notre compagnie avait commandé, à peu près à la même époque, de petits autobus qui servaient à transporter les travailleurs dans les chantiers. Ces autobus pouvaient accommoder 12 passagers. Lorsqu'ils arrivèrent à La Sarre, au printemps, j'ai tout de suite réalisé que je venais de trouver le véhicule idéal pour notre voyage. Je me suis dépêché d'aller en montrer un à Lise, pour voir ce qu'elle en penserait. Quand je suis arrivé chez nous, quelques minutes plus tard, ma mère était avec elle. Je lui ai donc fait part de notre projet. Plus je lui en parlais, plus je sentais son intérêt grandir. Je lui ai donc demandé tout naturellement si elle voulait se joindre à nous.

— Certainement, me répondit-elle, j'aimerais bien ça !

Alors, au lieu d'être 10 pour le voyage, nous allions être 11 !

Quelques semaines avant le départ, j'ai fait inscrire sur l'autobus « La famille Perron en voyage », de même que le nom de chaque passager. Ensuite, nous avons emprunté la tente-roulotte de mon frère Normand et sommes allés acheter une grande tente pouvant accommoder au moins six personnes.

La semaine avant notre départ, le Club Rotary dont je faisais partie nous mit au défi. Ses membres firent en effet des paris sur le nombre de jours que durerait notre voyage, car la plupart d'entre eux étaient convaincus que nous serions de retour au bout de quelques jours !

Avant le départ, afin de bien partager le travail pendant le voyage, nous avons confié certaines tâches aux plus vieux des enfants. Ainsi, Anne-Marie se vit confier la responsabilité de tenir le journal de bord et de noter les dépenses. Bertrand et Claude héritèrent de celle de monter et de démonter les tentes chaque jour. Denise devait s'occuper des cartes routières et François, du gonflage des matelas ! Grand-maman Lucie, pour ne pas être en reste, fut nommée responsable en chef de la vaisselle !

Au cours de la première journée de route, je me suis rapidement rendu compte qu'à moins de faire certains ajustements, le voyage allait être long. En effet, dès notre premier arrêt pour faire le plein, les enfants se sont rués à l'intérieur de la station-service. Ils ont tous acheté des *chips,* des boissons gazeuses et toutes sortes d'autres cochonneries. Ils n'avaient aucune idée de ce que ces choses-là pouvaient coûter. Le soir, au camping, après le souper, je les ai réunis et nous avons eu une petite discussion.

— Aujourd'hui, leur dis-je, quand on s'est arrêtés pour prendre du *gaz,* vous avez tous acheté des cochonneries. Si je ne vous avais pas arrêtés, vous auriez acheté tout le magasin ! Ç'a pas de bon sens. Si vous faites ça tous les jours, on va manquer d'argent avant d'arriver à Vancouver !

— Ouais, mais on est en vacances, répliqua l'un d'eux, on peut ben se payer la traite un petit peu.

— Savez-vous combien ça coûte, un voyage de même ? leur demandai-je.

Certains lancèrent des chiffres, tous plus farfelus les uns que les autres. Je me suis alors aperçu qu'ils n'avaient aucune espèce d'idée de la valeur de l'argent.

— Écoutez, repris-je, je vais faire un *deal* avec vous autres. On va établir un montant pour chaque jour, pour couvrir le coût des motels, des campings, de la gazoline, des repas et des autres dépenses. Si on réussit à dépenser moins que ce montant-là, je vous donne la différence et vous la séparerez entre vous autres.

— OK, ça marche, s'empressèrent-ils de répondre en chœur.

Après avoir réfléchi à un montant quotidien qui me semblait raisonnable, je leur lançai un chiffre.

— Qu'est-ce que vous pensez de ce montant ? Pensez-vous que vous pourriez arriver avec ça ?

— Mais c'est ben trop ! répondirent-ils. On ne dépensera jamais ça.

— Très bien, alors, dis-je, on est d'accord.

Le lendemain, quand on s'est arrêtés de nouveau pour mettre de l'essence, j'ai assisté au même scénario que la veille. Il a fallu encore une fois acheter des *chips* et toutes sortes d'autres « bébelles ». J'ai payé sans dire un mot, mais j'ai demandé au préposé qu'il me remette une facture. De retour dans l'autobus, j'ai remis cette facture à Anne-Marie, la responsable du budget.

— Ç'a pas de bon sens, s'écria-t-elle après y avoir jeté un coup d'œil, ça coûte ben trop cher ! On va péter notre budget !

Cette expérience eut une influence très positive sur les enfants. Par la suite, ce sont eux qui décidaient des achats du groupe : « Non, on n'achète pas ça. Non, on n'a pas besoin de ça. Non, ça coûte trop cher, cette affaire-là. » Ils sont devenus si économes qu'on ne s'arrêtait plus jamais dans les restaurants pour les soupers. Il fallait toujours manger au camping parce que ça coûtait moins cher !

À Vancouver, Lise et moi voulions coucher à l'hôtel Bayshore, un des beaux hôtels de la ville, mais les enfants trouvaient que c'était trop cher. Nous avons donc dû nous rabattre sur un petit motel !

Évidemment, au cours d'un voyage semblable, il survient parfois des événements cocasses. Par exemple, il est arrivé à quelques occasions que des terrains de camping ne nous chargent rien pour la nuit. J'imagine que, quand ils voyaient arriver notre *gang*, ils se disaient qu'on méritait bien un petit encouragement ! Par ailleurs, certaines circonstances nécessitaient un peu de discipline et d'organisation. Par exemple, avant de débarquer pour aller dîner au restaurant, il m'arrivait parfois d'organiser un peu le menu du groupe.

— Écoutez, leur disais-je, si tout le monde pouvait commander à peu près la même chose, ça irait plus vite. Qui prendrait des hamburgers à midi ?

Quelques mains se levaient.

— Très bien, ça fait 12 hamburgers. Maintenant, qui veut des hot-dogs ?

D'autres mains se levaient.

— OK, 10 hot-dogs. Qui veut des frites ?

Et ainsi de suite. En procédant ainsi, on gagnait évidemment beaucoup de temps. Les enfants, par contre, disaient que j'aimais commander pour le groupe parce que ça faisait des gros chiffres !

Henri, comme je l'ai mentionné déjà, n'avait que quatre ans. Étant le bébé de la famille, il avait probablement été plus gâté que les autres. Pendant le voyage, on aurait dit qu'il faisait exprès pour être haïssable. Tannant comme ça, ça se peut pas ! Il braillait, il criait, il chialait… Bref, il tombait sur les nerfs de tout le monde !

Un soir que Lise et moi étions seuls, ce qui n'arrivait pas souvent, elle me fit une suggestion.

— Demain, me dit-elle, on arrive à Vancouver. Qu'est-ce que tu penserais de retourner Henri en avion avec ta mère ?

Sa suggestion était très alléchante. Mais après y avoir un peu réfléchi, je décidai de ne pas y donner suite.

— Non, lui répondis-je. On s'est dit au départ qu'on ferait un voyage éducatif, un voyage formateur. Eh bien, on va le dompter, le p'tit maudit !

Le lendemain, dans l'autobus, quand Henri recommença à faire des siennes, Lise lui donna un avertissement.

— Henri, lui dit-elle, à partir de maintenant, tu vas écouter quand on te parle. Parce que si tu n'écoutes pas, tu vas manger une bonne volée !

Cette menace ne l'empêcha cependant pas de continuer à être tannant et à exaspérer tout le monde. Quelques minutes plus tard, alors que nous étions dans un gros bouchon de circulation à Vancouver, il piqua une crise.

— Henri, lui dis-je, si tu continues, j'arrête l'autobus, pis je te sacre un tape sur les fesses.

— Non, répondit-il, tu feras pas ça. Y a trop de trafic, tu peux pas arrêter.

En plus d'être insupportable, le petit sacripant, il osait me narguer ! Il savait que je ne pouvais pas arrêter en plein milieu de la circulation.

— T'arrêteras pas ! T'arrêteras pas ! répétait-il.

Alors, exaspéré, je me suis dit : « Au diable, le trafic ! » J'ai collé l'autobus et la tente-roulotte sur le bord de la rue, j'ai mis les *flashers* en marche, puis j'ai débarqué avec Henri et je lui ai donné deux ou trois bonnes tapes sur les fesses ! Ça l'a calmé pendant un bout de temps, mais il a recommencé ses folies un peu plus tard. Alors, à mon grand regret, j'ai dû recommencer le traitement ! La troisième fois, je n'ai eu qu'à prononcer son nom.

— Henri !

— Non, non, papa, c'est correct, c'est correct ! Je vais arrêter !

Après ça, il s'est tenu bien tranquille, et le reste du voyage a été beaucoup plus agréable pour tout le monde.

Après Vancouver, nous sommes allés à Seattle, puis plus au sud, en Californie, voir les *redwoods,* ces arbres plusieurs fois centenaires dont le diamètre peut atteindre une trentaine de pieds !

Finalement, nous nous sommes rendus jusqu'à San Francisco visiter Paul Perrault, un des frères de Lise, qui étudiait à l'Université Stanford. Pour nous reposer un peu du camping, nous sommes demeurés chez lui trois jours. Le retour s'est ensuite fait par le centre des États-Unis.

Ce voyage a été une très belle expérience pour tout le monde. Quand les enfants en reparlent aujourd'hui, ils n'en disent que du bien. D'ailleurs, plusieurs d'entre eux se proposent de le refaire un jour, avec leurs propres enfants. Surtout Henri !

Les pyjamas

Ma mère était une femme très coquette. Quand elle sortait, elle prenait toujours le temps de se maquiller, de se mettre une jolie robe et de s'arranger pour être belle. Elle n'était pas différente en voyage. Alors, craignant qu'elle emporte trop de bagages, Lise l'avait avertie avant de partir :

— Écoutez, madame Perron, on est 11. Il faut pas apporter trop de linge, parce qu'on n'a pas de place pour le mettre. On apporte le minimum. Je viens juste d'acheter du tissu et avec, j'ai l'intention de faire faire des pyjamas identiques pour tout le monde. Si vous voulez, je peux vous en faire faire un à vous aussi.

Elle accepta la proposition avec empressement.

Pendant le voyage, le soir, quand on se couchait, on avait vraiment l'impression de tous faire partie du même club ! Mais les fameux pyjamas furent la cause d'un incident assez cocasse. Un soir, à la brunante, alors que je prenais mon p'tit gin, j'aperçus une femme, en pyjama, qui nettoyait les marches de la tente-roulotte avec un petit balai. Elle était penchée par en avant, de sorte que la toile de la tente m'empêchait de voir son visage. Persuadé qu'il s'agissait de Lise, je m'approchai lentement d'elle et posai doucement ma main entre ses jambes.

— Wou......, entendis-je !

Je reconnus immédiatement la voix.

— Excusez, excusez, maman, je pensais que c'était Lise !

Je ne savais plus où me mettre, tellement j'étais gêné ! Ma mère, de son côté, trouvait ça bien drôle !

114

Chapitre 11

L'usine de panneaux gaufrés

En 1969, avec Jean et quelques employés de la compagnie, je suis allé visiter une scierie à DePas, une petite localité du nord du Manitoba. Après plusieurs heures de voyage, nous sommes arrivés à cet endroit un dimanche après-midi et avons constaté que la scierie était fermée jusqu'au lundi matin. Étant évidemment un peu déçus, nous nous demandions quoi faire de notre après-midi lorsqu'on aperçut dans le ciel un filet de fumée provenant d'une usine de bois située pas très loin de l'endroit où nous nous trouvions. Curieux, nous nous sommes dirigés dans cette direction.

Arrivés à cette usine, nous sommes entrés et avons constaté qu'on y fabriquait un produit que nous n'avions jamais vu auparavant. Il s'agissait d'un panneau fabriqué avec des gaufrettes de tremble collées les unes sur les autres. On ne comprenait pas très bien comment ils arrivaient à faire ça, mais on réalisait très clairement qu'on était en présence d'un nouveau produit, par surcroît un nouveau produit fait avec du tremble !

Quelques jours plus tard, après m'être informé, j'ai appris que cette usine était une usine-pilote appartenant à MacMillan Bloedel et qu'elle était la seule, à ce moment-là, à fabriquer ce qui fut appelé plus tard des panneaux gaufrés.

Quatre ans après ce voyage, la compagnie Mallette, qui était propriétaire de quelques usines de sciage dans le nord de l'Ontario, construisit une usine semblable à Timmins. Ce fut la première usine de panneaux gaufrés construite dans l'est du Canada.

Pendant les années 1970, alors que notre entreprise connaissait une croissance importante dans le secteur du bois de sciage, il nous est arrivé souvent, à mes frères et moi, de remettre en question la stratégie que nous avions choisie quelques années auparavant, à savoir d'investir seulement dans la matière première.

Même si nos scieries connaissaient beaucoup de succès, nous nous demandions parfois si nous n'avions pas intérêt à diversifier un peu notre production et à nous lancer dans la fabrication de nouveaux produits. Notre usine de contreplaqué, à La Sarre, réalisait alors des profits, mais ceux-ci n'étaient pas très élevés. Puis, à la fin des années 1970, les prix du *plywood* ayant baissé, l'usine ne faisait plus de profits du tout. Alors nous avons décidé que le temps était venu de nous diversifier. Nous avons donc pris la décision de nous lancer dans la fabrication de panneaux gaufrés, de même que dans celle de la pâte et du papier.

Une étude entreprise à ce moment-là nous permit d'élaborer un projet fort prometteur dans lequel on intégrait une usine de panneaux gaufrés à même l'usine de contreplaqué de La Sarre. Nous avions réalisé, dans le passé, que lorsque nous déroulions le tremble pour en faire du *plywood,* une partie importante de l'arbre n'était pas utilisée. Il en allait de même des arbres trop petits ainsi que de ceux qui étaient croches. Nous nous sommes dit que tout ce bois inutilisé pourrait servir à faire des gaufrettes. En combinant les deux usines, il serait alors possible d'utiliser la même entrée pour les billes, les mêmes écorceurs et la même machinerie pour le déroulement de l'arbre. Ça pouvait créer une belle synergie.

En 1980, persuadés que le panneau gaufré constituait un produit de l'avenir, nous avons investi une dizaine de millions de dollars dans ce projet. La petite usine que nous avons alors construite à même l'usine de contreplaqué améliorait même la technologie existante. Le panneau qu'on y fabriquait était en effet le premier en Amérique du Nord à être produit selon le principe des fibres orientées, c'est-à-dire à présenter sur ses deux faces des gaufrettes plus longues que larges et orientées dans le sens de la longueur du panneau. La résistance du panneau était ainsi augmentée de façon importante.

Cette usine était une usine-pilote. Dans notre esprit, elle nous servirait de baromètre pour mesurer la popularité de ce produit. Si ses ventes s'avéraient bonnes, nous aurions la possibilité d'en construire d'autres plus tard.

L'usine de panneaux gaufrés fut inaugurée officiellement le 1ᵉʳ octobre 1980, en présence de 800 personnes. Les invités d'honneur étaient Pierre DeBané, ministre fédéral de l'Expansion économique régionale, ainsi que François Gendron, député d'Abitibi-Ouest et ministre de la Fonction publique du Québec.

Le panneau gaufré constituait une excellente alternative au contreplaqué dans le revêtement de toitures et de murs de maison, de même que dans la fabrication de couvre-planchers. Par ailleurs, son coût était de 30 à 40 % plus bas. Très rapidement, la demande pour ce nouveau produit a grandi et nous avons dû augmenter sa production. Dans le temps de le dire, l'usine s'est mise à fonctionner 24 heures par jour, 7 jours par semaine. Dès l'année suivante, son chiffre d'affaires en était à 8 millions de dollars, et elle produisait 75 millions de pieds carrés de panneau.

Le nouveau siège social

En 1956, quand nous avions construit l'usine de contreplaqué à La Sarre, nous avions aménagé les bureaux de l'entreprise dans des locaux connexes. Plus tard, quand la compagnie a pris de l'expansion et que nous avons acquis ou construit de nouvelles usines, nous avons agrandi ces locaux. Notre politique était de centraliser à La Sarre tous les services administratifs, et cela pour des raisons d'efficacité et d'économie. Ainsi, chaque fois que nous faisions l'acquisition d'une scierie, les services comme la comptabilité, l'informatique, l'ingénierie et les ventes étaient rapatriés à La Sarre. Si bien qu'à la fin des années 1970, nos bureaux étaient pleins à craquer. Nous logions en effet depuis près de 25 ans dans des bureaux «temporaires» qui étaient évidemment devenus, avec le temps, vieux et désuets. Il fallait qu'on fasse quelque chose pour remédier à cela. Ce n'était pourtant pas l'espace qui manquait pour construire un bâtiment neuf, puisque les terrains situés à proximité des usines étaient vastes et nombreux. Nous nous sommes donc adressés à Marcel Monette, notre beau-frère, et lui avons demandé de concevoir un édifice moderne capable de loger confortablement tous les services administratifs de la compagnie.

Marcel n'en était pas à sa première collaboration avec nous, puisqu'il avait collaboré, dans le passé, à la plupart de nos projets. Il avait participé, entre autres, à la construction de l'usine de Cochrane en 1963, de même qu'à la réfection de la *guest house* située tout près. C'est lui qui avait également fait les plans de différentes constructions que nous avions faites au fil des ans à l'île Mouk-Mouk. C'est aussi lui qui avait dessiné les plans de ma maison de La Sarre, en 1964. Je dois dire que j'ai toujours beaucoup apprécié travailler avec Marcel. D'abord, c'est un architecte très consciencieux qui comprend vite ce qu'on veut. Ensuite, il possède une qualité que j'ai toujours beaucoup appréciée, soit celle d'être capable de donner l'heure juste. S'il trouvait qu'une de mes idées n'avait pas de bon sens, il ne se gênait pas pour me le dire. Quand je me mettais à rêver en couleurs, il me ramenait rapidement à la réalité ! Je ne pouvais donc pas trouver un meilleur homme.

En 1980, après quelques mois de travail ardu, Marcel nous livra un petit chef-d'œuvre. Quand la construction de l'édifice qu'il avait créé fut terminée, nous avions devant nous une magnifique bâtisse d'une superficie de 35 000 pieds carrés érigée sur un seul étage et entièrement entourée d'arbres. L'intérieur était évidemment fini en bois naturel et constituait un lieu très invitant. L'édifice, qui pouvait aisément accommoder 150 personnes, avait été planifié de telle sorte que chaque service ait son secteur. La comptabilité avait son coin, les ventes le leur, l'ingénierie le sien et ainsi de suite. La direction de l'entreprise était quant à elle logée dans une magnifique section située à l'avant. Les gens qui venaient nous visiter de temps à autre disaient souvent que nos bureaux leur faisaient penser à un *club house* de golf, ce que j'ai toujours pris comme un compliment.

Le siège social de notre entreprise fut inauguré la même journée que l'usine de panneaux gaufrés, soit le 1ᵉʳ octobre 1980.

Un plan d'achat d'actions pour les employés

Au cours des années 1970, notre entreprise dut faire face, à quelques reprises, à des conflits avec ses travailleurs. Ces conflits de travail et les grèves qui en résultèrent nous ont coûté très cher. J'ai malheureusement réalisé trop tard que nous aurions peut-être pu les éviter. À un moment donné, en discutant avec quelques-uns de mes collaborateurs, j'ai compris que nos employés n'avaient aucune motivation à voir leur entreprise progresser. Que l'on fasse de l'argent ou que l'on en perde, à part le risque de perdre leur *job,* ça ne changeait rien dans leur vie. Quoi qu'il arrive, ils n'en retiraient jamais aucun bénéfice. Ça n'avait tout simplement pas de bon sens ! Si nous voulions que notre compagnie progresse, il fallait que nos employés mettent la main à la pâte et qu'ils puissent éventuellement profiter, eux aussi, de ses succès.

Nous avons donc imaginé un plan avantageux leur permettant de se porter acquéreurs d'actions de l'entreprise. Ce plan, qui est entré en vigueur le 1ᵉʳ mai 1979, était assez avant-gardiste pour son temps. En voici les grandes lignes. Premièrement, il s'adressait à tous les employés ayant deux années de service et plus, tant les ouvriers les moins spécialisés que les vice-présidents. Deuxièmement, il permettait à chacun d'acquérir, à un prix égal à 50 % du prix coté en Bourse, un certain nombre d'actions de la compagnie. Normick Perron payait l'autre moitié. Troisièmement, l'employé était libre de revendre ses actions quand bon lui semblait. Il n'y avait aucune restriction. De plus, pour faciliter la participation à ce plan au plus grand nombre possible d'employés, nous avons mis sur pied un système de déductions à la source.

Quand le temps du lancement arriva, Jean se porta volontaire pour faire le tour de toutes les usines et de tous les chantiers de l'entreprise pour expliquer à chacun des employés en quoi il consistait. Plusieurs personnes travaillant sur des quarts de travail, il dut rencontrer les employés à toutes les heures du jour et de la nuit. Certains, n'ayant aucune notion de ce que pouvait être une action, se montrèrent méfiants. Patient, Jean leur expliqua, à l'aide d'un certificat d'action qu'il avait toujours avec lui, les avantages et les risques que comporte l'achat d'un de ces titres. Il leur démontra clairement comment, en se portant acquéreur de l'un d'eux, on devenait en partie propriétaire de l'entreprise. Il leur apprit aussi comment, en regardant dans les pages financiè-res des journaux, on découvrait leur valeur.

Notre plan connut un énorme succès. Un an après son entrée en vigueur, 77 % des employés éligibles, soit environ 900 person-nes y avaient adhéré. Ce grand succès nous incita à le rendre per-manent. Quand nous avons vendu la compagnie, en 1989, environ 9 % des actions étaient détenues par des employés. Plusieurs travailleurs ont d'ailleurs fait pas mal d'argent grâce à ce plan. En effet, ceux qui ont participé dès le début, en 1979, ont multiplié par six leur mise initiale. Certains de nos vice-présidents ont même fait plus de 300 000 $ de profits grâce à lui ! Non seulement ce plan a contribué à améliorer les relations de travail, ce qui était son objectif initial, mais il a aussi permis à ceux qui y ont adhéré de s'enrichir.

Chapitre 12

Un nouveau départ

Un événement qui changea radicalement ma vie se produisit au printemps de 1980. En effet, depuis plusieurs années, l'alcool avait graduellement pris une place de plus en plus importante dans mon existence, au point où ma dépendance envers lui avait à toutes fins pratiques pris le dessus sur tout le reste. J'étais devenu un alcoolique et j'avais un urgent besoin d'aide. Encouragé par mon épouse et par quelques amis, je pris alors la décision d'aller suivre une thérapie dans un centre de réadaptation pour alcooliques. Les pages qui suivent sont en quelque sorte un témoignage de mon expérience avec l'alcool. J'aimerais en effet raconter comment celui-ci a progressivement pris le contrôle de ma vie et comment, avec l'aide de quelques personnes, j'ai réussi à m'en libérer. Si jamais mon histoire peut aider quelqu'un, tant mieux! J'aurai alors réussi à rendre un grand service à un de mes semblables. Voici donc comment tout a commencé.

Au commencement

Un peu comme tous ceux de ma génération, j'ai bu mes premiers verres de bière vers 13 ou 14 ans, probablement à l'époque où j'étais étudiant au collège Mont-Saint-Louis. Tout de suite, dès les premières gorgées, j'ai aimé le goût de la bière. J'aimais aussi beaucoup le *feeling* qu'elle me procurait.

Quelques années plus tard, quand j'ai commencé à travailler à Val-Paradis, j'aimais bien, les fins de semaine, aller prendre quelques verres avec mes compagnons de travail. Comme ceux-ci étaient tous plus vieux que moi, j'éprouvais probablement le besoin de m'affirmer auprès d'eux et de leur montrer que j'étais devenu un homme. Alors, il m'arrivait souvent de consommer en une seule soirée une quinzaine de bières ou plus. Tous les gars voulaient me payer la traite à tour de rôle et, comme j'étais bien élevé, il fallait bien que je leur rende la pareille ! Dans ce temps-là, même si je veillais tard, ça ne me dérangeait pas beaucoup. J'étais jeune, j'avais une bonne constitution et, comme on disait dans le temps, « je portais bien ça ».

Dans les années qui suivirent, mon travail dans l'entreprise familiale constitua pour moi une source d'occasions de boire. En effet, puisque j'étais le fils du propriétaire, on m'invitait conti-nuellement à assister à toutes sortes de réceptions : des mariages, des baptêmes, des anniversaires... Pour n'offusquer personne, je me faisais toujours un devoir d'accepter toutes ces invitations. Évidemment, il y avait de la boisson partout, et comme j'étais d'un tempérament plutôt fêtard, eh bien, je fêtais !

La valise « diplomatique »

Les voyages constituaient aussi une belle occasion de prendre un coup, particulièrement les longs voyages en train entre La Sarre et Québec. Comme le périple durait une vingtaine d'heures, je m'ar-rangeais pour partir bien « équipé » ! Je m'étais d'ailleurs fait fabri-quer par Dionite Luggage, un de nos clients, une belle valise « diplomatique » en cuirette brune. Cette valise avait la particularité de contenir, dans des cases spécialement aménagées à cet effet, une dizaine de bouteilles d'alcool de toutes sortes, en plus des *mixes* et des verres. Le soir, quand on se retrouvait à sept ou huit dans le wagon-fumoir, avec ma valise, on faisait un très beau voyage !

Les occasions

La chasse et la pêche, deux activités que j'ai toujours affection-nées, étaient évidemment aussi des occasions en or pour prendre un coup. Que ce soit à l'île Mouk-Mouk ou ailleurs, que ce soit avec des amis ou des relations d'affaires, la boisson coulait toujours à flot. Il n'était pas rare, alors, que je passe une partie de la nuit à jaser et à boire du cognac.

Bien sûr, au cours de ces années de beuveries, plusieurs incidents se sont produits. Ainsi, il m'est arrivé plusieurs fois, après avoir pris un coup toute la soirée dans un hôtel de La Sarre, qu'une âme charitable doive me ramener à la maison. Évidemment, mon auto demeurait stationnée devant l'hôtel. Le problème, c'est que le lendemain matin, je ne me rappelais plus à quel hôtel j'étais allé!

À la maison, j'aimais bien prendre un petit verre aussi, surtout le soir en lisant les journaux. Il est évidemment arrivé certains soirs que j'en prenne plus qu'un. Heureusement, l'alcool n'influençait pas ma personnalité de façon négative. Quand j'étais « chaud », je demeurais sociable, amical et plutôt généreux. Je dirais même que j'étais du genre « payeux de traites »!

Le jeûne

À un moment donné, au cours des années 1960, Lise a commencé à me faire remarquer que je buvais pas mal. D'ailleurs, en 1963, quand j'ai eu ma première attaque de goutte, à Cochrane, on m'avait suggéré de réduire ma consommation d'alcool, d'autant plus que les pilules qu'on me prescrivait et l'alcool n'allaient vraiment pas bien ensemble.

Probablement pour me prouver que l'alcool ne représentait pas un problème pour moi et que j'étais capable d'arrêter quand je voulais, j'ai accepté, à l'automne 1965, d'aller avec Lise à Palm Beach en Floride, suivre un jeûne complet pendant une durée de 20 jours. Pas de nourriture, pas de cigares, pas d'alcool pendant 20 jours! De l'eau seulement. Je vous assure qu'un tel régime, ça nettoie le système pas à peu près! L'endroit où nous allions appartenait à un médecin, le docteur Esser. Pendant que nous demeurions chez lui, il passait tellement de temps à nous vanter les mérites du végétarisme, qu'en revenant à La Sarre, on pouvait passer deux ou trois mois sans manger de viande. Pendant ces périodes, je ne buvais pas non plus. J'étais donc convaincu que l'alcool ne constituait pas un problème pour moi, puisque je réussissais à m'en passer pendant plusieurs mois.

Ensuite, au cours des années suivantes, nous sommes retournés à plusieurs reprises, à la maison du docteur Esser.

Le sentiment de culpabilité

Comme on dit, l'occasion fait le larron. Inévitablement, après quelques mois de sobriété, une occasion se présentait et, malheureusement, je retombais dans mes vieilles habitudes. J'ai alors commencé à réaliser que j'avais peut-être un problème. J'avais moins de volonté et j'avais de plus en plus de difficulté à m'empêcher de boire. De plus, sans vraiment m'en rendre compte, j'étais constamment à la recherche d'occasions pour prendre un verre, au point où j'en devenais même manipulateur. Par exemple, quand quelqu'un arrivait chez nous, la première chose qui me venait à l'esprit était de lui offrir une bière.

— Bonjour. Comment ça va ? lui disais-je. On est content de te voir. Prendrais-tu une p'tite bière ?

— Non merci, je n'ai pas le temps, me répondait-on souvent.

Alors, sans m'en rendre compte, j'insistais.

— « Envoye » donc. Prends-en donc une p'tite vite !

Alors, devant mon insistance, souvent la personne en prenait une et ça me donnait l'occasion d'en prendre une moi aussi.

Les dîners d'affaires au restaurant ou à l'hôtel me fournissaient aussi de belles occasions. La plupart du temps, quand je dînais avec un client ou une relation d'affaires, je commandais une bouteille de vin. Si la personne avec qui je mangeais n'en prenait pas, je lui disais alors quelque chose comme ceci :

— Avoir su que t'en prenais pas, j'aurais pas commandé cette bouteille-là.

Alors, se sentant coupable, la personne en prenait un verre. Non seulement je cherchais des occasions, mais en plus, je forçais presque les autres à boire avec moi ! Probablement que, dans mon subconscient, en faisant boire les autres, je me sentais moins coupable.

Évidemment, mes amis étaient tous des gars qui prenaient un coup. Pour moi, quelqu'un qui ne buvait pas était un insignifiant et j'évitais tout simplement sa compagnie !

La recette

Parfois, les lendemains de brosse étaient difficiles. Maux de tête, maux d'estomac, quels mauvais souvenirs! Mais un jour, j'ai découvert une recette pour m'enlever le «mal de bloc». Quand j'allais à l'hôtel Paquette, je rencontrais presque chaque fois Ben Lagueux et Cyrille Deslauriers, deux peintres en bâtiments qui passaient leurs soirées et une bonne partie de leurs nuits à prendre un coup. Comme j'y allais assez souvent moi aussi, je suis devenu ami avec eux. Un soir, après leur avoir envoyé une traite, je suis allé les voir et leur ai demandé conseil.

— Pouvez-vous me dire comment vous faites, vous autres? Vous prenez un coup toute la nuit, pis le matin, vous êtes su'l pinceau! C'est quoi votre recette?

Alors, ils m'ont confié leur recette-miracle.

— Le matin, me dit Ben, avant le déjeuner, tu prends un ou deux p'tits Manoir St-David, pis après ça, t'es correct!

À la première occasion j'ai essayé leur recette, et à ma grande surprise, elle a fonctionné! Effectivement, après avoir bu en me levant un ou deux verres de vin blanc du Manoir St-David, le «mal de bloc» disparut et je me sentis beaucoup mieux! Quelle belle trouvaille! Malheureusement, la recette n'a pas fonctionné longtemps. Au bout de quelques semaines, il a fallu que je prenne trois ou quatre verres de ce vin avant de commencer à me sentir mieux. Mais là, il y avait un problème. C'est qu'après quatre verres, je commençais à être ivre!

Plus tard, quand le Manoir St-David cessa de me soulager, je l'ai tout simplement remplacé par du gin! Quand mon mal d'estomac persistait malgré ce «remède», alors j'essayais la crème de menthe blanche! Après avoir pris ces «médicaments-miracles», j'étais habituellement capable d'aller au bureau et de faire mon travail. Du moins jusqu'à midi!

Un certain sourire

Certains jours, ma secrétaire, Lorette Desjardins, qui me connaissait bien, s'apercevait que j'avais pris un verre avant d'arriver au bureau.

— Vous avez l'air fatigué aujourd'hui, monsieur Michel, me disait-elle avec un petit sourire narquois.

— Ouais, je me suis couché tard, pis j'ai mal dormi, répondais-je.

Je me rendais cependant compte, par son petit sourire, qu'elle savait que j'avais pris un coup, et ça me fâchait. Dans ces cas-là, pour me venger, je lui donnais beaucoup de travail à faire. Je lui dictais un paquet de lettres et je faisais exprès pour parler vite, pour qu'elle ait de la misère à suivre. Sans m'en apercevoir, mon comportement n'était plus le même. Jamais, en effet, lorsque j'étais à jeun, je ne l'aurais traitée comme ça. Parfois, la brosse de la veille avait été trop grosse. Je n'étais tout simplement pas capable d'aller au bureau. Alors, Lise, bien malgré elle, devenait ma complice.

— Appelle Lorette et dis que j'ai la grippe, pis que je rentrerai pas aujourd'hui.

Elle appelait alors à mon bureau et racontait à Lorette les menteries que je lui avais suggérées. Plus ça allait, plus mon problème devenait sérieux.

L'agenda

Quand je ressentais de la culpabilité à cause de ma consommation, j'essayais toutes sortes de trucs pour la réduire. Ainsi, il m'arrivait de noter, au bas des pages de mon agenda, le nombre de *drinks* que je prenais dans une journée. Une barre pour chaque *drink*. Le lendemain, mon objectif était d'inscrire une barre de moins que la veille. Cette technique fonctionnait habituellement très bien pendant quatre ou cinq jours. Neuf barres, huit barres, sept barres, six barres… Puis, à un moment donné, j'arrêtais de compter. Une occasion s'était alors présentée et, malheureusement, j'avais remonté d'un coup sec à 15 *drinks* !

Le dix onces

En 1978, un incident qui démontre on ne peut mieux le proverbe des « cordonniers qui sont toujours les plus mal chaussés » se produisit. Fred Burrows, notre vice-président responsable des opérations forestières, avait lui aussi la mauvaise habitude de s'enivrer de temps en temps. Quand il partait sur la brosse, ça pouvait durer deux ou trois jours. Évidemment, pendant ce temps-là, son travail ne se faisait pas. J'avais tendance à être plutôt compréhensif avec lui. Jean, par contre, n'aimait pas ça et il avait raison. Il tenait absolument à ce que je parle à Fred.

À ce propos, Jean, qui pendant des années fut lui aussi un adepte de la dive bouteille, arrêta complètement de boire en 1976. Il l'a fait par lui-même, sans aucune aide. Pour accomplir un tel exploit, il fallait qu'il ait une force de caractère incroyable !

— Parle à Fred, me disait-il. C'est toi qui est son supérieur immédiat. Il faut qu'il arrête de prendre un coup. Sans ça, il va falloir qu'on prenne une décision.

Fred était à l'emploi de notre compagnie depuis une dizaine d'années et il était devenu un de nos hommes-clés. De plus, il était pour moi beaucoup plus qu'un adjoint, c'était un ami. Alors, un jour, je dus me résigner à lui parler.

— Écoute Fred, lui dis-je, il faudrait que tu fasses attention à la boisson.

Fred étant anglophone, il avait un petit accent quand il parlait français.

— Ouais, t'es ben placé pour me faire la leçon, toé ! me répondit-il un peu à la blague.

— Moé, c'est pas pareil, Fred, je suis ton *boss*.

Quelle belle excuse je me donnais !

— Écoute Fred, penses-tu que tu serais capable d'arrêter de prendre un coup ?

— Oui, Michel, je serais capable. Certain, câlisse, que je serais capable. Toé, Michel, serais-tu capable ?

— Oui, certainement, répondis-je. Mais aujourd'hui, on va commencer par toé. Moé, Fred, continuai-je, je vais te gager un dix onces que t'es pas capable d'arrêter. Serais-tu prêt à prendre une gageure comme ça avec moé ?

— Ben certain, crisse, que je suis prêt. Mais pourquoi tu veux gager un dix onces ?

Il avait raison. Si je voulais qu'il arrête de boire, un dix onces comme enjeu n'était pas la trouvaille du siècle !

— Pas un dix onces de boisson, lui dis-je, un dix onces d'or !

À ce moment-là, l'or valait environ 500 $ l'once. Donc, s'il était d'accord, notre pari serait de 5 000 $!

— Laisse-moé y penser, me répondit-il en hésitant, je vais dormir là-dessus.

Le lendemain matin à la première heure, il me rappela.

— Michel, me dit-il, j'ai réfléchi à ton offre et j'ai décidé de faire un homme de moé, crisse ! Ça marche, j'accepte ton pari. T'es ben sûr qu'on parle d'un dix onces d'or ?

— Oui, mon Fred. Si, à compter d'aujourd'hui, tu prends pas un coup pendant les deux prochaines années, le dix onces d'or est à toé. Si t'en prends, c'est toé qui va être obligé de m'en acheter un.

Puis, me ravisant tout à coup, j'ajoutai ceci :

— Je vais même faire mieux que ça, Fred. Je vais acheter tout de suite le dix onces d'or, puis je vais te le donner pour que tu te rappelles tout le temps ton pari. Comme ça, quand la soif va te prendre, tu regarderas l'or, pis ça va te calmer !

Quatre ou cinq mois plus tard, alors que nous nous sommes retrouvés tous les deux dans un événement quelconque, et que, fidèle à mon habitude, je buvais à qui mieux mieux, Fred me fit la remarque suivante.

— Sais-tu, Michel, je pense à ça depuis quelque temps. Toé, tu m'as arrêté de boire et je t'en suis reconnaissant. Mais toé, crisse, t'as oublié d'arrêter !

— Moé, Fred, c'est pas pareil, répondis-je, un peu gelé par l'alcool.

— Comment ça, crisse, c'est pas pareil ?

— Moé, Fred, chus ton patron. Personne ne va me congédier, si je prends un coup.

Mes excuses se raffinaient de plus en plus !

— T'es peut-être mon *boss,* me dit-il, mais t'es aussi mon *chum* pis je voudrais t'aider. Moé, continua-t-il, depuis que j'ai arrêté, je me sens ben en crisse. En fait, je me suis jamais senti aussi ben.

Puis, vraiment désireux de m'aider, il me fit la suggestion suivante.

— Écoute, Michel, si tu veux, je vais te faire la même gageure que tu m'as faite il y a quelques mois. Moi aussi, je vais te gager un dix onces d'or.

Ému par son attitude et me sentant un peu coincé, je répondis n'importe quoi.

— Non Fred, un président ne gage pas avec son vice-président !

Dans le fond, la vérité, c'était que je n'avais tout simplement ni le courage ni la volonté d'arrêter de boire. J'ai ainsi perdu une très belle occasion d'arrêter.

Fred Burrows, par contre, n'a jamais repris une goutte d'alcool de sa vie. Il a gardé le lingot d'or et j'espère pour lui qu'il l'a vendu quand l'or est monté à plus de 700 $ l'once !

Les prières

Au cours des mois qui précédèrent le début de ma thérapie, un sentiment d'indifférence commença à m'envahir. C'était comme si l'alcool m'enlevait mon enthousiasme. On aurait dit que mon travail m'intéressait moins qu'avant. Même la pêche, qui avait pourtant toujours été mon *hobby* préféré, me tentait moins ! Je devenais de plus en plus amorphe et déprimé. Moi qui ai toujours été un homme très positif, je perdais intérêt à la vie et ça m'inquiétait beaucoup. Lise, qui me voyait dépérir, était elle aussi de plus en plus inquiète de mon comportement.

Afin d'obtenir du soutien, elle assistait de temps en temps à des réunions d'Al-Anon, un groupe d'entraide pour les conjoints et conjointes de personnes alcooliques. Je n'avais pas une très bonne opinion de ce genre d'organisations et ça m'embêtait un peu de la voir assister à ces rencontres-là. De plus, comme elle est très pieuse, elle avait demandé à certaines personnes de penser à moi dans leurs prières. Un soir que j'avais pris quelques verres de trop et qu'elle me sermonnait un peu, elle m'en fit part.

— J'ai demandé à ta mère et à plusieurs de mes amies de prier pour que t'arrêtes de boire !

— Parfait, lui répondis-je, « chus » ben content de savoir qu'y a du monde qui prie pour moé !

Je faisais mon *smart*, mais dans le fond, j'étais de plus en plus conscient que j'approchais du fond du baril !

« Monsieur Molson »

Un jour, Lise entendit dire que Gilbert Rivard, le distributeur de la bière Molson à La Sarre, celui qu'on appelait communément « Monsieur Molson », était allé, quelques mois auparavant, suivre une thérapie à Montréal.

Il en était revenu complètement transformé. Non seulement il ne buvait plus d'alcool, mais il était aussi capable de continuer – son travail l'y obligeant – à faire la tournée des hôtels de la région et à payer la traite aux gens. Un vrai miracle s'était produit !

Lise s'est donc arrangée pour rencontrer sa femme et s'informer de l'endroit où il était allé pour sa thérapie. Peu de temps après, elle me communiqua l'information. Comme ça tombait dans une période où je n'allais vraiment pas bien, je lui ai répondu que j'y penserais. Puis, un beau matin, un peu comme Fred Burrows, j'ai décidé de faire un homme de moi !

— Très bien, lui dis-je, je pense que je suis mûr pour aller à l'endroit dont tu m'as parlé. Appelle-les pour voir s'ils ont de la place pour moi.

Lise ne se fit pas prier pour téléphoner ! Malheureusement, la personne à qui elle parla à la maison de thérapie l'informa qu'une session ayant commencé quelques jours auparavant, je devrais attendre la prochaine, un mois plus tard. Après avoir raccroché, elle m'annonça la mauvaise nouvelle. Alors, pendant les heures qui suivirent, nous eûmes tous les deux une très sérieuse conversation. Il était évident, aussi bien pour elle que pour moi, que j'étais rendu au bout du rouleau. Par contre, j'étais prêt à me prendre en main et toute attente ne pouvait que m'être néfaste. Alors, plus décidée que jamais, elle rappela à la maison de thérapie et cette fois, elle demanda à parler au propriétaire de l'endroit, Gilles Desjardins.

— Monsieur Desjardins, dit-elle, j'ai appelé ce matin et on m'a dit que mon mari doit attendre un mois avant d'aller chez vous. Écoutez, si on attend un mois, ça va être un mois de perdu. Et peut-être qu'il ne voudra plus y aller à ce moment-là. Là, il est prêt. Vous ne pourriez pas faire un effort, pis le prendre tout de suite ?

Puis, redoublant d'efforts, elle utilisa tous les arguments qui lui venaient à l'esprit.

— Vous savez, monsieur Desjardins, mon mari, c'est un bon alcoolique !

— Comment ça, répliqua-t-il, un bon alcoolique ? Es-tu folle, crisse ?

— Non. Non. C'est un bon gars, s'empressa-t-elle de répondre. C'est un employeur, un président d'entreprise. Y a juste besoin d'aide, mais ça presse !

— OK d'abord, répliqua Desjardins. Dis-y qui descende, pis on va le prendre même s'il est en retard de quelques jours sur le groupe.

Très heureux de ce dénouement, je me suis ensuite demandé de quelle façon je devais me rendre là-bas. En auto ou en avion? Je choisis l'auto parce que ça me donnait plus de temps pour me faire à l'idée que je m'en allais en thérapie et que je ne boirais plus jamais. C'est donc confortablement assis sur le siège arrière d'une auto conduite par un homme de confiance que je partis le lendemain matin. Afin de ne pas trop m'ennuyer pendant le voyage, je pris soin d'apporter une grosse bouteille de gin, un *bucket* de glace et du Fresca en quantité suffisante. J'apportai également une valise pleine de journaux et de revues que je n'avais pas eu le temps de lire au cours des semaines précédentes. J'étais en effet persuadé que, dans les jours qui allaient suivre, j'aurais beaucoup de temps pour lire.

Le Pavillon Desjardins

Le Pavillon Desjardins était situé à Pointe-Calumet, un endroit très pittoresque qui fut pendant de nombreuses années un des lieux de villégiature préférés des Montréalais. Dès mon arrivée à cet endroit, on s'empressa de me confisquer ma valise de revues.

— T'auras pas le temps de lire tes revues ici, me dit-on. Tu vas être trop occupé pour ça.

Ça commençait bien!

Ma première journée se passa relativement bien. Un thérapeute m'expliqua le programme de la session et les règlements de la maison. Ce programme était basé, comme c'est la pratique courante dans plusieurs maisons de thérapie, sur les 12 étapes des Alcooliques Anonymes. Il m'informa aussi que je ferais partie d'un groupe de 25 personnes composé à peu près de deux tiers d'hommes et de un tiers de femmes. Je découvris peu après que plusieurs de ces personnes travaillaient pour des compagnies ou des organismes connus comme la GRC, la Sûreté du Québec, GM, Molson, Sidbec-Dosco, etc. La plupart d'entre elles n'avaient pas le choix d'être là. Elles avaient en effet reçu un ultimatum de leur employeur: « T'arrêtes de boire ou tu perds ta job! » Alors, elles avaient opté pour la thérapie.

Chez Desjardins, il n'y avait ni radio ni télévision, et même s'il y avait un téléphone, on n'avait pas le droit de s'en servir. Le programme de la journée commençait à 7 heures et se poursuivait jusque vers 22 heures. Nous avions des lectures et des travaux qui nous occupaient toute la journée et presque toute la soirée. Nous devions également nous occuper de travaux ménagers tels que la vaisselle, le nettoyage des toilettes, le lavage des planchers, l'entretien extérieur de la maison, etc.

Les thérapies de groupes

Le deuxième jour, j'assistai à ma première session de thérapie de groupe. Nous étions tous assis autour d'une grande table et le thème choisi ce jour-là était l'orgueil. Le thérapeute qui menait le jeu fit un tour de table et demanda à chacun de s'exprimer sur ce sujet. Cet exercice dura quelques heures. À la fin, on demanda à chacun d'écrire à son voisin une lettre dans laquelle il lui exprimait comment il le percevait, par rapport à ce défaut. L'idée, c'est que quand tu écris une lettre, tu en reçois une, toi aussi. C'est vraiment surprenant de constater comment ton voisin te perçoit.

Le lendemain, ce fut un autre genre de thérapie. Cette fois, un des gars du groupe prit place en avant et on fit son procès ! Tous l'analysèrent de fond en comble. Pendant une couple d'heures, le pauvre gars a dû en entendre « des vertes et des pas mûres » à son sujet ! Il s'est vraiment fait dire ses quatre vérités en pleine face !

Dans ce genre de session, le thérapeute mène le jeu. Parfois, il se fait dur et provoquant, de sorte que la personne n'en peut plus. Elle se met alors à pleurer, elle « casse » et s'ouvre comme une huître. L'objectif de la thérapie est alors atteint, et c'est le début de la guérison.

Le soir, on demande à tous les participants d'écrire une lettre à cette personne. On doit lui écrire franchement ce qu'on pense d'elle. Si elle n'a pas « cassé » dans la journée, les chances sont très bonnes pour qu'elle casse le lendemain, en lisant la vingtaine de lettres qu'elle reçoit ! Les thérapeutes sont très bons et ils savent ce qu'ils font. Ils sont eux-mêmes des alcooliques réadaptés ayant déjà vécu une situation semblable. Ils comprennent donc très bien ce que ressent la personne assise sur le *hot seat*.

Un mauvais quart d'heure

Après cinq jours au pavillon, j'avais appris plusieurs choses. Je trouvais que la thérapie était valable et je me sentais très bien. Cependant, quand j'étais parti de La Sarre, je me disais dans mon for intérieur que je m'en allais pour une semaine et non pour un mois. J'avais en effet à ce moment-là beaucoup de rencontres importantes inscrites à mon agenda. Une réunion spéciale du conseil d'administration de Normick Perron était aussi prévue, puisque le projet de l'usine de papier à Amos était en marche, de même que la construction de l'usine de panneaux gaufrés à La Sarre. Alors je me disais qu'au bout d'une semaine à Pointe-Calumet, j'allais être correct. Si je trouvais que l'endroit avait de l'allure et que la thérapie était bonne, j'y retournerais plus tard pour suivre la session au complet. C'est alors que je commis une grave erreur. Me sentant en confiance avec certains de mes camarades de thérapie, je les informai de mon projet de départ.

— Dimanche, leur dis-je, ça va faire une semaine que je suis ici et je vais m'en aller. Je vais aller mettre de l'ordre dans mes affaires, puis je vais revenir à l'automne quand je serai moins occupé.

Malheureusement pour moi, Gilles Desjardins, qui non seulement était le propriétaire de l'établissement, mais également le thérapeute en chef, a su ce que j'avais dit.

Le lendemain, Desjardins décida que c'était mon tour de prendre place sur le *hot seat*. Alors devant tout le groupe, il ouvrit ainsi la session.

— Ç'a d'l'air que Monsieur veut s'occuper de sa thérapie luimême. Ç'a d'l'air que Monsieur n'a pu besoin de nous autres. J'ai entendu dire que tu veux t'en aller dans deux jours. C'est vrai ?

Je me sentis tout d'un coup très mal à l'aise.

— Oui, c'est vrai. J'ai beaucoup de travail qui m'attend à mon bureau et…

Je n'eus pas le temps de finir ma phrase qu'il me coupa la parole !

— Tu fais ton *smart,* toé. Tu te penses guéri, dit-il d'un ton sec. Qu'est-ce que tu fais icitte avec les autres ?

Et là, il me tomba « sur la tomate », et pas à peu près !

— Toé, t'as pas besoin de ça, une thérapie. T'es un président de compagnie, toé. Tu connais ça plus que nous autres. Pourquoi t'es venu nous déranger icitte ? Arrête donc de dire aux autres que tu veux t'en aller, pis crisse donc ton camp ! À part de ça, le câlisse de dépôt que tu nous a donné en arrivant, on va te le remettre. Pis arrête de nous écœurer, crisse ! T'es malade, tabarnac, essaie donc de voir clair !

Wow ! Je passais vraiment un mauvais quart d'heure !

— Ça s'pense plus fin que tout le monde, continua-t-il. Tiens, on va demander à ceux qui sont icitte, dans la salle, si t'es si fin que ça. Le gars qui est en avant, là, Perron, pensez-vous qu'il est guéri vous autres ?

Tout le monde répondit non. De mon côté, je ne disais pas un mot, j'étais sous le choc ! Desjardins, lui, en remettait. Debout, les baguettes en l'air, l'air sévère, il continuait.

— Dites-moé donc ce que vous pensez de ce gars-là, avant qu'il parte, reprit-il. Pensez-vous qu'il va boire encore ?

Alors, à tour de rôle, chacun s'exprima. J'écoutais et j'avais les oreilles pas mal rouges ! Puis quand tout le monde eut donné son opinion, Gilles Desjardins reprit la parole.

— Va-t'en, maintenant. Va paqueter tes bagages au plus câlisse. On veut pu te voir icitte, tabarnac !

Nous étions alors en fin d'après-midi. Dépité, je suis retourné à ma chambre et j'ai commencé à faire mes valises. J'étais pas mal jongleur et je ne me sentais vraiment pas bien dans ma peau. Je me disais qu'il fallait que je reparle à Desjardins le plus vite possible. Je suis donc allé le voir à son bureau.

— Ouais, ça va pas ben ton affaire, dit-il en m'apercevant.

Il était redevenu beaucoup plus calme.

— Écoutez, commençai-je, vous m'avez pas donné la chance de m'expliquer tantôt. Je veux pas m'en aller parce que je crois pas à votre thérapie. Au contraire, je trouve ça bon et je sais que j'en ai besoin. Mais je suis parti très vite de chez nous. Je suis le président d'une entreprise et j'ai laissé plein de choses en suspens un peu partout. Si je ne retourne pas, ça va causer des problèmes. Mon idée, c'est d'aller mettre de l'ordre dans mes affaires, pis de revenir ici au mois de septembre.

— T'as entendu ce qui s'est dit ici cet après-midi ? T'es pas guéri. Tout le monde te l'a dit. Si tu pars, tu reviendras plus jamais faire de thérapie icitte, je veux plus te voir. Penses à ton affaire à soir, pis dors là-dessus !

La décision la plus importante de ma vie

La veillée a été longue, et le sommeil, agité. Je ne me sentais vraiment pas bien. Vers trois heures, je me suis réveillé et, subitement, la lumière s'est faite dans ma tête. «Je suis chanceux, me suis-je dit. J'ai une bonne famille, une bonne *business,* une bonne équipe qui m'entoure au travail. Tout le monde veut mon bien. J'ai une maladie sérieuse, pis je viens dans une bonne maison de thérapie pour me soigner. Pis là, j'ai la chance de rencontrer un gars qui a du nerf, un gars qui a pas peur de me dire en pleine face ce qu'il pense. Il me crisse dehors, pis il est même prêt à me remettre mon argent. Ce gars-là a à cœur de faire quelque chose pour moi. Pis moi, au lieu de l'apprécier, je veux m'en aller ! Je viens de rencontrer le meilleur thérapeute au monde, pis je veux m'en aller. C'est le ciel qui a mis ce gars-là sur ma route, pis je suis en train de passer à côté. »

Je réalisai tout à coup que, si je m'en allais, je raterais le signe le plus important que la Providence m'ait jamais envoyé. J'avais besoin d'aide et j'étais au meilleur endroit pour recevoir cette aide.

Le lendemain matin, quand je me suis levé, j'étais un homme transformé. On m'avait cassé le caractère et on m'avait fait sortir de ma carapace. Je suis allé voir Desjardins et lui ai fait part de ma décision.

— Je veux rester, lui dis-je. Vous avez raison, chus pas guéri.

— Très bien, me répondit-il, si tu veux rester, on va s'occuper de toé.

Soudain, son ton n'était plus le même et il était devenu plus amical. Je crois qu'il avait atteint son objectif. Avec son ton arrogant et ses remarques acerbes, il avait réussi à me « casser ». Il avait joué son rôle de thérapeute à merveille !

Peu de temps après, son épouse, Liliane, qui était une femme gentille, douce et pleine d'attention, est venue me voir pour me réconforter.

— Je suis très contente que tu restes, me dit-elle, les larmes aux yeux. Même si Gilles est parfois dur, il veut ton bien. Moi aussi. On veut que tu guérisses et on va travailler très fort avec toi pour que tu y arrives.

Les semaines qui suivirent se déroulèrent sans anicroches. Je fis mon possible pour accomplir du mieux que je pus toutes mes tâches et tous mes travaux. Au cours de cette période, un événement important se produisit. Après la deuxième semaine, Lise est venue me rendre visite en compagnie de mon fils, Éric. Pour pouvoir passer une partie de l'après-midi avec moi, ils avaient dû quitter La Sarre à cinq heures, le matin ! Leur visite me fit beaucoup de bien. Encore aujourd'hui, quand j'y repense, je sens l'émotion m'envahir !

À un moment donné, vers la fin de ma thérapie, on me demanda d'écrire une lettre à tous ceux que mon alcoolisme avait pu blesser. Cette étape dans laquelle on demande pardon à nos proches pour le tort qu'on a pu leur faire est très importante pour notre guérison. Je m'y suis donc appliqué avec soin. À propos, toutes les lettres que nous recevons ou que nous écrivons durant la thérapie sont brûlées lors d'une cérémonie précédant notre départ.

Durant la dernière semaine, j'ai passé beaucoup de temps à travailler sur mon plan de vie, c'est-à-dire sur les choses que je devais changer dans ma vie pour éviter une rechute. Puis, finalement, la dernière journée est arrivée. Curieusement, je n'étais pas particulièrement pressé de m'en aller. En fait, même si je pouvais quitter le pavillon à midi, je suis resté jusqu'à cinq heures. J'en ai profité pour repenser à tout ce que j'avais vécu au cours des derniers mois et pour remercier mon Créateur pour la chance inouïe qu'Il m'avait donnée.

Mon ami Michel Bock est venu me chercher, tel que convenu, à cinq heures. Mike était un ami de longue date. Je l'avais connu plus de 20 ans auparavant par le travail, et au fil des ans, nous étions devenus de grands amis. Nous avions d'ailleurs beaucoup de passions communes : la pêche, la chasse… et l'alcool ! En effet, Mike et moi avons souvent eu l'occasion, au cours des années, de prendre des brosses ensemble. Heureusement, lui aussi avait décidé d'arrêter de boire, environ six mois auparavant.

Nous étions donc maintenant, selon mes anciens critères, deux insignifiants, mais deux insignifiants heureux !

Il me laissa à l'aéroport quelques heures plus tard, où un vol pour l'Abitibi m'attendait. Au moment où l'avion quitta le sol, je me suis fait la promesse que plus jamais de ma vie je ne reprendrais une seule goutte d'alcool. Plus de 25 ans plus tard, ma promesse tient toujours !

Chapitre 13

Donohue-Normick

Même si l'entente intervenue le 30 juin 1980 entre les compagnies Donohue et Normick Perron fut le fruit d'une décision mûrement réfléchie, il n'en reste pas moins que ce partenariat formé dans le but de construire à Amos une usine de papier journal fut pour moi un moment très émouvant.

En effet, il y avait belle lurette que je rêvais de voir notre entreprise devenir propriétaire d'une usine de pâtes et papiers. Dès la fin des années 1960, j'y pensais déjà chaque fois que j'allais visiter les usines d'Abitibi Paper, que ce soit à Iroquois Falls ou à Smooth Rock Falls. Puis, dans les années 1970, quand mes frères et moi avons décidé de diversifier nos activités, la production de pâte et de papier journal nous apparut comme l'une des possibilités les plus intéressantes qui s'offraient à nous. Alors à partir de ce moment, nous avons commencé à approcher la plupart des papetières canadiennes et américaines afin de jauger leur intérêt à exploiter, en partenariat avec nous, une usine de pâtes et papiers en Abitibi. Nous leur vantions alors les mérites de notre région, l'abondance de la matière première, la compétence de la main-d'œuvre… Malheureusement, ces arguments ne réussirent à convaincre personne. Nous aurions souhaité pouvoir nous lancer seuls dans une telle aventure, mais il fallait être réalistes. Nous n'avions ni le savoir-faire, ni les capitaux, ni les accès nécessaires aux marchés.

À force de persévérer, la chance finit cependant par nous sourire à la fin de l'année 1979. En effet, à ce moment-là, la compagnie Donohue, qui opérait depuis 1972 en partenariat avec la compagnie B.C. Forest, une usine de pâte kraft à Saint-Félicien, se montra intéressée à développer un projet avec nous. Puisque leur usine du Lac-Saint-Jean obtenait d'excellents résultats, ils étaient ouverts à l'idée de développer un projet similaire ailleurs au Québec. Pour eux, notre entreprise représentait un partenaire potentiellement très intéressant.

Les rencontres qui suivirent confirmèrent ce que nous pensions tous. Nos entreprises avaient des atomes crochus et, ensemble, elles pouvaient construire et exploiter une usine de papier journal à Amos. Six mois plus tard, après d'intenses négociations, elles en arrivèrent à une entente le 30 juin.

L'entente

Cette entente comportait plusieurs volets dont certains étaient inspirés du modèle de Saint-Félicien. Elle prévoyait d'abord la création d'une nouvelle compagnie, Donohue-Normick inc., qui serait responsable de la gestion de la future usine d'Amos. Cette corporation serait détenue à 51 % par Donohue et à 49 % par Normick Perron. Ensuite, elle stipulait que chacun des partenaires investirait à peu près 20 millions de dollars dans la corporation, soit 20,4 millions pour Donohue et 19,6 millions pour nous.

Comme les coûts totaux du projet étaient évalués à 190 millions, le reste des capitaux nécessaires, soit 150 millions, proviendrait de subventions gouvernementales pour un montant de 40 millions d'une part, et d'un emprunt de 110 millions réalisé par l'émission de débentures d'autre part.

Il fut aussi convenu que Donohue achèterait de Normick Perron 49 % des actions de la scierie J.E. Therrien pour la somme de 9,8 millions. Ce prix était très bon pour nous, puisque nous avions acquis la totalité des actions de cette scierie, quelques années auparavant, pour trois millions seulement. Même si nous y avions investi par la suite quelques millions pour améliorer sa productivité, il n'en restait pas moins que la transaction avec Donohue nous permettait de réaliser un excellent profit.

Il fut également entendu que tous les copeaux dont la future usine de papier aurait besoin proviendraient de la scierie J.E. Therrien et, au besoin, de nos autres scieries. Comme l'ensemble de nos moulins à scie produisaient alors 450 000 tonnes de copeaux par année, une bonne partie de cette production serait destinée à l'usine de papier. Cette situation nous enchantait, puisqu'elle nous permettait de vendre ces copeaux en réalisant des profits supérieurs à ceux que nous obtenions normalement. En effet, quand nous vendions nos copeaux à des usines situées à l'extérieur de l'Abitibi, les frais de transport venaient diminuer les revenus que nous retirions de ces ventes.

Un autre volet de l'accord concernait la vente des produits finis. Il fut convenu que tout le papier journal produit par l'usine d'Amos serait vendu par Donohue, alors que le bois de sciage produit par J.E. Therrien serait vendu par Normick Perron. Dans les deux cas, les compagnies auraient droit à des commissions.

Finalement, un dernier aspect de l'entente stipulait que Donohue serait seule responsable du montage financier du projet, c'est-à-dire que c'était elle qui devait trouver les capitaux nécessaires.

Tous ces accords exigèrent beaucoup de temps et de travail de la part des deux parties. Quand ils furent conclus et mis sur papier, les choses étaient cependant claires et les responsabilités très bien définies.

Le financement

Une fois l'entente signée, il restait à trouver les 110 millions de dollars nécessaires auprès d'institutions prêteuses. N'étant pas moi-même engagé dans cet exercice, puisque Donohue en avait la responsabilité exclusive, je n'étais évidemment pas au courant des démarches faites.

Un jour, Ed Walsh, le président de Donohue, m'appela et m'apprit que malheureusement, les courtiers responsables de vendre les débentures que nous devions émettre éprouvaient beaucoup de difficultés à trouver des acheteurs. L'incertitude qui régnait à ce moment-là par rapport aux prix futurs du papier journal inquiétait fortement les investisseurs potentiels. Le fait que nos débentures soient uniquement garanties par une première hypothèque sur l'usine constituait aussi un frein important. Ainsi, devant cette situation qui lui semblait sans issue, Ed Walsh m'informa qu'il laissait tout simplement tomber le projet. Je n'arrivais pas à y croire !

Je lui ai immédiatement proposé de faire une tentative auprès des grandes banques canadiennes, qui se montraient habituellement intéressées par ce genre de projet. Il me répondit aussitôt qu'il ne le croyait pas et qu'il n'en ferait rien. Je n'en revenais tout simplement pas ! Évidemment, je ne pouvais accepter de capituler sans même avoir essayé. J'entrepris donc mes propres démarches.

Pour bien comprendre la suite des événements, je dois mentionner qu'en 1975, après l'acquisition de la scierie Paradis et fils, à Senneterre, la Banque Mercantile du Canada, qui était un créancier important de cette scierie, m'avait invité à siéger à son conseil d'administration.

À peine quelques jours après ma conversation avec Ed Walsh, je suis donc allé rencontrer Bernard-Jean Goyette, un des vice-présidents principaux de cette banque. « B.J. », comme je l'appelais, était un gestionnaire positif, créatif et doté d'un excellent jugement. Après lui avoir résumé notre projet, je lui demandai s'il croyait que sa banque y voyait un intérêt quelconque.

— Oui, me répondit-il, votre projet m'intéresse beaucoup. Je pense qu'en formant un syndicat avec quelques autres banques, on pourrait réunir les 110 millions que vous recherchez.

Sa réponse m'encouragea, mais pour pouvoir poursuivre mes démarches, j'avais besoin de quelque chose de plus tangible.

— Pourrais-tu me donner une lettre, lui demandai-je, qui confirmerait ce que tu viens de me dire ?

— Certainement, me répondit-il, mais il va de soi que cette lettre devra mentionner que l'offre est sujette à l'approbation du conseil d'administration de la banque.

Dès mon retour au bureau, je téléphonai à Ed Walsh. Sans lui faire mention de ma rencontre avec Goyette, je fis une nouvelle tentative pour le convaincre de faire une approche auprès des banques. De nouveau, il me répéta ce qu'il m'avait déjà dit. Si les courtiers n'avaient pas réussi à vendre nos débentures, les banques n'en voudraient pas, elles non plus.

Il ne me laissa pas d'autre alternative que d'aller rencontrer Guy Coulombe, le président de la Société générale de financement, qui était alors l'actionnaire majoritaire de Donohue.

— Bonjour, monsieur Coulombe, commençai-je. Je pense que vous êtes au courant de notre projet avec Donohue. Les premières étapes se sont bien déroulées, mais là, on est rendu au financement, pis ça marche pas.

— Oui, me répondit-il, je le sais. Ed m'a appelé pour me dire qu'il n'était pas capable d'obtenir le financement nécessaire et qu'il laissait tomber le projet.

Je sortis alors la lettre que Bernard-Jean Goyette m'avait remise et la lui montrai.

— J'ai fait quelques tentatives auprès d'Ed, repris-je, pour qu'il aille rencontrer les banques. Malheureusement, il a toujours refusé de le faire. Si je lui montre cette lettre-là, il va être fâché que j'aie fait les démarches à sa place. Il va donc falloir que vous m'aidiez. Il faudrait que ce soit vous qui appeliez la Banque Mercantile, que vous leur disiez que vous êtes au courant de leur intérêt pour notre projet et que vous leur demandiez de vous faire parvenir une lettre d'offre semblable à celle-ci. Comme ça, mon nom ne paraîtra pas nulle part et Ed ne saura pas que c'est moi qui suis derrière cette lettre.

C'est ainsi que les choses se passèrent et que nous avons obtenu, quelque temps après, les 110 millions nécessaires !

Il faut aussi que je mentionne deux autres points très importants. Premièrement, les débentures émises par Donohue-Normick pour obtenir les 110 millions avaient un taux d'intérêt flottant, c'est-à-dire un taux égal au *prime rate* plus $1\frac{1}{2}$%. Au début de l'année 1981, ce taux s'établissait à environ 9 ou 10%, alors qu'à la fin de l'année 1982, il était rendu à $22\frac{3}{4}$%! Deuxièmement, après avoir réglé avec Guy Coulombe la question du financement de Donohue-Normick, je lui ai emprunté les 10 millions dont avait besoin Normick Perron pour compléter sa mise de fonds initiale dans Donohue-Normick. Cette rencontre fut l'une des plus productives de ma vie !

Les subventions

Nous savions dès le départ que notre projet se qualifiait aux programmes de subventions gouvernementales qui existaient alors. Selon ces programmes, nous étions éligibles à des subventions totales de 40 millions, soit 24 millions du fédéral et 16 millions du provincial. Mais comme on dit, il y a souvent loin de la coupe aux lèvres ! De nombreux problèmes surgirent en effet, aussi bien à Ottawa qu'à Québec.

D'abord, à Ottawa, notre demande fut mise en suspens à cause de pressions exercées par les papetières canadiennes. Ces grandes entreprises prétendirent en effet que la compétition dans l'industrie étant déjà assez vive, le gouvernement canadien ne devait pas, en aidant une nouvelle compagnie, la rendre encore plus intense. Comme leur lobby à Ottawa était fort bien organisé, les politiciens avaient tendance à l'écouter et à ignorer notre projet.

À Québec, nos problèmes étaient d'une tout autre nature. Leur source était plutôt le ministre de l'Énergie et des Ressources naturelles de l'époque, Yves Bérubé. Ce ministre, qu'on appelait entre nous Yves « Pinceau » Bérubé à cause de sa barbichette, avait promis, lors d'une campagne électorale précédente, qu'une usine de pâtes et papiers serait construite à Matane, la principale ville de son comté. Or, depuis cette promesse, rien ne s'était passé. Comme nous avions besoin d'un permis de son ministère pour commencer la construction de notre usine, il nous mettait constamment des bâtons dans les roues. Pour lui, c'était en effet politiquement très difficile d'encourager la construction d'une usine de papier en Abitibi alors qu'il ne se faisait rien en Gaspésie ! Tous ces problèmes constituaient une menace sérieuse à notre projet. Il fallait donc qu'on s'en occupe !

Dans un premier temps, nous avons organisé une importante campagne médiatique dans la région d'Amos afin de sensibiliser la population à notre projet et d'en faire un partenaire. D'ailleurs, dès l'annonce du projet, en juin 1980, nous avions installé sur le terrain où l'usine devait être construite, une immense pancarte affichant le message « Site de la future usine de papier journal de Donohue-Normick ». Plus tard,

Le 3 mars 1994, soit environ un mois avant mon départ pour le pôle Nord, je faisais la une du *Journal de Montréal* avec Henri.

PUBLIÉ DANS

La Presse

DU DIMANCHE 29 MAI 1994

La personnalité de la semaine

*Il n'est pas de succès qui se mérite
s'il n'est construit sur l'excellence*

Un an après avoir subi une greffe du rein, cet homme de 62 ans a mis à l'épreuve sa vie renaissante en explorant l'Arctique en ski de fond

MICHEL PERRON

« Malade, on se sent seul, on se sent petit. J'ai retrouvé aussi cette sensation au pôle Nord. La maladie nous force à réfléchir, nous grandit. On est plus près de son Créateur. »

ANNE RICHER

Le 18 avril dernier, Michel Perron quittait Montréal à destination de Moscou, lieu de départ d'un périple de 140 kilomètres en ski de fond qui l'a mené sur l'Océan Arctique jusqu'au pôle Nord. À 62 ans, cette aventure en soi est un exploit. Mais plus étonnant encore, c'est que cet homme courageux entreprenait de mettre à l'épreuve sa vie renaissante: à peine un an plus tôt il avait subi une greffe du rein!

« Si j'avais été en santé je n'aurais pas été attiré par l'effort de vaincre ce pays dur. » La maladie et la guérison l'ont mené sur d'autres voies. Michel Perron a ressenti impérieusement l'appel du Nord et aussi celui du partage à la suite de sa guérison. Cette expédition fut le point de départ d'une autre aventure: la mise au pied du Fonds de recherche Michel Perron de la Fondation canadienne du rein aux objectifs multiples: le diagnostic et la prévention, la sensibilisation.

L'entrepreneur québécois Michel Perron mérite le titre de Personnalité de la semaine. « J'ai beaucoup reçu », dit l'homme d'affaires, qui trouve naturel aujourd'hui de redonner.

De La Sarre à Resolute Bay

Michel Perron pilote lui-même son avion et retourne le plus souvent possible dans son pays d'origine: La Sarre en Abitibi. C'est là, le 27 avril 1932,

qu'il est né, troisième d'une famille de quatre enfants. Il se souvient de sa « très belle enfance », sur la ferme de son père Henri Perron propriétaire d'une scierie. Au décès de ce dernier, survenu en 1964, il fonde avec ses frères: Normick Perron. C'est pendant cette période active qu'il gagne ses ailes dans le but de vérifier lui-même le potentiel forestier d'un pays au climat difficile, aux fréquentes routes fermées. C'est une époque où il voyage beaucoup dans le monde en compagnie des membres du *Young Presidents Association.* Un temps où il bâtit sa famille. En 1989, l'entreprise forestière familiale est vendue au Groupe Noranda.

Le voici en semi-retraite. Mais cet homme désormais libre ne peut profiter ni de son confort, ni de sa paix. Il est malade. De plus en plus. Goutte, hypertension, bref, rien ne va plus et les médecins se perdent en conjectures sur l'origine de ces troubles organiques qui atteignent irrémédiablement ses reins. Hospitalisé en avril 1991, il apprend un diagnostic difficile à accepter; sans dialyse il ne survivra, le taux d'empoisonnement de son sang est trop grand. Il maigrit, il perd son tonus musculaire, il est frileux. « Malade, on se sent seul, on se sent petit. J'ai retrouvé aussi cette sensation au pôle Nord. La maladie nous force à réfléchir, nous grandit. On est plus près de son Créateur », déclare ce croyant.

Une greffe est possible, mais à ce moment-là à 61 ans, sa liste d'attente est fort longue et favorise prioritairement les plus jeunes. Entouré des siens, de sa femme Lise surtout et de ses enfants,

soutenu par ses amis, Michel Perron entreprend de se battre. Et l'arme pour vaincre lui est venu du plus jeune de ses sept enfants, Henri, qui lui a offert une part de la vie qu'il a lui-même reçu d'un rein, son rein neuf. « Deux de mes fils pouvaient me donner un rein, ils ont choisi entre eux. C'est un cadeau qui n'a pas de prix. »

Du courage à revendre

Il a souvent, à bord de son hélicoptère, survolé la baie d'Hudson, la baie James, il se sent attiré par ces grandes étendues lointaines. Un dernier il apprend que l'explorateur canadien de l'Arctique, Richard Weber, et le docteur russe Mikhail Malakhov organisent une expédition au pôle Nord pour un groupe d'hommes d'affaires. Le récent greffé est tenté. « Je le voyais très loin, ce défi! » L'aventure est audacieuse: il y a tout juste quelques mois qu'il a subi sa greffe! Il en parle à ses médecins. De discussions en consultations, devant sa volonté très forte, son entourage se rallie et Michel Perron se consacre à l'entraînement. Car en plus des 140 kilomètres en ski dans le froid et le vent, il doit transporter 20 kilos de matériel sur le dos.

Le 27 avril dernier, de Ryazan, en Russie, il expédie un télégramme à la Fondation du rein: « Cinquième journée sur la glace. Expérience merveilleuse. L'échéancier est respecté. C'est mon anniversaire aujourd'hui. Je vis la plus belle expérience de ma vie. » Tout le entourage est rassuré et ému devant tant de détermination. Il rentre à Montréal le 3 mai dernier, exténué mais heureux.

Michel Perron rend hommage aux médecins qui l'ont soigné. Une partie du succès leur revient, l'autre partie il la doit à sa formidable envie de vivre. Sur le conseil de sa femme, il écrit plus de 600 lettres à des amis leur demandant d'appuyer la Fondation du rein. Au plus fort de la campagne, il expédie plus de 180 000 lettres dans le but de masser des fonds. Jusqu'ici près de 240 000 $ ont été reçus à la Fondation. « Il faut tellement plus pour la recherche en néphrologie », assure Michel Perron.

Il est actuellement président du conseil, président et chef de la direction de Somiper Inc. président du conseil de Somiper Aviation Inc., président du conseil et chef de la direction d'Uniforêt Inc., ainsi que de la Scierie Péribonka Inc., administrateur de Malette Inc., de la Banque Nationale, de Donohue-Normick, etc.

Président de la Fondation Jean Lapointe pendant plusieurs années et membre du conseil encore aujourd'hui, il ne s'arrête pas là. « Je travaille plus fort ». Converti aux placements boursiers, Michel Perron ne peut se contenter de l'action froide et mécanique consistant à faire fructifier l'argent. Il a besoin du contact humain et veut « contribuer au développement de la société ». Son prochain défi? Ce sceur d'origine va travailler à la relance de Port-Cartier et remettre sur pied l'usine abandonnée de Cascades-Port-Cartier pour redonner des emplois.

C'est sa manière d'être reconnaissant.

SRC
Télévision

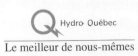
Hydro-Québec
Le meilleur de nous-mêmes

ALCAN

Encore plus que du talent, de l'intelligence, même du génie, l'excellence naît de l'effort.

À mon retour du pôle Nord, le journal *La Presse* m'honorait en me nommant Personnalité de la semaine, dans son édition du 29 mai.

Une petite fête organisée à La Sarre pour souligner le quatre-vingt-dixième anniversaire de naissance de C.R. Perrault, le père de Lise.

Visite à des amis du Lac-Saint-Jean. De gauche à droite : Charles Laberge et son épouse, Lise et moi, puis Jocelyne et Georges Laberge.

Deux grands champions! À gauche, mon ami Bobby Orr,
un des plus grands joueurs de hockey de tous les temps, et à droite,
Ted Williams, une légende du baseball.

Jean et Normand m'accompagnaient, à l'occasion du
soixante-quinzième anniversaire de La Sarre, en 1993.

En 1985, Lise a pris le premier saumon de sa vie sur
la rivière Jupiter, à l'île d'Anticosti.

Une autre belle pêche au lac Goéland en compagnie de Serge Savard
et de son frère Nathan.

Lise et moi avec la « récolte » de la journée.

Trois belles truites pêchées en compagnie de mon fils Claude,
à la rivière Secrète, en 1993.

Henri et moi, peu de temps après notre opération, en 1993.

En compagnie de Guy et Lise Nadeau qui, tous les deux,
m'ont aidé à rédiger ma biographie.

Ce morceau de glace provient d'un
iceberg formé il y a 200 000 ans !

En 1995, j'ai érigé une plaque-souvenir, à Ward Hunt Island, pour
rendre hommage à Richard Weber et Micha Malakhov, qu'on voit ici, qui
ont effectué une expédition de 118 jours au pôle Nord sans être ravitaillés.
Ward Hunt Island est le lieu situé le plus au nord du Canada. C'est de là que
partent les expéditions canadiennes vers le pôle Nord.

En 1991, pour souligner notre trente-cinquième anniversaire de mariage,
Lise et moi avons refait le trajet La Sarre-Chibougamau dans un avion
semblable à celui que je possédais en 1955.

Une autre pêche miraculeuse, cette fois en compagnie de Serge
et Paulette Savard et de Louise et Jean-Luc Lussier.

Le camp de chasse de l'île au Ruau, situé en face du mont Sainte-Anne
et à proximité de l'île d'Orléans. On aperçoit, à droite,
mon avion Turbo Otter.

Un groupe d'amis du Mont-Sainte-Anne. De gauche à droite : Armand Guay, moi, Conrad Delisle, Madeleine Cardinal, Roland Cardinal et Lise.

Ma mère, à l'île au Ruau, en 1991. Elle a alors 85 ans.

L'usine de pâte de Port-Cartier, réouverte en 1994 par Uniforêt.

Une réunion du conseil d'administration de la Fondation Jean Lapointe,
en 1993. De gauche à droite : Jacques Duchesneau, Marc Rodrigue,
Guy Nadeau, moi et Jean Lapointe.

Philippe Barrette, un ancien confrère de classe à l'École de foresterie de Duchesnay,
devenu par la suite vice-président de Tembec.

En 1995, Lise et moi nous sommes rendus au
Groenland, à la rencontre de Bernard Voyer, qui
préparait son expédition au pôle Sud.

Quelques moments de détente pour Lise et moi.

On me voit ici dans l'immensité du Groenland avec à
ma gauche, Lise, Bernard Voyer et Nathalie Tremblay.

Le 12 janvier 1996, Bernard Voyer et Thierry Petry atteignaient le pôle Sud après 63 jours d'expédition, devenant ainsi les dixième et onzième hommes à se rendre au pôle Sud en autonomie. J'ai installé au pôle Sud un panneau soulignant leur exploit.

Au pôle Sud avec Lise. Remarquez que je tiens à la main un sac de la SAQ. Pendant plusieurs années, ce fut mon porte-documents préféré !

Après l'avoir fait au pôle Nord, j'ai planté le drapeau de la
Fondation canadienne du rein au pôle Sud. Thierry, Bernard et Lise
assistent à la cérémonie.

Un aperçu de la station de recherche américaine située au pôle Sud.

Photo prise au camp de base du mont Everest. Je suis en compagnie de
Bernard Voyer et du sherpa Lhakpa Dorje, mon guide préféré.

Bernard Voyer avec le guide qui le conduisit au sommet
du mont Everest, quelques mois auparavant.

Me voici avec mon bon ami le Dr Francesco Bellini,
le président de Neurochem, et de Bernard Voyer.

Une partie de chasse, en octobre 2000, à l'île au Ruau. De gauche à droite :
Claude Noël, Nancy Vézina, Maurice Goneau, moi, Yvon Morrissette, Claude Perron,
Tim Kenny, Michel Bock, Jean-Yves Deslauriers et Hervé Vézina.

Un autre voyage de chasse au même endroit. De gauche à droite :
Maurice Goneau, Pierre Racine, Simon Richard, Nick Lepage, Louis-Georges
Cossette, Armand Guay, André Vaillancourt, Yvon Morrissette et moi.

En juin 1997, j'avais été invité comme conférencier à l'occasion
de l'assemblée annuelle du Conseil du patronat du Québec.

En l'an 2000, j'ai eu la visite, à l'île au Ruau, d'un visiteur français de marque,
le prince Jacques, duc d'Orléans. On l'aperçoit au centre de la photo
(il porte une veste à carreaux).

En 2000, Claude Perron, René Rathier et moi examinons les premiers
spécimens de l'usine des Industries Perron, située à Trois-Rivières.

À ma droite, Lucien Bégin et Daniel Lavoie, les organisateurs de l'Omnium Michel Perron, en 2003, à La Sarre.

Jacques Duchesneau, le directeur du Service de police de Montréal, me remet un insigne faisant de moi le directeur pour un jour de ce service. Nous sommes accompagnés de deux de ses adjoints dont j'ignore les noms.

À l'île au Ruau, avec Ti-Loup, le chevreuil apprivoisé par
Gisèle Vézina, l'épouse du gérant de l'île.

En 1995, ce groupe de Québécois a fait l'acquisition de la moitié des actions
du Château Champlain. Dans l'ordre habituel : Paul Viens, moi, Jean-Luc Lussier,
Bernard Thibault, Gérard Lebeau, Jean Lafleur, le Dr St-Jean,
Serge Savard et Mario Messier.

Le conseil d'administration de la Fondation canadienne du rein, en 2004,
au lac Legardeur. En avant, de gauche à droite : Robert Deslauriers,
Joseph Dasilva, Denis Marquis et Christopher Pain. Au centre : Claude Pigeon,
Tatiana Guerich et moi. En haut : Gavin Turley et Guy Langlois.

Henri, mes petits-fils Gilles et Philippe, Lise et moi devant la
Maison Saint-Louis, siège des bureaux de Somiper et de Renmark.

Publié dans

La Presse

Le dimanche 14 mai 2000

La personnalité de la semaine

Il n'est pas de succès qui se mérite s'il n'est construit sur l'excellence

SUR LA SCÈNE DE L'ACTUALITÉ / SEMAINE DU 14 MAI 2000

Lise Perron

JEAN-PAUL SOULIÉ

PHOTO REMI LEMÉE, La Presse

« À 35 ans, je n'aurais jamais pu faire une chose comme celle-là ! Aller au pôle Nord en ski, même avec les meilleurs guides du monde, je n'y aurais jamais pensé. Je n'aurais jamais voulu risquer que mon mari devienne veuf, et reste seul avec les enfants ! »

Lise Perron rentre d'une expédition d'une dizaine de jours sur les glaces de l'océan Arctique. À 65 ans, elle vient de réaliser un exploit auquel la vie ne semblait pas l'avoir destinée. Après son cours d'infirmière, à 21 ans, Lise Perrault a épousé Michel Perron. Le couple a vécu en Abitibi, lui est devenu un important industriel du bois, et elle a réalisé son rêve. « Je voulais beaucoup d'enfants, je les ai eus. J'en ai eu huit. C'est le chapeau que j'ai porté, toute ma vie, mère de famille. »

Accueillie à son retour à Montréal, au début de la semaine dernière, comme la première femme de son âge à avoir atteint le pôle Nord en ski de fond, Mme Perron détient un autre record. Elle est sans doute la première mère de huit enfants, dont sept vivants, la première grand-mère de 18 petits-enfants, et bientôt d'un dix-neuvième, qui ait vécu une aventure extraordinaire de dix jours sur la banquise. En ce dimanche de la fête des Mères, La Presse salue le double exploit de Lise Perron en la nommant **Personnalité de la semaine.**

Née à Amos, Lise Perron a passé toute son enfance à Malartic, en Abitibi. Son père tient le magasin de la mine de East-Malartic, la mère s'occupe de ses dix enfants. Lise va aller en pension à Nicolet, au couvent des sœurs de l'Assomption. « J'ai beaucoup aimé la pension, dit-elle. J'y ai repensé sur la banquise, et bientôt sur mes skis. Sur la glace, j'ai repassé toute ma vie, comme un film. » En 1953, quand elle vient faire ses études d'infirmière à Montréal, ses parents sont à Chibougamau. Puis il y aura son mariage, et ses huit enfants. « Ils sont mon entreprise à moi, ma réussite. Aujourd'hui ce sont des adultes, et sont dans la bonne moyenne. Je pense qu'ils sont heureux. C'était mon but. Ils ont beaucoup moins besoin de moi, et quand le gentil Richard Weber m'a proposé de partir pour le pôle Nord en ski, j'ai accepté.

« À 35 ans, je n'aurais jamais pu faire une chose comme celle-là ! Aller au pôle Nord en ski, même avec les meilleurs guides du monde, je n'y aurais jamais pensé. Je n'aurais jamais voulu risquer que mon mari devienne veuf, et reste seul avec les enfants ! Quand ça arrive, ce sont des choses qu'on prend, mais on ne prend pas le risque de se lancer dans des aventures comme celle-là, même avec les meilleurs guides du monde. »

Même si elle jouit d'une bonne santé, Mme Perron ne se considère pas comme une grande sportive. « Je me sens bien dans ma peau, mais je n'avais fait de ski avant le milieu de la trentaine, pour accompagner mes enfants qui commençaient à en faire. » Curieusement, elle attribue à une hernie dis-

cale, qui l'oblige à faire régulièrement des exercices de gymnastique pour se maintenir, le fait qu'elle ait pu suivre sans mal des gens qui ont couru des marathons, et dont c'est le métier de faire des grandes expéditions.

« Vous savez, dit la sexagénaire aventureuse avec beaucoup de modestie, le pôle Nord, ça paraît pire que c'est. Mais il faut des bons guides. » Ce qui l'a surtout frappée lors de ce dernier voyage, c'est le trajet de Moscou à la plate-forme polaire, lieu de départ de l'expédition. « En Russie, ils ont des lignes aériennes incroyables. Les passagers n'ont parfois pas de sièges, d'énormes bidons de carburant sont transportés au milieu de la cabine, les gens fument. Dans les petites villes du Nord, il n'y a pas d'hôtels, il faut loger dans des maisons privées. Après ça, sur la glace, tout est allé comme prévu, grâce aux très bons guides que nous avions. »

Quand elle a annoncé son départ pour son expédition, ses enfants lui ont rappelé qu'elle avait toujours critiqué son mari, quand il partait pour le pôle Sud, le pôle Nord, le Groenland. « J'ai un petit-fils de 20 ans, étudiant à l'Université de Sherbrooke, il a trouvé que j'étais cool ! Je l'aurais bien invité à m'accompagner, mais sa mère m'a dit qu'il avait des examens. Et mon dernier fils m'a dit : C'est un peu fou, mais je vous félicite, je vais être très fier de vous. »

Trois de ses petits-enfants, dont deux jumeaux de sept ans, vont dans la même école. La photo de leur grand-mère de retour de l'Arctique a fait le tour des classes. D'autres lui ont envoyé des cartes et des courriels de félicitations. Enfants et petits-enfants ne sont pas au bout de leurs surprises. Lise Perron a bien aimé faire sa dernière expédition seule, mais elle aime mieux voyager avec son mari. Son prochain rêve : escalader le Kilimandjaro au Kenya, au cœur de l'Afrique. « Il paraît que c'est formidable, et faisable. C'est un guide de l'Everest qui me l'a dit. Il ne faut pas se mettre la barre trop haut, mais on peut arriver à faire ce qu'on veut. » Pourtant, elle ne pense pas repartir tout de suite pour de nouvelles aventures. « Pour l'instant, nous allons digérer celle-là. » Et en parler en famille. Joyeuse fête des Mères à Mme Perron et félicitations !

> *À 65 ans, elle vient de réaliser un exploit auquel la vie ne semblait pas l'avoir destinée.*

Le 14 mai 2000, Lise était à son tour honorée par le journal *La Presse* à titre de Personnalité de la semaine. Elle revenait alors d'une expédition de 10 jours au pôle Nord. Elle était la première grand-mère à effectuer un tel voyage.

Lise et moi arrivons au chalet du lac Legardeur à bord du Turbo Beaver.

Une vue du chalet et des installations du lac Legardeur. À l'avant-plan,
on voit le Turbo Otter que j'ai possédé pendant plusieurs années.

Robert Vanier, le président d'Onco, avec moi, au Michigan.

L'honorable Lise Thibault, lieutenant-gouverneur du Québec, remet en 2002
à l'explorateur Bernard Voyer la médaille d'or de la Société géographique royale
du Canada. Nathalie Tremblay, Lise et moi assistons à la cérémonie.

Lise et moi avec nos « petits Français » Gilles, Alex et Ella.

Jean Marsh, Daniel Lavoie et moi, au chalet de Jean-Marc Baronnet, au lac Péré.

Une randonnée de motoneige, au nord de La Sarre, en compagnie d'un groupe d'amis. De gauche à droite : Jacqueline Tremblay, moi, Berthier Chénard, Jean-Marc et Diane Barronnet.

Pour son soixante-dixième anniversaire de naissance, Lise a reçu en cadeau ce bain-tourbillon. Après une journée en motoneige à -25 °C, il n'y a rien de mieux ! Ma petite-fille Ella est ici avec nous.

Ma mère, Lise et moi en 2002.

Cette photo fut prise lors du quatre-vingt-dixième anniversaire de ma mère.
En avant, de gauche à droite : Carmen, Cécile, ma mère (vous avez
bien lu… 90 ans !), Armande et Éliette. Derrière : Jean, Normand et moi.

En novembre 2006, les Canadiens de Montréal ont honoré
Serge Savard en retirant le chandail numéro 18.
Nous voici ensemble, quelques jours auparavant.

On dit qu'une image vaut mille mots!

pour montrer que les choses progressaient, même si dans les faits les subventions étaient gelées et que rien ne bougeait, nous avons commencé, de notre propre initiative, à défricher le terrain en question. Les journaux locaux s'empressèrent de prendre des photos et annoncèrent en grande pompe que les travaux avaient débuté ! Puis, quelques semaines après, nous avons tout arrêté et la pancarte existante fut remplacée par une autre sur laquelle était inscrit « Future usine de Donohue-Normick – Travaux arrêtés ». Simultanément, des communiqués furent envoyés aux médias de la région pour leur expliquer les raisons de cet arrêt. Inutile de dire que les députés du coin, aussi bien au fédéral qu'au provincial, reçurent plusieurs appels !

Pendant ce temps, nous avions organisé notre propre lobby à Ottawa. Marc Lalonde, le chef de cabinet du premier ministre Pierre Elliott Trudeau, était une vieille connaissance. En effet, il était le neveu du curé fondateur de La Sarre, Ernest Lalonde. Quand il était enfant, il venait de temps à autre visiter son oncle à La Sarre, de sorte que notre région lui était familière et que la famille Perron ne lui était pas étrangère. De plus, mon frère Normand, qui avait été pensionnaire avec lui au collège Saint-Laurent, était demeuré l'un de ses amis. Nous lui avons donc demandé s'il pouvait nous donner un coup de main. Grâce à ses démarches et à son influence, les choses finirent par s'arranger et Donohue-Normick reçut sa subvention de 24 millions. Une fois ce dossier réglé, nous avons concentré nos efforts sur Québec.

Après plusieurs rencontres, nous avons fini par obtenir une subvention de 16,4 millions de dollars, de même que le fameux permis qui nous permettait d'entreprendre les travaux de construction de l'usine. Ces travaux commencèrent à l'automne 1980 et se poursuivirent pendant un an et demi. Quand ils furent terminés, la nouvelle usine fut dotée de l'équipement le plus moderne qui soit, de telle sorte qu'à son ouverture, au printemps de 1982, elle était l'une des usines de papier journal les plus modernes en Amérique du Nord ! Et fait inusité, cette usine était la première papetière construite dans la province de Québec, depuis 1938 !

Le dépassement des coûts

À mesure que les travaux avançaient, il devenait de plus en plus évident que les coûts prévus à l'origine seraient dépassés. L'usine était d'ailleurs déjà en opération quand on m'apprit que le dépassement serait de l'ordre de 20 millions de dollars !

Je suis donc retourné à la Banque Mercantile du Canada et j'ai demandé à « B.J. » Goyette s'il acceptait d'augmenter son prêt en conséquence. Il me répondit oui. J'en informai immédiatement mon ami Ed Walsh, qui refusa cependant cette solution !

— Trop de dettes, c'est pas bon, me dit-il. À la place, on va remettre du capital. Nous autres, Donohue, on va remettre un autre 10,2 millions et vous autres, Normick Perron, vous allez remettre 9,8 millions.

Je n'étais absolument pas d'accord avec cette proposition. Ayant déjà injecté près de 20 millions de dollars dans l'entreprise, je trouvais que c'était suffisant. De plus, comme la Banque Mercantile était prête à combler l'écart en augmentant son prêt, où était le problème ? Mais Ed Walsh ne voyait pas les choses de cette façon. Comme il s'était déjà engagé auprès des banques à combler tout dépassement, il décida unilatéralement de mettre les 20 millions manquants lui-même. Cette décision eut pour conséquence de diluer la participation de Normick Perron dans Donohue-Normick de 49 à 42 % et de réduire de façon importante notre part des profits futurs de l'entreprise. Alors, la chicane a pris et nos relations se sont rapidement détériorées.

N'étant absolument pas d'accord avec la décision unilatérale de Donohue, nous sommes allés en cour pour obtenir justice. Mais nous savons tous que les tribunaux ne sont pas rapides. Les années ont donc passé et, en 1989, quand nous avons vendu Normick Perron, la cause n'avait toujours pas été entendue.

Après son ouverture en 1982, l'usine de papier a répondu à tous nos espoirs. Dès 1984, elle était très rentable et contribuait de façon très significative à la rentabilité de Normick Perron.

Devenus millionnaires

Depuis nos débuts dans l'entreprise familiale, dans les années 1950, les revenus que mes frères et moi touchions provenaient principalement de nos salaires et de modestes dividendes que la compagnie nous versait, lors de ses bonnes années. Nous vivions bien, mais nous n'étions pas riches.

En 1981, Noranda Mines Ltd, par l'entremise de sa filiale MacLaren Forest Products Inc., nous approcha dans l'espoir d'acheter notre entreprise. Comme nous entretenions d'excellentes relations avec cette compagnie, puisque depuis plusieurs années elle achetait une partie de nos copeaux, nous nous sommes assis avec ses dirigeants et après quelques rencontres, nous avons conclu un accord. Nous avons alors accepté de leur céder une partie de Normick Perron correspondant à environ 27 % de nos actions. Nous nous sommes entendus sur un prix de 16,50 $ l'action, ce qui était plus du double du prix coté en Bourse à ce moment-là.

Cette transaction eût lieu le 1er octobre 1981 et elle permit à chacun de nous de toucher un montant de 6 millions de dollars !

Nous nous étions préalablement assurés que même en cédant une partie de nos actions, nous conservions le contrôle de la compagnie, puisque, à nous trois nous détenions encore près de 55 % des parts. Il est très important de mentionner que, dans la même transaction, nous avons aussi accordé à MacLaren un droit de premier refus, si jamais nous décidions de vendre le reste de nos actions.

Le départ de Normand

En 1982, Normand, qui rêvait depuis longtemps de posséder sa propre entreprise, nous annonça son départ. Depuis un certain temps, il avait un œil sur une entreprise de produits d'entretien située dans la région d'Ottawa. Cette compagnie, Dustbane Enterprises, avait un chiffre d'affaires de plus de 100 millions de dollars et employait environ 5 000 personnes.

Aucune entente écrite n'existait alors entre nous, dans l'éventualité où l'un des frères décidait de quitter et de vendre ses parts. Cependant, nous savions que si cette situation devait arriver un jour, celui qui partirait offrirait ses actions en priorité aux deux autres. C'est exactement ce que fit Normand. Après nous avoir annoncé son départ, il nous proposa, à Jean et à moi, d'acheter chacun la moitié de ses parts. Jean, après avoir réfléchi quelque temps, annonça qu'il n'était pas intéressé. Un peu surpris par sa décision, je décidai alors d'acheter seul toutes les actions de Normand. Je m'assurais ainsi qu'ensemble, Jean et moi conservions le contrôle de la compagnie.

Les taux d'intérêt

Comme j'ai déjà eu l'occasion de le mentionner plus tôt, les taux d'intérêt, au début des années 1980 étaient très volatiles. De 9 ou 10 % qu'ils étaient au début de 1981, ils ont grimpé dans le temps de le dire à 15 %, puis à 20 %, pour finalement s'arrêter vers la fin de 1982 à 22 ¾ % !

Durant cette période, à cause de différents emprunts faits à taux flottants par les compagnies dans lesquelles je détenais des intérêts, soit Normick Perron, Donohue-Normick et Corporation La Vérendrye, de même que par moi-même à titre personnel, mes dettes s'élevaient directement ou indirectement à plus de 200 millions ! Disons que c'était pas mal achalant. Heureusement, les taux ont rebaissé assez rapidement par la suite.

Chapitre 14

Un joyau très convoité

Après notre investissement dans Donohue-Normick, nous avions besoin de faire une pause et de consolider un peu notre situation. C'est pourquoi en 1983 et 1984, aucun nouveau projet ne fut élaboré.

Ces années-là, par contre, furent marquées par plusieurs conflits de travail, aussi bien avec nos ouvriers forestiers qu'avec les employés de certaines de nos usines. Je crois qu'au cours de cette période, notre entreprise est devenue une cible privilégiée des grandes centrales syndicales du Québec. Comme nous étions un *leader* dans notre industrie, toutes les batailles qu'elles remportaient d'abord chez nous leur permettaient ensuite de gagner la guerre ailleurs ! Nous avons alors vécu toutes sortes de problèmes : des arrêts de travail, des ralentissements de la production, des grèves... Ce fut vraiment très difficile. Mais comme nous avions des principes et que nous y tenions, nous nous sommes battus !

L'entrepreneurship, par exemple, était un principe qui nous tenait beaucoup à cœur et nous l'avons défendu férocement. Nous désirions en effet que nos employés forestiers deviennent des entrepreneurs, c'est-à-dire des gens travaillant à leur propre compte. Nous voulions qu'ils possèdent leur propre équipement et que la relation qui nous liait à eux soit contractuelle. Pour les aider à réaliser cet objectif, nous avons même mis en place des mécanismes leur permettant de faire l'acquisition de nos camions et de notre équipement, et cela à des conditions extrêmement favorables. Mais les syndicats ne voulaient rien savoir de ça! Par ailleurs, le fait que plusieurs de nos territoires de coupe soient situés près de la frontière de l'Ontario n'aidait pas, puisque dans cette province, tous les travailleurs forestiers étaient syndiqués. De plus, pour pouvoir couper du bois dans cette province, les travailleurs devaient obligatoirement être syndiqués.

Finalement, après des négociations longues et ardues, chaque partie y allant de concessions, la paix est enfin revenue. Ces conflits furent cependant pénibles à vivre et coûtèrent très cher à notre entreprise.

La saga pour l'acquisition de Donohue

Depuis que nous avions fait une incursion dans l'industrie du papier journal, en 1982, nous rêvions d'accroître nos intérêts dans ce secteur. D'ailleurs, l'usine d'Amos dans laquelle nous étions partenaires obtenait des résultats tellement bons que ça nous encourageait à aller dans ce sens.

Nous avons alors mijoté toutes sortes de scénarios. Puis un jour, après avoir bien réfléchi, nous nous sommes mis dans la tête de faire l'acquisition de la compagnie Donohue. Rien de moins !

Donohue, à ce moment-là, détenait des intérêts dans trois usines : une usine de pâte à Saint-Félicien, une usine de papier journal à Clermont et l'usine de papier journal d'Amos, dans laquelle nous étions impliqués.

C'était une compagnie publique détenue dans une proportion de 55 % par la Société générale de financement, une société d'État appartenant au gouvernement du Québec. Le reste de ses actions était disséminé dans le grand public.

À cette époque, la SGF détenait également la majorité des actions de Domtar, une autre grande papetière québécoise. On s'interrogeait alors beaucoup, dans certains milieux, sur la pertinence pour un gouvernement de détenir des entreprises publiques.

Cette situation créait une polémique qui avait fréquemment des échos dans les médias. L'atmosphère était donc propice à une privatisation de ces compagnies.

Au cours de l'année 1985, les libéraux reprirent le pouvoir et Robert Bourassa redevint premier ministre du Québec. Un jour, à l'occasion d'une activité sociale quelconque, j'eus l'occasion de le rencontrer et d'aborder la question de Donohue avec lui.

— Monsieur Bourassa, lui dis-je après m'être présenté, la SGF détient 55 % de Donohue. Nous autres, Normick Perron, on aimerait acheter cette part. On est déjà partenaires avec Donohue dans une usine à Amos et notre compagnie détient aussi plusieurs usines de bois de sciage et de fabrication de panneaux. Si on pouvait acquérir Donohue, ça complèterait notre intégration et on deviendrait ainsi une meilleure compagnie forestière. Vous savez, notre famille a grandi dans ce milieu et nous y avons acquis beaucoup de connaissances et d'expérience.

— Ouais, me répondit-il, ça pourrait peut-être se faire. C'est évident que vous seriez de bons candidats si le gouvernement décidait de se départir de Donohue. Laissez-moi réfléchir à ça et on s'en reparlera plus tard.

Encouragés par cette réponse, Jean et moi avons commencé à élaborer une stratégie pour faire l'acquisition de cette compagnie. Il fallait d'abord mettre sur pied un plan financier réaliste, ce que la Banque Nationale nous aida à réaliser rapidement. Ce plan reposait largement sur les liquidités accumulées depuis 1982 par Donohue-Normick. À cause des amortissements et des bénéfices non distribués, cette compagnie avait réussi à accumuler, depuis le début de ses opérations, 75 millions de dollars qui avaient été placés dans des certificats-dépôts.

Notre plan était assez ingénieux. Dans un premier temps, Normick Perron achetait les actions de Donohue détenues par la SGF grâce à une lettre de garantie signée par Michel Bélanger, le président de la Banque Nationale, et prenait le contrôle de Donohue. Ensuite, dans un deuxième temps, Normick Perron vendait à Donohue sa participation dans Donohue-Normick et se faisait payer avec les 75 millions disponibles. Cet argent permettait ensuite à Normick Perron de payer la SGF. Autrement dit, on achetait Donohue en grande partie, avec son propre argent !

Il fallait ensuite mettre sur pied une campagne de lobbying auprès des personnes susceptibles d'avoir une influence sur la décision du gouvernement. Alors commença la ronde des réunions et des dîners, sans parler des appels téléphoniques ! Personnellement, j'ai rencontré quelques ministres, dont Pierre McDonald, le ministre de l'Industrie et du Commerce, Pierre-Marc Johnson, le chef de l'opposition, de même que plusieurs autres politiciens. J'ai également dû téléphoner au moins une dizaine de fois à Robert Bourassa, qui a toujours retourné mes appels. Après un certain temps, nous nous sommes même mis à nous tutoyer. Finalement, à force de talonner ce dernier, il donna instruction au président de la SGF, mon ami Guy Coulombe, d'entreprendre des pourparlers avec moi. Quelques rencontres eurent lieu, au cours desquelles le dossier avança un peu. Mais même s'il se montrait intéressé, il ne disait jamais ni oui ni non. Je pense qu'il attendait une offre ferme de notre part. C'est ce qu'on fit.

J'aimerais signaler ici qu'à ce moment-là, le prix de l'action de Donohue en Bourse était d'environ 14 $. Notre offre, qui visait uniquement le bloc d'actions détenu par la SGF, soit à peu près 55 % des actions en circulation, s'élevait, si je me rappelle bien, à environ 100 millions.

Aussitôt que notre offre devint publique, les autres actionnaires de la compagnie manifestèrent aussi leur intérêt. Alors, pour ne pas être critiqués, les dirigeants de Donohue se sentirent obligés de demander une offre officielle. Ils donnèrent alors 30 jours à tous ceux qui étaient intéressés pour se manifester. Ce développement fit en sorte que le prix de l'action augmenta à 22 ou 23 $ dans le temps de le dire !

Des règles strictes furent alors établies, et un comité sous la direction de Fernand Lalonde fut créé pour gérer cet appel d'offres. Dans les semaines suivantes, cinq ou six compagnies, pour la plupart des papetières, déposèrent une offre. Puis, tout à coup, un événement imprévisible qui allait avoir des répercussions importantes sur la suite des choses se produisit.

Robert Maxwell

Environ une semaine avant la date d'échéance pour le dépôt des offres, Robert Bourassa se rendit à Davos, en Suisse, pour participer à un forum économique. Il y fit alors la connaissance de Robert Maxwell, un financier anglais propriétaire de plusieurs journaux.

Celui-ci lui manifesta alors son désir d'investir au Québec, soit dans le domaine des journaux, soit dans celui de l'imprimerie, à condition qu'on lui trouve un partenaire sérieux. Dès son retour, Bourassa s'empressa de lui présenter Pierre Péladeau, le propriétaire de Quebecor. Péladeau, qui aurait bien aimé, lui aussi, faire une offre pour Donohue, mais qui, seul, n'en avait pas les moyens, manifesta soudainement son intérêt.

— Attendez, clisse! Ne vendez pas Donohue tout de suite. Je viens de me trouver un partenaire en Europe et on a besoin d'un peu de temps pour préparer notre offre!

Ce nouveau développement influença suffisamment le gouvernement pour qu'il accepte de repousser de quelques mois la date d'échéance du dépôt des offres. Cette décision eut comme conséquence de faire augmenter encore plus le prix de l'action en Bourse!

Ce prix augmenta d'ailleurs tellement que toutes les entreprises qui s'étaient montrées intéressées au début du processus se retirèrent une à une, de sorte qu'il ne resta sur les rangs que Quebecor et Normick Perron. Puisque la valeur de Donohue avait plus que doublé depuis que, quelques mois auparavant, nous avions déposé notre première offre, on nous demanda de fournir une preuve comme quoi nous étions en mesure d'obtenir les capitaux supplémentaires nécessaires. Nous dûmes donc retourner à la Banque Nationale, qui de nouveau accepta de nous accorder son appui. Enfin, le jour où les offres furent rendues publiques arriva. On constata alors que Quebecor et Normick Perron avaient offert exactement le même prix pour les actions de Donohue!

Un choix politique

Le choix final de l'acheteur devint donc une décision politique. On annonça que le conseil des ministres se pencherait sur ce dossier lors d'une prochaine réunion et qu'une décision serait prise à ce moment-là.

Les jours passèrent et la journée fatidique arriva enfin. On nous avait informés au préalable que le résultat serait connu au cours de la soirée seulement et que le nom de la firme choisie serait annoncé lors d'une conférence de presse. Le matin, vers 11 heures, je reçus un appel de Fernand Lalonde.

— Où êtes-vous présentement ? me dit-il.

— Je suis à mon bureau de Montréal.

— Eh bien, préparez-vous à vous rendre à Québec parce que ça « regarde bien » pour vous autres. Après le conseil des ministres, on va faire une conférence de presse pour annoncer l'acheteur choisi et on veut que vous soyez là. Je vais vous rappeler plus tard.

Wow ! J'étais fou de joie ! Mon rêve de devenir propriétaire d'une papetière allait enfin se réaliser ! Au début de l'après-midi, j'eus un nouvel appel. C'était celui d'un ministre avec qui j'étais ami depuis plusieurs années.

— Je t'appelle pour te donner des nouvelles. Ton dossier a été discuté ce matin. L'affaire est très serrée. Il y a un groupe de ministres favorable à Quebecor et un autre favorable à Normick Perron. Bourassa semble pencher du côté de Quebecor. À date, c'est kif-kif. Devant cette situation, le premier ministre a décidé de mettre ce sujet à l'ordre du jour d'une autre réunion qui aura lieu à 16 heures, cet après-midi.

Oups ! Tout à coup, ça « regardait moins bien » ! Alors, n'ayant pas beaucoup l'esprit à travailler sur quoi que ce soit, je me suis installé avec Jean, Raymond Carrier, notre vice-président finances, Jean Desjardins, notre avocat-conseil et Marcel Gagnon, le conseiller juridique de Normick Perron, dans la salle de conférence des locaux que nous occupions sur la rue Sherbrooke, à Montréal, et nous avons attendu des nouvelles de Québec.

Les heures passèrent et, peu à peu, le pessimisme s'installa. La frénésie du matin avait disparu, remplacée par un sentiment de défaitisme. Je reçus l'appel de Fernand Lalonde vers 19 h 30.

— Monsieur Perron, le gouvernement a eu une décision très difficile à prendre. Finalement, le cabinet des ministres a choisi Quebecor. Je suis désolé pour vous.

Voilà ! Ce que l'on pressentait venait d'être confirmé. Inutile de dire que nous étions tous très très déçus !

J'appris plus tard que, durant la réunion de l'après-midi, ce fut Bourassa lui-même qui trancha le débat en justifiant sa décision de choisir Quebecor par la présence de Robert Maxwell dans la transaction. Selon lui, Maxwell constituait un exemple d'investisseur européen qui serait bientôt imité par plusieurs autres et qu'en bout de ligne, le Québec en sortirait grand gagnant.

Une rencontre avec Robert Bourassa

Quelques semaines plus tard, Robert Bourassa était de passage à Val-d'Or, pour une rencontre avec la Chambre de commerce locale. Dès que j'appris qu'il venait en Abitibi, je l'appelai et lui demandai un rendez-vous. Notre rencontre eut lieu dans la chambre du motel où il logeait.

— Robert, commençai-je, j'aimerais que tu me dises franchement pourquoi tu as choisi Quebecor plutôt que notre entreprise ?

— Écoute bien, Michel, répondit-il, on est tout seuls tous les deux, je vais te dire la vraie raison. Quebecor, continua-t-il, comme politicien, je ne peux pas être contre ça. C'est un groupe qui a un grand pouvoir sur des millions d'électeurs québécois. Que ce soit par leurs journaux ou leurs revues, ils exercent une grande influence sur l'opinion publique. Je ne peux tout simplement pas les avoir contre moi !

— C'est dommage, repris-je, parce que nous, si on avait été choisis, on avait l'intention de doubler la production de l'usine d'Amos et on aurait créé ainsi plusieurs nouveaux emplois dans la région.

— Écoute Michel, je suis franchement désolé pour vous autres. Les Perron, vous êtes de bons entrepreneurs et j'aurais bien aimé vous aider. Si jamais il se présente autre chose, je vais penser à vous autres.

Puis, il ajouta ceci :

— Vous pourriez pas vous entendre avec Quebecor et prendre une partie de Donohue ?

— Nous avons essayé, lui répondis-je. Jean et moi avons rencontré Pierre Péladeau quelques semaines avant que le gouvernement prenne sa décision. Il était ouvert à l'idée d'acheter Donohue en partenariat avec nous, mais il voulait être majoritaire.

— C'est moé, qui ai le marché du papier journal, clisse ! Ça fait que c'est moé qui va avoir le contrôle ! nous avait-il dit.

Comme nous voulions le contrôle nous aussi, nous n'avions pas pu nous entendre. C'est ainsi que se termina la saga pour l'acquisition de Donohue.

Épilogue

Cette histoire ne serait pas complète si je ne racontais pas quelques faits qui se sont produits par la suite. Quelques années après les événements que je viens de raconter, les médias nous apprirent que Robert Maxwell était en fait un escroc. En effet, pour pouvoir financer ses nombreuses acquisitions, il avait volé le fonds de pension de ses employés, en Angleterre. Grâce à cet argent, en plus de sa participation dans l'achat de Donohue, il avait fait l'acquisition de nombreuses imprimeries à travers le monde. Quelque temps après, il se suicida en mer en se jetant de son yacht personnel.

Quebecor racheta sa part dans Donohue et se retrouva avec plusieurs de ses imprimeries. Celles-ci furent regroupées dans une nouvelle compagnie appelée Quebecor World, une entreprise qui éprouve aujourd'hui des difficultés.

Finalement, plusieurs années plus tard, Donohue fut vendue à Abitibi Paper pour une somme avoisinant les 700 millions de dollars. Inutile d'ajouter que si nous avions pu mettre la main sur ce joyau en 1985, nous aurions réalisé toute une transaction !

Chapitre 15

Les dernières années
de Normick Perron

Les mois qui suivirent notre mésaventure pour obtenir le contrôle de Donohue furent très pénibles. Nous avions fait tellement d'efforts et mis tellement d'espoir dans ce projet que sa conclusion malheureuse fut très difficile à digérer. Il est donc normal que nous ayons pris un certain temps à nous en remettre. Mais un jour, la raison reprit le dessus et nous avons tourné la page. Nous avons alors décidé d'oublier le papier et de revenir au domaine dans lequel nous avions toujours connu du succès dans le passé, soit celui du bois.

À ce moment-là, le panneau gaufré, qui s'avérait de plus en plus être un excellent substitut pour le contreplaqué, se vendait toujours mieux. Les grossistes et les détaillants, qui au début s'étaient montrés méfiants envers ce nouveau matériau et qui avaient été peu enclins à l'offrir à leurs clients, réalisèrent en 1986 l'énorme potentiel de ce produit pour la construction résidentielle et commerciale. Notre petite usine de La Sarre, qui fabriquait ce genre de panneaux depuis six ans, ne suffisait plus à la demande. Nous avons donc pensé que le temps était venu de prendre de l'expansion dans ce secteur. Nous nous sommes donc mis à la recherche d'occasions d'affaires.

Quelques mois plus tard, cette démarche nous menait au Lac-Saint-Jean, une région qui, du point de vue de la foresterie, ressemble beaucoup à l'Abitibi. Cette région ne m'était pas étrangère, puisque je m'y étais intéressé dès mes premières années de travail dans les années 1950. Les différentes conventions auxquelles je participais à l'époque m'offraient en effet l'occasion de rencontrer des entrepreneurs de ce coin de la province et d'échanger avec eux. Il arrivait aussi de temps en temps que ces gens-là viennent visiter nos chantiers et nos scieries en Abitibi, et que, de mon côté, je leur rende la pareille. Je me souviens très bien d'être allé dans cette région en auto, de même qu'avec mon petit Cessna 180. En avion, quand on passait par le nord, ce n'était pas si loin. En auto, par contre, même si on prenait le raccourci qui passait par La Tuque, c'était très long. Cependant, quand on arrivait à Chambord, on était récompensés par la vue magnifique que nous offrait le Lac-Saint-Jean. Ça nous faisait presque oublier la distance !

D'ailleurs, la première fois que j'ai fait ce voyage, je me souviens avoir été très impressionné par ce paysage et m'être dit que ce serait un endroit extraordinaire pour construire une usine. J'étais loin de me douter, à ce moment-là, qu'une trentaine d'années plus tard, nous choisirions cet endroit précis pour construire notre deuxième usine de panneaux gaufrés !

Les producteurs de bois du Lac-Saint-Jean

Les gens qui travaillaient dans la foresterie au Lac-Saint-Jean étaient en général beaucoup mieux organisés que ceux qui faisaient un travail similaire en Abitibi. Ils étaient regroupés dans des coopératives qui défendaient leurs intérêts. Une de ces organisations, le Syndicat des producteurs de bois du Saguenay-Lac-Saint-Jean, qui planifiait déjà depuis quelques années la construction d'une usine de panneaux gaufrés dans la région, était à la recherche d'un partenaire pour réaliser son projet. Ses dirigeants nous ont approchés et nous ont demandé si nous étions intéressés. Comme leur offre ne pouvait arriver à un meilleur moment pour nous, nous l'avons acceptée assez rapidement. D'autant plus que le Syndicat acceptait que Normick Perron soit le maître d'œuvre du projet et qu'il obtienne ensuite le contrôle de la future compagnie qui gérerait l'usine.

En juillet 1986, un protocole d'entente fut signé par toutes les parties impliquées. Ce protocole prévoyait la formation d'une nouvelle compagnie, Normick-Chambord inc., dont les actions étaient détenues à 51 % par Normick Perron et le reste, partagé entre le Syndicat des producteurs de bois et la Fédération des coopératives forestières du Saguenay–Lac-Saint-Jean.

Ayant déjà vécu l'expérience d'un partenariat semblable à Amos, cet accord avait été relativement facile à élaborer, car nous connaissions très bien les points sur lesquels nous devions nous entendre.

Les mois suivants servirent à la préparation des plans de la future usine. Ils permirent également à tous les intervenants de cet accord de mieux se connaître. D'ailleurs, afin d'aider à l'atteinte de ce dernier objectif, mon frère Jean, qui a toujours été un sportif, accepta la présidence d'honneur de la 32ᵉ Traversée internationale du lac Saint-Jean à la nage. Cet événement prestigieux permit aux gens de la région de mieux connaître les frères Perron et, inversement, elle nous donna l'occasion de rencontrer plusieurs personnes du coin. Cette période servit également à faire des demandes de subventions aux deux paliers gouvernementaux. À cet effet, nous avions la chance de pouvoir compter sur Benoît Bouchard, le député de la région, qui était aussi durant ces années ministre de l'Emploi et de l'Immigration du Canada. Ses efforts furent tels que nous reçûmes pour le projet un total de 20 millions, soit 12 millions du fédéral et 8 millions du provincial !

L'usine

L'usine qui fut construite avait une capacité de 250 millions de pieds carrés de panneaux. Sa construction commença à l'été 1987 et dura environ un an. Quand elle fut terminée, les coûts prévus à l'origine, soit 63,5 millions, furent respectés « à la "cenne" près » !

L'approvisionnement de l'usine en tremble était assuré par les sept coopératives régionales, et la technologie retenue était celle des fibres orientées, soit celle qui permettait d'obtenir la meilleure qualité possible de panneaux gaufrés.

L'usine commença ses opérations à l'automne 1988, créant ainsi là-bas un total de 250 emplois directs et indirects. Dans une région où le taux de chômage est toujours assez élevé, ces nouveaux emplois furent accueillis comme une bénédiction. C'était aussi la première fois dans notre industrie, et j'en suis très fier, qu'une compagnie privée et qu'un syndicat de travailleurs devenaient copropriétaires d'une usine.

Panofor

En 1982, le groupe français qui nous avait courtisés quelques années auparavant construisit lui aussi, en partenariat avec le Groupe Forex, une usine de panneaux gaufrés à Val-d'Or. Ils appelèrent cette usine Panofor. Quelques années plus tard, ils décidèrent de la mettre en vente. Elle avait alors une production annuelle de 300 millions de pieds carrés de panneaux et elle était en excellente condition. Inutile de dire qu'elle nous intéressait beaucoup ! C'est pourquoi, à l'automne 1987, après quelques mois de négociations, Normick Perron fit son acquisition pour un montant de 46 millions de dollars. Grâce à elle, notre compagnie fut propulsée au premier rang des producteurs de panneaux gaufrés de l'est du Canada !

Environ un an plus tard, quand l'usine de Normick-Chambord commença ses opérations, Normick Perron devint alors le quatrième plus important producteur de panneaux gaufrés en Amérique du Nord.

Éric

Un événement tragique qui bouleversa profondément la vie de chacun des membres de notre famille vint assombrir l'année 1987. Durant l'été, alors que Lise et moi étions au chalet à La Sarre, notre fils Éric, alors âgé de 24 ans seulement, s'enleva la vie dans l'appartement que nous occupions à Montréal. Ce fut un choc brutal.

Éric avait toujours été différent de nos autres enfants. Nous nous en étions d'ailleurs aperçus dès son enfance. À l'école primaire, il éprouva certaines difficultés, mais comme c'était un garçon très aimable et très gentil avec ses professeurs, ceux-ci l'aidèrent à passer au travers.

Éric était un être excessif qui aimait beaucoup relever toutes sortes de défis. Si quelqu'un avait le malheur de lui dire « Éric, t'as peur de faire ça », on pouvait être assuré qu'il le ferait, pas toujours avec succès ! C'était un « gars de *party* », un gars qui était très populaire auprès de ses camarades. Malheureusement, il avait commencé très jeune à boire et il est devenu rapidement dépendant de l'alcool. Et comme si l'alcool n'était pas suffisant, il a fallu que la drogue suive.

Comme tous les autres garçons de la famille, il est allé à l'école Sedburgh pour faire son secondaire. Par la suite, il est allé à la Trent University, à Peterborough, pour étudier en économie. Il disait avoir obtenu un diplôme de cette institution, mais il ne nous l'a jamais montré.

Après ses études, il a travaillé pendant un an à la division des ventes de Normick Perron, à La Sarre, où il s'est avéré être un excellent vendeur. Ensuite, il est allé à Buffalo travailler pour un grossiste en bois. Quelques mois plus tard, de retour à Montréal, il s'est déniché un emploi chez Brault Guy O'Brien, un courtier en valeurs mobilières. Il était d'ailleurs toujours à l'emploi de cette firme au moment de son décès.

Éric avait aussi appris jeune à piloter des avions, et je dois dire qu'il était très bon pilote. Malheureusement, l'alcool et les drogues prirent le contrôle de sa vie. Nous avons essayé de l'aider en l'envoyant suivre des thérapies, mais ça n'a pas fonctionné. Comme il demeurait avec nous à Montréal, j'avais l'occasion de le voir presque tous les jours et de constater ses états d'âme. Déjà, au printemps, il m'était apparu déprimé. Il avait le regard évasif et ne semblait pas bien dans sa peau. J'essayais de lui proposer toutes sortes de projets pour le motiver et lui redonner goût à la vie.

— Tu devrais te promener et rencontrer du nouveau monde. Va passer une fin de semaine à Québec. Viens faire un tour en Abitibi, on va aller à la pêche.

Mais ces projets ne l'intéressaient pas. On aurait dit qu'il n'y avait plus d'étincelles dans ses yeux. Mais même si son attitude me préoccupait beaucoup, j'étais évidemment loin de me douter de ce qui arriverait quelques mois plus tard.

Puis, le drame arriva. Après son décès, nous avons trouvé cinq ou six lettres, dont une adressée à sa mère. Il lui décrivait son désespoir, s'excusait pour son geste et la rassurait en lui disant que ce qui arrivait n'était pas sa faute. « *I just can't face life anymore.* » Voilà le message de désespoir qu'il nous a laissé. La vie lui apparaissait telle une montagne impossible à gravir.

À cette époque, Éric et Henri étaient très proches l'un de l'autre et ils sortaient souvent ensemble. Henri consommait lui aussi pas mal d'alcool et de drogues, et nous avions beaucoup de misère avec lui. Alors Lise et moi nous sommes dit qu'on en avait peut-être perdu un pour en sauver un autre. Nous nous sommes donc concentrés sur lui. Nous l'avons envoyé en thérapie, et après bien des efforts, il s'en est sorti. Aujourd'hui, non seulement il va très bien, mais il est marié, père de quatre enfants et propriétaire d'une petite entreprise qui connaît beaucoup de succès.

La vente de Normick Perron

Au cours de l'année 1988, un projet important me trottait dans la tête. À l'automne, à l'occasion d'un voyage de chasse avec mes fils Bertrand et Claude, je décidai de leur en faire part.

— Écoutez, commençai-je, il y a un sujet très confidentiel dont j'aimerais vous parler. J'en ai parlé à personne à date, sauf à votre mère. Il faut donc que vous me promettiez de garder ça entre nous.

— Tu sais bien que tu peux nous faire confiance, me répondirent-ils.

— Eh bien, je pense de plus en plus à vendre Normick Perron.

— Hein ! Vendre Normick Perron ! Pourquoi ?

Comme Bert et Claude occupaient tous les deux des postes importants dans la compagnie et qu'ils semblaient bien aimer leur travail, il était normal qu'ils soient surpris par cette nouvelle.

— Plusieurs raisons m'ont amené à cette conclusion, leur dis-je. D'abord, l'industrie du bois a beaucoup changé depuis quelques années. Aujourd'hui, le principe, c'est la globalisation. Il faut que tu sois intégré verticalement dans toutes les gammes de produits. C'est pourquoi les papetières achètent les scieries et les producteurs de bois de toutes sortes. Nous autres, on est obligés de faire compétition avec elles et ça devient de plus en plus difficile. Si on avait pu acheter Donohue, ça aurait été différent, mais malheureusement on a manqué notre coup.

Les jeunes m'écoutaient et ne disaient pas un mot. Ils étaient très surpris de m'entendre parler ainsi.

— Puis, il y a mon problème de reins. Je n'en ai pas parlé publiquement, mais vous autres, vous êtes au courant. Les médecins m'ont prévenu qu'avant longtemps, j'allais me retrouver en dialyse. Ce n'est qu'une question de temps, il n'y a plus d'espoir. En plus, je sens qu'une période difficile s'en vient dans l'industrie forestière. Je pense que les prix du bois vont baisser et que les profits vont disparaître. Alors, je me dis qu'on est peut-être mieux de vendre avant que ça arrive. De cette façon, on va pouvoir obtenir un meilleur prix. Qu'est-ce que vous en pensez?

— Ouais, me répondit Claude, c'est une grosse nouvelle, je ne m'attendais pas à ça. Mais compte tenu de vos raisons, je pense que vous prenez la bonne décision.

Bertrand me sembla également d'accord. Quelques semaines plus tard, de plus en plus persuadé que cette décision était la bonne, j'en parlai à Jean, qui se déclara entièrement d'accord avec celle-ci.

Le 2 janvier 1989, nous annoncions officiellement que Normick Perron était à vendre. Peu de temps après, les préparatifs de la vente commencèrent. Dans un premier temps, nous devions identifier des acheteurs potentiels. Cette tâche fut confiée à deux maisons de courtage de Montréal, une firme francophone et une autre anglophone. Ces firmes préparèrent un cahier d'entreprise dans lequel elles firent un inventaire exhaustif des actifs de la compagnie. Elles y décrivirent toutes nos usines avec beaucoup de détails, en prenant bien soin d'y ajouter de nombreuses photos. Cet exercice dura quelques mois. Il fut ensuite suivi d'une recherche de prospects.

Dès les premiers jours, plusieurs compagnies se montrèrent intéressées, ce qui eut comme conséquence de faire augmenter quelque peu le prix de notre action en Bourse. Puis, après un certain temps, l'intérêt tomba. Intrigué par ce phénomène, j'entrepris une petite enquête qui me permit rapidement de me rendre compte de ce qui se passait. Je découvris que le président de la compagnie Noranda, Ed Zimmerman, avait entrepris discrètement de passer le mot aux acheteurs éventuels que sa compagnie était intéressée à nous acheter. Puisqu'elle détenait l'option d'égaler la meilleure offre que nous recevrions, son intérêt était évidemment que cette offre soit la plus basse possible. Alors il s'arrangeait pour décourager les acheteurs éventuels. Je compris donc que je me devais de réagir.

J'étais encore à la recherche d'un moyen pour le faire lorsqu'un de nos courtiers m'informa qu'un groupe de Japonais avait manifesté un certain intérêt pour Normick Perron. Il ajouta que, même si cet intérêt était plutôt tiède, on aurait avantage à les rencontrer. Je m'empressai donc d'organiser un dîner avec eux au Club Saint-Denis, à Montréal. Je m'arrangeai pour réserver une table en plein milieu de la salle à manger pour être sûr que le plus de personnes possible nous voient. Il fallait créer de l'intérêt !

Par chance, Charles-Albert Poissant, le président du conseil d'administration de Donohue était assis à une table voisine et il semblait très intéressé par notre conversation. Dans les jours qui suivirent, la machine à rumeurs avait démarré et on sentit une certaine recrudescence d'intérêt pour notre compagnie.

Malheureusement, l'effervescence s'estompa rapidement et aucune offre ne fut déposée. Je dus donc trouver une autre façon de provoquer le destin.

Tembec

J'ai alors décidé d'aller rencontrer Frank Dottori, le président de Tembec. Tembec était une compagnie qui détenait plusieurs usines de bois de sciage au Témiscamingue et ailleurs au Québec. Elle avait beaucoup de points communs avec Normick Perron. D'ailleurs, quand nous avions lancé notre appel d'offres, elle s'était rapidement montrée intéressée, mais après un certain temps, son intérêt était tombé.

— Frank, commençai-je, as-tu de l'intérêt pour Normick Perron ?

— Oui, me répondit-il. Mais ça nous donne rien de perdre notre temps à regarder ça, puisque Noranda va égaler notre offre de toute façon.

Je n'étais pas surpris de sa réponse, mais désirant le faire parler un peu, je repris.

— Qui te dit que Noranda va nous acheter ? C'est pas sûr.

— Je suis pas mal certain qu'ils vont le faire, dit-il. Ils nous l'ont laissé savoir.

— Qui te l'a laissé savoir ? Zimmerman ?

Il ne répondit pas, mais il se mit à rire.

— Frank, repris-je, si tu es intéressé à acheter Normick Perron, on peut trouver une façon de s'arranger. Regarde notre affaire avec tes adjoints, puis fais-nous une offre. Si Noranda décide de ne pas exercer son droit de premier refus, vous allez gagner. Par contre, si elle décide d'égaler ton offre, je m'engage à te rembourser tous les frais que tu auras encourus dans tes démarches. Qu'en penses-tu ?

— Eh bien, dans ces conditions-là, me répondit-il, j'accepte.

— Alors essaie de figurer combien ça peut te coûter, puis laisse-le-moi savoir.

Quelques jours plus tard, il me téléphona pour me dire que ses frais s'établiraient à environ 650 000 $. Nous avons alors signé une entente dans laquelle il était prévu que je m'engageais personnellement avec mon frère Jean à rembourser ce montant à Tembec, si l'offre qu'elle faisait pour Normick Perron était égalée par Noranda. J'avais vérifié auprès de mes avocats, et on m'avait dit qu'il était légal de procéder ainsi.

Le 3 mai 1989, Tembec déposa son offre. Elle offrait 7,63 $ pour chacune des actions en circulation de Normick Perron. La compagnie Noranda avait 60 jours à compter de cette date pour faire valoir son droit de premier refus. Elle nous fit languir jusqu'au 27 juin avant d'annoncer qu'elle le ferait.

La transaction fut officiellement conclue au cours des premiers jours du mois de septembre suivant. Noranda me demanda ensuite de rester quelques jours afin de présenter les nouveaux patrons aux employés de nos différentes usines. C'est avec un pincement au cœur que je le fis et que je tournai cette dernière page de l'entreprise familiale. Fondée en 1939 par mon père, Henri Perron, elle venait tout juste de fêter son cinquantième anniversaire.

Chapitre 16

La Vérendrye

En 1962, trois notables de La Sarre, le dentiste Fernand Doyon, le notaire Marc Lavigne et un voyageur de commerce nommé Bernard David formèrent une compagnie dont l'objectif était d'accorder des prêts hypothécaires aux personnes désireuses de devenir propriétaires d'une maison ou d'un commerce quelconque. Afin que le nom de leur entreprise reflète bien sa mission, ils l'appelèrent Crédit La Vérendrye.

Cette corporation, qui détenait lors de sa formation un modeste capital de 50 000 $ allait devenir quelques années plus tard un des holdings les plus importants de la province de Québec, avec des actifs de 134 millions et des revenus annuels dépassant les 125 millions !

J'aimerais raconter les principales étapes qui ont marqué l'évolution de cette entreprise, et parler des divers rôles que j'y ai joués, puisque pendant plus de 28 ans je fus l'un de ses principaux actionnaires et administrateurs.

Les débuts

À l'invitation du docteur Doyon et de Marc Lavigne, deux hommes avec qui j'entretenais d'excellentes relations, je me suis joint dès le départ aux actionnaires fondateurs de Crédit La Vérendrye. Cependant, pour pouvoir faire partie de ce groupe sélect, j'ai été obligé de demander l'aide de mes frères. Nous avons en effet dû nous mettre à trois pour arriver à trouver les 5 000 $ exigés !

Fernand Doyon, qui fut nommé président de la compagnie, était un homme distingué, dynamique et fort plaisant. C'était aussi un très gros travaillant. Il avait pris l'habitude de se lever très tôt le matin et de faire le tour de la ville avant de se rendre à son bureau. Il était ainsi au courant de tous les nouveaux projets à La Sarre, une information qui s'avérait fort utile à La Vérendrye. Il était ainsi possible d'identifier ceux qui étaient susceptibles de devenir de futurs clients.

Marc Lavigne, le secrétaire de la compagnie, était aussi une personne que j'aimais beaucoup. C'était un homme plaisant, intelligent et toujours plein de bonnes idées. Quelques années plus tard, il est devenu tellement proche de nous, les frères Perron, que souvent on le surnommait D'Artagnan, en référence au quatrième mousquetaire du roman d'Alexandre Dumas !

Fernand Doyon, Marc Lavigne et Bernard David détenaient déjà une certaine expérience dans le domaine des prêts aux particuliers, puisque dès le milieu des années 1950, ils avaient fondé Continental Discount, une « compagnie de finance » qui accordait des prêts surtout pour l'achat d'automobiles.

Crédit La Vérendrye répondait pour sa part à un réel besoin des consommateurs, puisqu'en 1962, la loi canadienne des banques ne permettait pas à celles-ci d'accorder de prêts hypothécaires. Notre compagnie jouissait donc d'une grande popularité auprès des individus désirant s'acheter une maison, un immeuble ou un commerce. Quand elle accordait un prêt pour une maison, La Vérendrye prenait une première hypothèque sur celle-ci. Ensuite, elle allait voir une banque et, en donnant en collatéral les hypothèques qu'elle détenait, elle pouvait ainsi emprunter de l'argent. Ce nouvel argent lui permettait ensuite de faire de nouveaux prêts. Comme le taux de ses prêts était supérieur à celui de ses propres emprunts, elle faisait donc de bons profits.

Dans sa mission, La Vérendrye s'était aussi donné comme objectif d'investir dans des entreprises de la région. C'est pourquoi, dès ses premières années d'opération, elle fit l'acquisition de Brazeau Transport, une petite compagnie de camionnage de Rouyn-Noranda qui détenait alors une flotte de 16 camions. Cette première acquisition, réalisée pour un montant d'environ 300 000 $, fut presque entièrement financée par un emprunt bancaire. Elle servit de modèle, au cours des années suivantes, à plusieurs autres acquisitions, toutes dans le secteur du transport routier. Les premières années de l'entreprise furent donc très profitables et les choses tournèrent rondement.

En 1969, grâce à l'acquisition de quelques autres compagnies de camionnage et au bon rendement de ses prêts hypothécaires, La Vérendrye détenait des actifs de trois millions et des revenus annuels du même ordre. Au cours de ces années, je fus peu impliqué dans la gestion de l'entreprise. Je me contentais d'assister aux réunions du conseil d'administration et de contribuer, par mes modestes idées, au bon déroulement des affaires. De toute façon, comme j'étais très ami avec le président, le dentiste Doyon, et que j'avais l'occasion de rencontrer celui-ci chaque semaine lors des réunions du Club Rotary, j'étais très au courant de ce qui se passait dans la compagnie.

La Corporation de gestion La Vérendrye

Au début des années 1970, un événement qui eut des conséquences importantes pour l'entreprise se produisit. Les banques obtinrent en effet l'autorisation de faire des prêts hypothécaires, et elles refusèrent dès lors de continuer à faire affaire avec nous. Elles devinrent d'ailleurs rapidement de sérieux concurrents pour nous, au point où nos clients se firent de plus en plus rares par la suite. Par contre, nos affaires dans l'industrie du camionnage allaient de mieux en mieux. En effet, les permis que nous détenions nous permettaient de transporter des marchandises entre le Nord-Ouest québécois et les villes de Montréal et de Toronto, ce qui nous assurait une clientèle importante.

En 1970, pour mieux refléter ce qui était maintenant devenu sa mission principale, les administrateurs décidèrent de changer le nom de la compagnie. Crédit La Vérendrye devint donc la Corporation de gestion La Vérendrye, avec comme objectif principal l'acquisition d'entreprises, surtout en Abitibi et au Témiscamingue. Puis, en 1971, à la suite d'une émission publique d'actions qui connut un grand succès, la compagnie fut inscrite à la Bourse de Montréal.

« Témisko »

Étant de plus en plus engagée dans l'industrie du camionnage, La Vérendrye avait un grand besoin de remorques pour ses camions. C'est pourquoi, en 1973, elle acheta Paul Leblanc inc., un petit manufacturier du Témiscamingue spécialisé dans la fabrication de remorques connues sous le nom de « Témisko ». Cette entreprise constituait une activité complémentaire idéale pour une compagnie de transport routier.

Dès l'année suivante, une usine ultramoderne érigée à Notre-Dame-du-Nord permettait d'augmenter de 100 à 400 la production annuelle de remorques. Puis, quelques années plus tard, « Témisko » déménagea à Ville Saint-Laurent, près de Montréal, et sa production fut alors portée à 800 remorques.

J'aimerais souligner en passant que, pendant ces années, une bonne partie des remorques fabriquées par « Témisko » fut achetée par Normick Perron.

Le transport routier

L'industrie du camionnage était notre vache à lait ! Brazeau s'avérait très rentable et ses ventes augmentaient d'année en année. C'est pourquoi nous avons décidé de poursuivre notre croissance dans ce secteur.

En 1973, nous avons procédé à notre première acquisition à l'extérieur de l'Abitibi. Saint-Jérôme Express, une compagnie de transport de marchandises qui s'apprêtait à profiter de l'ouverture prochaine de l'Aéroport de Mirabel, devint notre propriété.

En 1976, l'acquisition des Industries DCB, une compagnie largement financée par la Banque Nationale et dont l'actionnaire majoritaire américain venait de faire faillite, constitua pour nous une prise de choix. Cette compagnie, qui détenait des actifs importants dans Dumont, à Québec, et dans Central Truck Line et Boyd Transport, à Sherbrooke, permit à Brazeau d'augmenter considérablement ses routes et de devenir un joueur important dans l'industrie du camionnage.

Notre division du transport routier comptait dorénavant 1 300 employés, 1 100 remorques et 600 camions tracteurs. Elle avait des terminus, des garages et des entrepôts dans 26 villes du Canada et des États-Unis, et ses revenus annuels atteignaient 30 millions.

Les années suivantes furent marquées par quelques autres acquisitions qui permirent à Brazeau de poursuivre sa croissance fulgurante.

Le transport aérien

Toujours dans les années 1970, la mode était aux conglomérats. À cette époque, lorsqu'un holding détenait une compagnie dans un secteur, la pratique courante voulait qu'elle diversifie ses activités en achetant une ou des entreprises dans un secteur connexe. Puisque La Vérendrye détenait des intérêts importants dans l'industrie du transport par camion, on nous suggéra d'investir dans une autre forme de transport. C'est ainsi que nous nous sommes retrouvés dans le secteur du transport aérien.

En 1971, le projet de développement hydroélectrique de la Baie-James allait bon train. Nous en avons profité pour acquérir une petite compagnie de transport aérien, Nord-Ouest Aviation, qui exploitait un service commercial à partir de Rouyn. Cette entreprise comptait 9 appareils, et ses revenus annuels s'établissaient à 250 000 $. À la fois pour lui permettre de bénéficier de l'image de Brazeau Transport et pour créer une certaine synergie, son nom fut changé pour celui d'Air Brazeau inc. Quelques années plus tard, l'achat de deux compagnies de Québec, Québec Aviation et Tapis Rouge Aéro Services, allait porter le nombre de nos appareils à 35.

En 1978, sous la gouverne de Léo Vanasse, qui devint le président de la nouvelle entité, toutes ces compagnies furent regroupées sous le nom de Québec Aviation Ltée. Cette nouvelle entreprise se spécialisa ensuite dans les vols nolisés, la gestion d'appareils et la formation de pilotes de ligne.

Finalement, au cours des années 1980, elle exploita en plus des lignes régulières de transport de passagers entre Québec et les villes de Gatineau, Bagotville, Chibougamau, Fredericton, Ottawa et Boston.

Le transport d'images et de sons

Après le transport par camion et le transport par avion, il fallait trouver un autre moyen de faire du transport. Lévesque Beaubien, notre courtier, nous suggéra alors le transport d'images et de sons par les ondes ! Ce courtier, qui était un des plus importants du Québec, venait en effet de recevoir le mandat de vendre une compagnie appartenant à la famille Bronfman. Cette entreprise, Multiple Access, détenait parmi ses actifs la station de télévision anglophone de Montréal CFCF (canal 12), ainsi qu'une station de radio et une compagnie d'informatique.

Après plusieurs rencontres entre les dirigeants de cette société et nos représentants, Fernand Doyon et Marc Lavigne, un accord de principe fut conclu. Les négociations, qui avaient duré plusieurs mois, avaient jusque-là été tenues dans le plus grand secret. Mais quand la nouvelle de notre accord devint publique, les employés de CFCF se sentirent menacés et ils paniquèrent ! Ils apprenaient soudainement que des francophones de l'Abitibi, qui en plus ne connaissaient rien à la télévision, étaient en train d'acheter leur station. Quel sacrilège ! À leurs yeux, cette transaction n'avait tout simplement pas de bon sens et il leur fallait faire quelque chose pour l'arrêter. Ils entrèrent donc en contact avec les Bronfman et les convainquirent de leur accorder 30 jours pour dénicher un autre acheteur avec lequel ils se sentiraient plus à l'aise. La conclusion de notre transaction fut par le fait même retardée.

Au cours des jours suivants, ils se rendirent à Québec pour rencontrer Jean Pouliot, le président de Télé-Capitale. Pouliot, un des quatre actionnaires de Télé-Capitale, n'étant pas en bons termes avec ses associés, était justement à la recherche d'une nouvelle occasion d'affaires dans le domaine de la télévision. Pour lui, la possibilité d'acquérir CFCF ne pouvait mieux tomber. Les deux parties en arrivèrent donc rapidement à une entente et, ensemble, ils achetèrent Multiple Access. La Vérendrye fut ainsi écartée. Mais attendez, l'histoire ne finit pas là !

Après le départ de Jean Pouliot, les trois autres actionnaires de Télé-Capitale décidèrent de vendre leur compagnie. Alors le courtier revint nous voir.

— Vous autres, nous dit-il, on ne vous avait pas amenés à la bonne place. C'est pas à Montréal que vous devez être, mais à Québec! Un poste anglophone, c'était peut-être pas une bonne idée. Mais là, on a un maudit bon *deal* pour vous autres!

C'est ainsi que La Vérendrye fit l'acquisition de Télé-Capitale Ltée en septembre 1979, pour un montant de 24 millions de dollars!

Télé-Capitale

Télé-Capitale était à ce moment-là le deuxième groupe au Québec, dans le secteur de la télévision, avec des actifs de 40 millions et des revenus annuels de 30 millions. Mais c'était avant tout une compagnie qui générait des profits de 5 à 6 millions par année! Elle possédait deux stations de télévision à Québec, CFCM (le canal 4) et CKMI, une petite station anglophone. Elle exploitait également une station de télévision à Rimouski (CFER), une autre à Sept-Îles, deux stations de radio à Québec, CHRC et CHOI, de même que CKLM, une station de radio de la région de Montréal. Elle était aussi associée au réseau TVA, dont elle détenait 24 % des parts. Enfin, elle détenait Unicom, une compagnie représentant un grand nombre de stations de radio et de télévision du Québec auprès des agences nationales de publicité.

Télé-Capitale possédait aussi des intérêts dans Télé-Inter-Rives Ltée, propriétaire des stations CIMT-TV et CKRT-TV de Rivière-du-Loup. Ses ondes couvraient la vallée du Saint-Laurent, de Portneuf et Lotbinière jusqu'à la région du golfe, soit une distance est-ouest de quelque 500 milles. Elle rejoignait un bassin de population de 1 200 000 personnes et occupait la première place dans ce marché. Par ailleurs, plus de 450 personnes étaient à son emploi.

Les années noires

De 1962 à 1979, La Vérendrye avait réalisé des profits chaque année. Mais sa croissance fulgurante s'était faite au prix d'un endettement élevé. Tant que les taux d'intérêt s'étaient maintenus à un niveau raisonnable, la compagnie avait réalisé des profits et les choses allaient bien. Mais à compter de 1980, la situation changea de façon drastique. Les taux se mirent à augmenter de façon exponentielle pour atteindre, en 1982, le niveau incroyable de 22¾ %! Cette situation provoqua un ralentissement économique important et eût des effets désastreux sur les résultats de la compagnie. À compter de 1980, les profits se transformèrent en pertes. Même si les revenus continuèrent à augmenter chaque année pour atteindre 134 millions en 1983, en bout de ligne, nous dûmes composer avec des pertes annuelles de 1 à 2 millions.

On avait monté l'échelle très vite et, à un moment donné, je crois qu'on a manqué des barreaux! La recherche de liquidités commença donc. Nous avons d'abord convaincu la Banque Mercantile du Canada et la Banque Nationale d'acheter chacune pour 2,5 millions d'actions privilégiées de La Vérendrye. Ces deux transactions furent possibles grâce aux contacts que j'avais dans ces banques. J'étais en effet membre du conseil d'administration de la Banque Mercantile et, grâce à Normick Perron, un des gros clients de la Banque Nationale.

Durant cette période difficile, plusieurs des actionnaires fondateurs de La Vérendrye, dont Bernard David, Léo Vanasse et quelques autres, décidèrent de se retirer et de vendre leurs actions. Mes frères et moi, qui détenions un peu de liquidités à la suite de la vente d'une partie de nos intérêts dans Normick Perron en 1982, avons acheté leurs parts.

Nous trouvions que c'était une bonne façon de diversifier nos actifs et, étant plutôt optimistes de nature, nous étions persuadés que tôt ou tard les choses se replaceraient et que La Vérendrye renouerait avec les profits.

Un coup de fil important

Un an ou deux plus tard, je reçus un appel téléphonique de Gilles Mercure, qui était à ce moment-là président de la Banque Nationale. Cet appel allait avoir des conséquences très importantes à la fois sur l'avenir de La Vérendrye et sur mon avenir personnel.

— Bonjour Michel, comment ça va? commença-t-il. Je t'appelle au sujet de La Vérendrye. Il y a quelques années, tu t'étais fait un ardent défenseur de cette compagnie et tu nous avais demandé d'y investir 2,5 millions. On s'était embarqués là-dedans à cause de toi. Maintenant, comme tu sais, cette compagnie enregistre des pertes année après année, et ses liquidités se font rares. Il faudrait que du nouveau capital soit injecté dans cette entreprise et j'apprécierais que tu t'en occupes. On a fait confiance à La Vérendrye parce que t'étais là, alors maintenant, il faudrait pas que tu laisses tomber ni La Vérendrye ni la banque.

Je compris le message! Comme La Vérendrye procédait alors à une émission d'actions et qu'elle ne trouvait pas preneurs, mes frères et moi avons décidé d'acheter la totalité de l'émission. Nous sommes donc devenus les actionnaires majoritaires de la compagnie.

Cette nouvelle injection de fonds donna un souffle nouveau à l'entreprise et lui permit de poursuivre ses opérations, du moins pour un certain temps. À la suite de cette transaction, je fus nommé président du conseil d'administration.

Président de Télé-Capitale

À peu près à la même époque, le Conseil de la radiodiffusion et des télécommunications du Canada (le CRTC), exigea que la licence permettant d'exploiter une station de télévision ou de radio au Canada soit émise au nom de l'actionnaire majoritaire de la compagnie détenant la station. Comme j'étais devenu entre-temps l'actionnaire majoritaire de La Vérendrye, la licence fut émise à mon nom. C'est ainsi que je devins président du conseil d'administration de Télé-Capitale et que je me retrouvai impliqué directement dans les opérations de cette entreprise. Je dus alors me rendre à Québec régulièrement et passer environ une journée par semaine avec ses principaux dirigeants.

Au cours des années qui suivirent, je fus appelé à prendre plusieurs décisions importantes. D'abord, dès les premiers mois, je vendis CKLM, la station de radio de Laval. Cette station était située à l'extérieur de notre territoire principal d'opération et elle contribuait très peu aux profits de l'entreprise. Ensuite, plusieurs autres décisions majeures dont je reparlerai plus loin suivirent.

J'aimerais cependant souligner qu'à peu près au moment où j'ai commencé mes voyages hebdomadaires dans la vieille capitale, je me suis porté acquéreur d'un chalet au Mont-Sainte-Anne. L'hiver, je m'arrangeais évidemment pour tenir mes *meetings* le vendredi, de sorte que Lise et moi puissions profiter de la fin de semaine pour faire du ski. Nous reprenions généralement l'avion le dimanche soir pour retourner à La Sarre. Nous vivions donc dans trois maisons : une à La Sarre, une à Montréal et une à Québec !

Le décès de Marc Lavigne

Le 27 avril 1984 fut une bien mauvaise journée dans ma vie. Il se produisit un événement tragique qui, encore une fois, allait avoir des conséquences majeures pour La Vérendrye et pour moi. Peu de temps avant l'assemblée annuelle de la compagnie, qui devait avoir lieu à 15 heures dans une salle de l'hôtel Méridien du Complexe Desjardins, Marc Lavigne qui, quelques années auparavant était devenu président de La Vérendrye, Fernand Doyon, mon frère Jean, quelques autres administrateurs et moi-même nous sommes rendus dans la salle afin de faire une petite répétition. Après avoir pris nos places respectives à la table située à l'avant, Marcel Gagnon, le secrétaire de la compagnie, commença la lecture du procès-verbal de la réunion précédente. Tout à coup, je me sentis touché à l'épaule. Je m'aperçus que la tête de Marc, qui était assis à côté de moi, venait de tomber sur mon épaule. Cette situation ne m'inquiéta pas outre mesure, puisqu'il lui arrivait souvent de s'assoupir après les repas. Je lui repoussai donc doucement la tête en me disant qu'il allait se réveiller. Mais elle retomba immédiatement sur mon épaule. Alors, comprenant que quelque chose n'allait pas, je donnai immédiatement l'alerte.

— Marcel, criai-je, arrête de lire ! Je pense que Marc a un problème !

Tous les regards se tournèrent vers Marc, qui gisait, la tête pendante. Nous l'avons alors soulevé, étendu par terre et avons défait sa cravate. Il ne bougeait toujours pas. Fernand Doyon, qui était dentiste et qui avait donc une formation en médecine, lui fit le bouche-à-bouche.

Pendant ce temps, quelqu'un appela des secours, si bien qu'à peine trois ou quatre minutes plus tard, les ambulanciers étaient sur place et prenaient la situation en main. Mais ni leurs efforts, ni les chocs électriques, ni les injections ne purent le ranimer. Mon ami Marc était mort, victime d'un infarctus. Il avait à peine 60 ans.

Par la suite, ses proches nous apprirent qu'il souffrait d'arythmie cardiaque et qu'il devait prendre des médicaments pour corriger la situation. Mais il semble qu'il oubliait assez souvent de le faire.

Marc Lavigne était une personne avec qui j'aimais beaucoup me retrouver. Il était intelligent et gentil, et il était toujours agréable d'échanger avec lui et de passer du temps en sa compagnie. Au fil des ans, il était devenu un de mes plus proches collaborateurs aussi bien à Normick Perron, où il occupait un poste de conseiller, qu'à La Vérendrye, où il était le chef de la direction. Son départ a laissé un vide dans ma vie.

La liquidation des actifs

Après le décès de Marc, je suis devenu président et chef de la direction de La Vérendrye. Puisque j'étais l'actionnaire principal de l'entreprise et qu'avec mes frères, j'avais le contrôle des votes, j'étais aussi bien de prendre soin moi-même de mes affaires ! De nouveau, l'entreprise n'allait pas bien et il fallait trouver des liquidités. Alors la vente des actifs commença.

Déjà, au cours de l'année précédente, « Temisko », la division de fabrication de roulottes, avait été vendue à ses deux principaux dirigeants pour un montant de 2,1 millions. Cette première liquidation allait être suivie de plusieurs autres au cours des années suivantes.

D'abord, en juin 1984, les stations de radio CHRC et CHOI-FM de Québec furent vendues à un groupe dont faisait partie André Arthur. Ensuite, au mois d'août de la même année, les autres actifs de Télé-Capitale étaient cédés à Paul Viens, un homme d'affaires déjà propriétaire de stations de télévision à Trois-Rivières et à Sherbrooke. Sa compagnie, le groupe Pathonic, fut d'ailleurs une des premières à profiter du nouveau plan québécois du régime d'épargne-actions (le REA) qui connut un grand succès au cours des années suivantes.

La transaction avec Paul Viens permit à La Vérendrye de se libérer de toutes les dettes de Télé-Capitale, de réduire considérablement sa propre dette et de recevoir en plus 4 millions en actions privilégiées de Pathonic.

Finalement, en septembre 1985, Transport Brazeau vendit sa filiale spécialisée dans le transport par citernes. Québec

Aviation, notre division de transport aérien, fut pour sa part vendue à une filiale de Québecair.

Toutes ces ventes d'actifs permirent à La Vérendrye d'améliorer sa situation financière et de se concentrer sur la division du transport routier, qui constituait plus de 80 % de ses revenus.

Le Groupe Transport Brazeau

À l'automne 1985, une acquisition majeure fut réalisée dans le secteur du transport routier. Le Groupe Speribel et ses filiales Speedway Express, Rimouski Transport et Bellechasse Transport devinrent notre propriété. Ces compagnies permettaient à notre groupe de s'assurer une présence dans toutes les provinces du Canada ainsi que dans 48 États américains. Leur acquisition permit de porter notre flotte à 247 camions porteurs, 494 tracteurs et 2 014 remorques. Cependant, malgré cet ajout, nos résultats demeurèrent décevants. Je dus donc procéder à certains changements administratifs importants. Je nommai alors mon fils Bertrand président de la division.

Bert avait terminé son MBA à l'Université Western deux ans auparavant et s'était alors joint à La Vérendrye. Il avait d'abord été l'adjoint de Marc Lavigne avant de devenir le mien, à la suite du décès de ce dernier. Selon moi, il était maintenant prêt à assumer un tel défi. Malheureusement pour lui et pour moi, l'industrie du camionnage vivait au cours de cette période un processus de déréglementation qui obligeait les grandes entreprises comme la nôtre à baisser continuellement leurs prix pour pouvoir faire face à la concurrence des petits transporteurs. À la longue, cette situation nous fit perdre beaucoup d'argent. C'est pourquoi, en juillet 1987, je pris la décision de vendre Transport Brazeau à Cabano Expéditex. En retour, nous reçûmes un peu de comptant, de même que des débentures et des actions de cette compagnie pour une valeur totale de 12,4 millions.

J'aimerais souligné que cette entreprise est devenue TransForce, quelques années plus tard, une compagnie qui est aujourd'hui un des chefs de file dans l'industrie du transport routier au Canada !

L'achat des actions de Normick Perron

Au cours de l'année 1987, mes frères, qui détenaient plusieurs actions dans La Vérendrye, se montrèrent de moins en moins satisfaits des performances de la compagnie et m'exprimèrent le désir de s'en départir. J'acceptai donc d'acheter leurs parts, car un plan commençait à se dessiner dans ma tête. J'avais en effet remarqué que La Vérendrye, après ses résultats décevants des années précédentes, accumulait des pertes fiscales importantes qui, un jour, pourraient servir. C'est ce qui m'amena à conclure, vers la fin de l'année, une transaction majeure. Je vendis alors à La Vérendrye la totalité des actions que je possédais dans Normick Perron, soit environ 5,3 millions d'actions, permettant ainsi à celle-ci de devenir le principal actionnaire de Normick Perron. En retour, je reçus 14,5 millions de dollars comptant et 12 millions d'actions ordinaires de La Vérendrye.

La privatisation

L'année 1988 fut une année de réflexion quant à l'orientation future à donner à La Vérendrye. Après 25 ans d'existence, l'entreprise avait effectué un retour aux sources et était redevenue ce qu'elle était à son origine, soit une société de portefeuille. Elle détenait à ce moment-là, en plus de son placement dans Normick Perron, des débentures et des actions de Cabano Expéditex, de même que des actions privilégiées du Réseau Pathonic. Par l'entremise d'un holding personnel, je détenais 82 % de ses actions et 95 % des droits de vote.

En 1989, après la vente de Normick Perron, La Vérendrye, qui en détenait le bloc d'actions le plus important, encaissa 45,7 millions, dont 22 millions servirent au remboursement de la totalité de sa dette à long terme. Puis, en 1990, je décidai de la privatiser en rachetant toutes les actions appartenant aux autres actionnaires. Je devins ainsi l'unique propriétaire de l'entreprise. Finalement, en 1991, à la suite d'une fusion avec une de mes compagnies personnelles de gestion, Somiper inc., le nom de La Vérendrye disparut.

En conclusion

Quand je repense aux nombreuses années durant lesquelles j'ai été associé à La Vérendrye, j'y fais les constatations suivantes. D'abord, mon incursion dans ce holding m'aura permis d'acquérir des connaissances dans le domaine de la finance, connaissances qui m'ont ensuite servi toute ma vie. Ensuite, elle m'aura permis de vivre une très belle expérience des affaires en compagnie de personnes que j'aimais beaucoup, en particulier Fernand Doyon et Marc Lavigne. Puis, les acquisitions de La Vérendrye dans les secteurs du transport routier, de l'aviation et de la radio-télévision me permirent de faire la découverte de domaines très différents de la foresterie.

Par contre, une grande leçon peut être tirée de cette aventure. En effet, même si, parfois, il peut être très agréable d'acheter des compagnies avec l'argent des autres, il faut cependant toujours être sur ses gardes. Un jour ou l'autre, les dettes finissent toujours par nous rattraper ! Peut-être aurait-il été préférable que nous, les actionnaires originaux, fassions une place plus grande à d'autres actionnaires en acceptant de réduire un peu notre pourcentage de propriété. Ainsi, nous aurions pu acquérir des fonds en nous endettant moins, devenant ainsi moins vulnérables aux soubresauts de l'économie. Mais comme nous voulions garder le contrôle de la compagnie, nous ne l'avons pas fait. Ça ne s'est pas avéré une bonne idée et, en bout de ligne, nous en avons payé le prix.

Chapitre 17

Somiper inc.

Au cours des mois qui suivirent la vente de Normick Perron, en septembre 1989, je suis demeuré à La Sarre. Une clause de l'entente avec MacLaren prévoyait en effet que je pouvais continuer à occuper la maison que j'avais construite quelques années auparavant sur les terrains de la compagnie. Mes déplacements se limitaient principalement, pendant cette période-là, à aller faire des commissions au centre-ville de La Sarre, à me rendre à mon chalet du lac Perron, situé à au plus 10 milles de ma maison, ou encore à aller faire un tour, de temps en temps, à mon chalet de pêche du lac Legardeur. Le reste du temps, je restais assis dans mon salon à regarder les usines qui, pendant des dizaines d'années, avaient été au centre de mon existence. Après quelques mois de ce régime plutôt déprimant, je me suis dit que ce n'était pas ce que je voulais faire du reste de ma vie. Il fallait que je tourne la page pour de bon et que je passe à autre chose.

J'ai donc décidé, tout en conservant ma maison à La Sarre, de déménager à Montréal et de m'occuper à plein temps des affaires de La Vérendrye. Mon fils Claude, qui depuis quelques années occupait un poste de direction chez Normick Perron, décida de me suivre et devint mon bras droit.

Dans l'année qui suivit, tel que je l'ai relaté au chapitre précédent, j'ai procédé à la privatisation de La Vérendrye et à la fusion de tous ses actifs avec ceux de Somiper inc., une compagnie de gestion personnelle que j'avais fondée quelques années auparavant. Somiper, pour Société Michel Perron, devint donc le maître d'œuvre de tous les placements que je réalisai au cours des années suivantes.

Mallette Lumber

Ayant passé toute ma vie dans l'industrie forestière, il était normal que je regarde d'abord de ce côté pour investir mon capital. J'ai donc porté mon attention sur une entreprise de Timmins, qui ressemblait beaucoup, mais en plus petit, à Normick Perron. Cette entreprise, Mallette Lumber, était une compagnie publique dont une grande partie des actions était détenue par les sept frères Mallette. Commençant à prendre de l'âge, ceux-ci se retiraient peu à peu de la direction de l'entreprise et passaient les rênes à une nouvelle génération d'administrateurs. D'ailleurs, Fred Burrows, mon vieux complice chez Normick Perron, avait été nommé président de la compagnie peu de temps auparavant. Pour Fred, c'était en quelque sorte un retour aux sources, puisqu'il était originaire de l'Ontario. Sa présence à la tête de l'entreprise me rassurait et constituait pour moi, une raison additionnelle d'y investir.

Mallette possédait, en plus de ses nombreuses usines de bois de sciage, deux usines de panneaux gaufrés ainsi qu'une usine de pâte située à Smooth Rock Falls. J'ai commencé à acheter les actions de cette compagnie, d'abord en petites quantités, puis graduellement, j'en ai acheté de plus en plus, si bien que un an et demi après, j'étais devenu l'actionnaire principal de l'entreprise. Je détenais alors autant d'actions que tous les frères Mallette réunis !

Évidemment, à cause de ce nombre important d'actions, Claude et moi faisions partie du conseil d'administration de la compagnie et avions voix au chapitre. Pour moi, il était important que Claude prenne de l'expérience dans la haute gestion d'une entreprise et qu'il puisse participer à la prise de décisions stratégiques.

J'aimerais mentionner en passant que Claude est probablement celui de mes fils qui me ressemble le plus. Tout comme moi, il aime le bois, la nature et les grands espaces. C'est aussi un pêcheur, un chasseur et un pilote, aussi bien d'avions que d'hélicoptères. Nous avons donc beaucoup d'atomes crochus !

Mais revenons à Mallette. Les affaires de cette compagnie tournaient rondement et ses profits étaient excellents. De plus, compte tenu de la conjoncture de l'industrie, j'étais persuadé que tôt ou tard une grande entreprise de pâtes et papiers se pointerait et ferait son acquisition. Je comptais bien en profiter pour réaliser un bon profit. Mais les choses se passèrent différemment. En effet, mon incursion dans cette entreprise prit fin en 1994, quand je créai Uniforêt. Non seulement je ne pouvais me retrouver avec deux compagnies concurrentes en même temps, mais j'avais également besoin d'une partie importante de mon capital pour financer cette dernière. J'ai donc vendu ma participation dans Mallette, en réalisant tout de même un excellent profit.

La Banque Nationale

Permettez-moi de revenir quelques années en arrière, plus précisément en 1986. Cette année-là, la Banque Nationale fit l'acquisition de la Banque Mercantile. Comme je faisais partie du conseil d'administration de cette dernière depuis déjà plusieurs années et qu'en plus, j'avais toujours entretenu d'excellentes relations avec les dirigeants de la Banque Nationale, ceux-ci m'invitèrent à siéger à leur conseil d'administration. C'est à ce moment-là que j'ai commencé, peu à peu, à acheter des actions de la Banque Nationale. Au cours des années suivantes, j'ai continué à en acquérir régulièrement, si bien qu'au début des années 1990, je détenais, avec mes 350 000 actions, une position très importante dans cette institution. Par la suite, afin de pouvoir effectuer des placements dans d'autres compagnies, j'en ai vendu une grande partie.

Si j'avais connu l'avenir, je n'aurais certainement pas agi ainsi. En effet, une dizaine d'années plus tard, l'action de la Banque Nationale valait environ quatre fois plus ! On ne peut gagner à tout coup !

Biochem Pharma

Le dernier placement boursier dont j'aimerais faire mention est celui que j'ai fait dans Biochem Pharma. Cette compagnie pharmaceutique, qui réalisa une grande partie de son financement initial grâce au Régime d'épargne-actions du Québec, connut par la suite un succès phénoménal. Elle développa le 3TC, un médicament qui encore aujourd'hui est utilisé dans le traitement de l'hépatite C et du VIH-sida. Grâce à lui, la compagnie devint un *leader* dans son industrie, et sa valeur boursière augmenta énormément.

Mais à mon avis, une grande partie des succès de cette entreprise revient à Francesco Bellini, son président fondateur. Il en a été non seulement l'âme, mais aussi le cerveau ! Bellini est un des hommes les plus brillants que j'ai eu l'occasion de rencontrer dans ma vie. J'ai eu la chance de le connaître grâce à mon beau-frère, le docteur Roger Perreault, qui travaillait avec lui.

Je l'ai d'abord invité à la pêche au lac Legardeur et, très rapidement, nous sommes devenus amis. Peu de temps après, il m'invita à faire partie du conseil d'administration de sa compagnie. J'ai alors commencé à acheter des actions de celle-ci, ce qui s'avéra au fil des ans une excellente idée.

J'ai beaucoup apprécié mon passage dans cette entreprise, car en plus de me permettre de côtoyer le docteur Bellini, elle m'a fait découvrir un secteur que je ne connaissais pas du tout. Quand, en 1992, ma maladie de reins me força à me retrouver en dialyse plusieurs jours par semaine, je dus rater la plupart des réunions de son conseil d'administration. Mal à l'aise, j'ai alors offert au docteur Bellini de démissionner, ce qu'il refusa sur-le-champ. Cette démonstration de confiance à mon endroit, surtout dans l'état où je me trouvais à l'époque, me fit le plus grand bien.

Des investissements dans l'immobilier

En 1992, mon ami Serge Savard, qui était alors un des partenaires de la firme Thibault, Messier, Savard, m'invita à investir dans l'immobilier. Je ne connaissais pas grand-chose à ce domaine, mais comme j'avais confiance en Serge et qu'en plus, je pouvais compter sur les connaissances et l'expérience de Jean-Luc

Lussier, un ami qui devint aussi par la suite un excellent conseiller, je suis allé de l'avant.

J'avais connu Serge plusieurs années auparavant grâce à Jean-Luc, et j'avais eu l'occasion de constater à maintes reprises sa grande intelligence et son excellent sens des affaires. D'ailleurs, comme il faisait partie du conseil d'administration de La Vérendrye, j'avais l'occasion de le rencontrer assez souvent. Serge et moi avions aussi plusieurs choses en commun, dont celle d'être tous les deux originaires de l'Abitibi. Serge est en effet né à Landrienne, un village situé tout près d'Amos.

Ensemble, nous avons d'abord acquis à Ville Saint-Laurent un projet constitué de deux tours de condominiums dont la construction avait été abandonnée en cours de route par son entrepreneur. Nous l'avons acheté à bas prix, avons terminé les travaux et avons vendu les condos quelque temps plus tard. L'opération s'avéra très profitable.

Cette première transaction m'ayant permis de réaliser un excellent rendement sur mon argent, je décidai de poursuivre mon association avec Serge et ses associés.

Une autre belle occasion se présenta en mai 1994. Un entrepreneur très connu impliqué dans plusieurs projets de construction de la région de Montréal fit subitement faillite. Nous nous sommes donc empressés de nous porter acquéreurs de l'un de ses projets les plus importants, le Square de Lanoue, à l'Île-des-Sœurs.

Après en avoir complété la construction, nous avons mis les unités en vente. Elles s'envolèrent comme de petits pains chauds et encore une fois, l'opération fut très payante. C'est pourquoi, quand au début de l'année 1995 Serge m'annonça qu'il cherchait des investisseurs québécois pour acheter un des hôtels les plus prestigieux de Montréal, le Château Champlain, je me montrai immédiatement intéressé.

Thibault Messier Savard était alors en contact avec une compagnie américaine prête à investir cinq millions dans ce projet. Cette compagnie opérait des bannières hôtelières, dont celle de la chaîne Marriott, et elle désirait faire du Château Champlain un hôtel arborant cette bannière.

Comme leur investissement représentait la moitié seulement du capital nécessaire, Serge et ses associés étaient à la recherche de personnes prêtes à investir les cinq millions manquants. Après lui avoir indiqué que je serais prêt à mettre la moitié de ce montant, Serge forma une société en commandites et se mit à la recherche des autres deux millions et demi. Très rapidement, plusieurs investisseurs, dont la Congrégation des Pères franciscains, Paul Viens, Gérard Lebeau et quelques autres, se montrèrent intéressés. Alors tous ensemble, nous avons acheté le Château Champlain. Quelques années plus tard, le groupe se porta acquéreur d'un deuxième hôtel, situé sur la rue Sherbrooke, dans l'ouest de Montréal.

En mai 1999, quand j'ai vendu mes intérêts dans ces deux hôtels, j'ai plus que doublé ma mise !

Somiper Aviation

Même si les placements boursiers et immobiliers de Somiper s'avéraient être très profitables, ils avaient un inconvénient important : ils ne tenaient pas Claude très occupé. À peine âgé d'une trentaine d'années, Claude avait en effet besoin d'être plus actif. J'ai donc pensé que si nous faisions l'acquisition d'une compagnie que nous pourrions opérer nous-mêmes, il en deviendrait l'âme dirigeante et, par le fait même, ce problème se réglerait automatiquement. Nous nous sommes donc mis à la recherche d'une occasion.

Quelques mois plus tard, au printemps 1992, nous achetions les actifs d'Air Dorval, une compagnie d'aviation en difficultés financières. Nous nous sommes donc subitement retrouvés avec six avions, un hangar et des bureaux, le tout situé près de l'aérogare de Dorval. Ces actifs furent ensuite regroupés dans une nouvelle compagnie, Somiper Aviation inc., qui devint une filiale à part entière de Somiper inc. Au cours des mois qui suivirent, deux autres avions furent achetés, dont un jet Cessna Citation, ce qui porta notre flotte à huit appareils.

Puis, après avoir rénové de fond en comble les bureaux et les hangars, Claude se mit à la recherche de clients. Quelques mois plus tard, il pouvait se vanter de compter parmi la clientèle de Somiper Aviation, des compagnies aussi prestigieuses qu'Hydro-Québec, la Banque Nationale, Tembec et Quebecor.

La plupart de nos clients utilisaient nos appareils pour voyager principalement au Québec et en Ontario, mais il arrivait aussi de temps en temps qu'ils se rendent aux États-Unis. En plus de faire des vols nolisés, la compagnie s'occupait également de l'entretien et de l'entreposage d'avions appartenant à d'autres propriétaires. Parmi ceux-ci figuraient le jet et l'hélicoptère privés de Pierre Péladeau. D'ailleurs, le Citation que nous possédions dans notre flotte avait été utilisé tellement souvent par Pierre Péladeau, au cours des années précédentes qu'Air Dorval lui avait donné les lettres d'appel CF-PEL !

Par ailleurs, j'aimerais signaler que nos appareils ne servirent pas seulement à transporter des gens d'affaires. Il leur est aussi arrivé, de temps à autre, de servir à une bonne cause. En effet, chaque année, au cours du mois d'août, se tenait dans une des quatre villes principales de l'Abitibi, un tournoi de golf au profit de la Fondation Jean Lapointe, un organisme venant en aide à des personnes aux prises avec un problème d'alcool ou de drogues. Ce tournoi, qui réunissait des hommes et des femmes d'affaires de l'Abitibi, permettait d'amasser des fonds importants que la Fondation redistribuait ensuite en grande partie dans la région. Les dirigeants de la Fondation avaient cru bon de nommer ce tournoi l'Omnium Michel Perron. J'en étais évidemment très fier !

Pour ajouter un peu de piquant à cet événement, j'ai pensé qu'il serait intéressant d'y inviter chaque année des personnalités connues. C'est ainsi qu'en 1992, Serge Savard et Bobby Orr, l'ancienne vedette des Bruins de Boston, acceptèrent de se joindre à nous. Je connaissais Bobby depuis quelques années. J'avais eu l'occasion de le rencontrer lors d'une expédition de pêche, et depuis, nous étions devenus amis.

Comme nous tenions aussi à ce que les principaux dirigeants de la Fondation participent également à ce tournoi, nous nolisions pour l'occasion un King Air, un avion pouvant transporter une douzaine de passagers. Tout ce monde partait donc le matin de Dorval, allait jouer au golf à Val-d'Or, à La Sarre, à Rouyn ou à Amos selon l'année, et revenait à Montréal le soir même! Évidemment, tous les coûts de ces envolées étaient absorbés par Somiper Aviation.

En 1993, le Canadien de Montréal ayant remporté la coupe Stanley, j'ai pensé que les gens d'Amos, où avait lieu le tournoi cette année-là, seraient heureux de pouvoir contempler ce trophée prestigieux. Alors on l'a tout simplement embarqué dans l'avion et emporté là-bas! Et pour rendre la chose encore plus agréable, nous avons aussi emmené avec nous le directeur général et le coach de l'équipe, c'est-à-dire Serge Savard et Jacques Demers. Nous avons fait tout un *hit*!

Bobby Orr était encore une fois du voyage, de même que plusieurs membres du conseil d'administration de la Fondation Jean Lapointe. D'ailleurs, cette année-là, les passagers étaient si nombreux que nous avons dû noliser pas un, mais deux avions! Parmi les passagers, il y avait André Lesage, le p.-d.g. de Samson Bélair, dont le père, Émile Lesage, avait été pendant plusieurs années député d'Abitibi-Ouest. Il y avait aussi Pierre Marcotte, l'animateur de télévision bien connu; Robert Lavigne, le directeur général de la Sûreté du Québec; Jacques Duchesneau, qui allait devenir quelques années plus tard le directeur général du Service de police de Montréal; Gérard Lebeau, le fondateur de G. Lebeau Ltée, et Jean Brault, dont le nom allait devenir célèbre quelques années plus tard, lors du scandale des commandites. Permettez-moi d'ailleurs d'ouvrir une parenthèse au sujet de Jean Brault, pour mentionner qu'au cours des années 1990, il s'est beaucoup dévoué à la cause de la Fondation Jean Lapointe. En plus d'être membre de son conseil d'administration, il présidait un événement annuel qui avait lieu au Palais des Congrès et qui permettait de recueillir chaque fois, grâce à ses efforts, plus de 100 000 $! Cet argent a certainement permis d'aider pas mal de monde!

Ces périples annuels en Abitibi durèrent tant et aussi longtemps que je fus propriétaire de Somiper Aviation. Ils cessèrent en 1996, quand la compagnie fut vendue à Propair.

Au cours des quatre années où nous avons détenu cette entreprise, nous n'avons pas fait d'argent avec elle. Je ne fus d'ailleurs pas surpris outre mesure de ce constat, car je savais déjà qu'une compagnie d'aviation est rarement rentable. On acquiert généralement ce genre d'entreprise parce qu'on aime le domaine et qu'on veut s'amuser. Mais en 1996, on avait perdu assez d'argent et on s'était assez amusés! De plus, Claude avait eu l'occasion de prendre de l'expérience et de se faire plusieurs contacts. Il était prêt à passer à autre chose, et moi aussi!

Chapitre 18

L'après-opération

Le 7 avril 1993

J'ouvris les yeux et, peu à peu, je repris mes esprits. On venait de m'opérer et je me trouvais dans la salle de réveil. Du coin de l'œil, j'aperçus Henri, qui semblait éveillé.

— Henri.

— Oui, papa.

— Ah, que je suis content de voir que tu es encore en vie ! Comment ç'a été ?

— Très bien, pis vous ?

— Très bien, moi aussi. C'est magnifique, on est en vie tous les deux !

— Papa, le rein que je vous ai donné, il fonctionne.

— Hein ! Comment tu fais pour savoir ça ?

— Regardez à côté de votre lit. Il y a un sac en plastique. Je vois des gouttes d'urine jaune qui tombent dedans. Ça veut dire que mon rein fonctionne.

— Quelle bonne nouvelle !

Une infirmière qui s'était aperçue que nous étions réveillés est venue nous voir.

— Quelle heure est-il ? lui ai-je demandé.

— Trois heures et quart, répondit-elle.

— Est-ce que « notre » opération a été longue ?

— On m'a dit que ça avait duré un peu plus de quatre heures, répondit-elle, et que tout s'était très bien passé.

À ma demande, elle souleva ensuite le petit sac de plastique placé à côté de mon lit et me le montra. Effectivement, des gouttes d'une belle urine jaune mêlée d'un peu de sang, ce qui était normal dans les circonstances, y tombaient. Jamais je n'aurais pensé être aussi heureux de voir de l'urine !

— Reposez-vous maintenant, nous ordonna l'infirmière.

Puis, quelques minutes plus tard, on nous transporta dans notre chambre. Notre longue convalescence commença alors. Henri, bien qu'il ait subi une opération beaucoup plus sévère que la mienne, sortit de l'hôpital le premier. Au bout de quatre jours, il n'en pouvait plus. Il tenait absolument à rentrer chez lui. Les médecins lui rappelèrent cependant qu'il devait attendre au moins trois mois avant de reprendre son travail.

De mon côté, on m'avait prévenu avant l'opération que, dans le meilleur des scénarios, j'en aurais pour au moins trois semaines à l'hôpital. Mais deux jours après Henri, je sortais ! Comme je me sentais bien et qu'il n'y avait aucune complication, le médecin décida de me donner mon congé. Mon visage, qui pendant la période où j'étais en dialyse était devenu gris-vert, avait retrouvé sa belle couleur rougeaude. Jamais ça ne s'était vu au Royal Victoria, quelqu'un qui sortait de l'hôpital moins d'une semaine après avoir subi une greffe ! Moi, un homme de 61 ans, j'établissais une première ! Je dois remercier la Providence d'avoir toujours eu, à part ma maladie de reins, une très bonne santé. Cependant, il était entendu qu'au cours de la semaine suivante, je devais retourner à l'hôpital tous les jours. On m'avait également prévenu d'y aller mollo dans tout ce que j'entreprenais. On m'avait entre autres recommandé de ne pas lever de poids supérieurs à cinq livres et de limiter mon activité le plus possible.

J'ai donc attendu deux jours avant d'aller au bureau. Le mardi de cette même semaine, je suis allé y faire un tour. Tout le monde était évidemment très surpris de me voir. Au mieux, on ne m'attendait pas avant le mois de mai ! Il y a même des gens qui appelaient pour s'informer de ma santé et pour savoir à quel hôpital j'étais, afin de venir me voir.

— Monsieur Perron n'est pas à l'hôpital, leur répondait alors Réjeanne, la secrétaire, il est ici. Voulez-vous lui parler ?

— Hein ! Ça se peut pas ! A-t-il été opéré ?

Les gens n'en revenaient tout simplement pas !

Puis les mois ont passé. On m'avait prévenu, avant l'opération, que le temps moyen avant qu'un rejet de l'organe ne se produise était d'environ cinq ans. Mais dans mon cas, comme j'avais reçu un rein « familial », mes chances étaient meilleures. Je pouvais en effet espérer que cette période soit un peu plus longue. Évidemment, comme je suis un optimiste, j'étais convaincu qu'elle serait beaucoup plus longue ! Je me suis donc appliqué à respecter à la lettre toutes les instructions qu'on m'a données. J'ai pris mes médicaments antirejet tous les jours et j'ai porté une attention particulière à mon alimentation et à ma santé en général. Tous les trois mois, je suis retourné à l'hôpital passer des tests de routine.

Puis les années ont passé, et aucun signe de rejet ne s'est manifesté. Quatorze ans plus tard, je suis encore en vie et ma santé n'a jamais été aussi bonne !

Chapitre 19

L'expédition au pôle Nord

Quelques mois après mon opération, j'ai assisté, à Montréal, à une conférence organisée par le World Business Council, un organisme dont je faisais partie depuis plusieurs années. Les conférenciers étaient deux explorateurs, Richard Weber et Michael Malakhov, qui revenaient d'une expédition de 114 jours au pôle Nord. Puisque Malakhov était russe et qu'il parlait difficilement l'anglais, c'est surtout Weber, un ancien champion canadien de ski nordique, qui était l'interlocuteur principal.

Il commença par nous décrire les principales étapes de leur expédition. Ensuite, il nous montra un film illustrant ce que lui et Malakhov avaient vécu. Les images de ce film nous faisaient découvrir un paysage incroyablement beau. Le ciel était tout bleu, la neige était d'une blancheur immaculée et la glace, d'une couleur vert jade. Rarement, dans ma vie, j'avais vu quelque chose d'aussi beau.

Pendant que Weber racontait son voyage, je ne pouvais m'empêcher de m'imaginer à sa place, skiant sur l'océan Arctique en direction du pôle Nord. Quelle belle aventure ça devait être! Aussi, lorsque, à la fin de sa présentation, il mentionna qu'il désirait organiser pour l'année suivante un voyage semblable regroupant des gens d'affaires, je fus immédiatement intéressé. La possibilité de faire un tel voyage m'excitait au plus haut point ! D'autant plus que le projet que décrivait Weber semblait beaucoup plus facile que l'expédition qu'il venait de faire avec son coéquipier. Il parlait en effet d'un voyage qui ne durerait qu'une vingtaine de jours au total, dont 10, tout au plus, sur les glaces de l'océan Arctique.

Le point de départ se situerait aux alentours du 89ᵉ parallèle, soit à une distance d'un peu plus de 62 milles du pôle. Puis, une fois celui-ci atteint, les participants seraient rapatriés en avion. Ça me semblait très raisonnable. Plus Weber parlait de son projet, plus ça m'intéressait et plus ça me tentait ! Tout à coup, je me suis rappelé qu'à peine quatre mois auparavant, on m'avait greffé un rein. Était-il possible, pour un greffé, de participer à une telle expédition ? Un greffé qui, en plus, avait 61 ans ! Le bon sens me ramena à la raison. Il fallait que je réfléchisse sérieusement avant de m'embarquer dans une telle aventure. Mon instinct, lui, me suggéra de me trouver de solides arguments avant de parler de cette idée à Lise. Sinon elle allait tout simplement me crucifier ! Au cours des jours qui suivirent, ce projet continua à trotter dans ma tête. « Pourquoi tu veux aller là ? me disais-je en moi-même. Est-ce que c'est juste pour te "péter les bretelles" après ? Pour pouvoir te vanter d'être allé au pôle Nord ? Non, il faut que tu te trouves une meilleure raison que ça ! Le risque que tu vas prendre en t'embarquant là-dedans est trop grand pour justifier une telle fantaisie avec des raisons aussi futiles. »

Il fallait vraiment que je me trouve des raisons valables. Tout à coup, une lumière s'alluma dans ma tête ! « Si tu t'embarques dans une telle aventure, me suis-je dit, ça va te forcer à t'entraîner sérieusement et à te mettre en forme. » Étant plutôt paresseux de nature, l'exercice et le tapis roulant, je n'aime pas beaucoup ça. Je ne suis donc pas trop porté à en faire. Par contre, si je m'y obligeais à cause d'un objectif important, alors là, les choses seraient différentes. Je venais de trouver ma raison ! Je me sentis donc prêt à parler de mon projet à Lise. Disons que sa réaction fut plutôt… vive !

— Es-tu fou? Ça n'a pas de bon sens! dit-elle. T'as eu la chance de recevoir un rein d'un de tes fils et tu vas aller risquer de le perdre dans un projet de fou! Es-tu tombé sur la tête?

Évidemment, compte tenu des circonstances, il était normal qu'elle réagisse ainsi.

— Oui, mais l'expédition est prévue pour le mois d'avril seulement, lui dis-je. À ce moment-là, ça va faire un an que j'aurai été greffé. On m'a dit que si je me rendais jusque-là, le risque d'un rejet serait beaucoup moins grand après.

— Ça fait rien, c'est dangereux quand même, dit-elle, je n'aime pas ce projet-là du tout!

Ça ne s'annonçait pas bien! Il fallait donc que je sorte mon argument massue.

— Ouais, mais regarde-moé, chus pas en forme. J'ai pas mal engraissé depuis l'opération. Y faut que je fasse quelque chose pour maigrir. Si je m'embarque là-dedans, ça va m'obliger à m'entraîner.

— Tu peux t'entraîner même si tu ne vas pas au pôle Nord, répliqua-t-elle.

Elle n'était vraiment pas facile à convaincre! Tout à coup, il me vint une idée brillante.

— Si j'emmenais le docteur Loercher avec moi, qu'est-ce que tu dirais de ça? C'est un Suisse, il doit être bon en ski de fond!

— Évidemment, dans ce cas-là, ça aurait plus de bon sens, dit-elle.

Enfin, je venais de trouver une ouverture. Quelques jours plus tard, je m'arrangeai donc pour aller faire un tour à l'hôpital Royal Victoria et, heureusement, le docteur Loercher eut quelques minutes à me consacrer.

— Croyez-vous, docteur, qu'il y ait un risque médical à ce que j'entreprenne un tel voyage? lui ai-je demandé après lui avoir expliqué mon projet.

— Il y a toujours un certain risque, me répondit-il. Par contre, au mois d'avril prochain, ça fera un an que vous êtes greffé et, à ce moment-là, le risque d'un rejet sera beaucoup moins grand.

Ça confirmait ce qu'on m'avait déjà dit. Encouragé par cette réponse, je continuai ma démarche.

— Si je vous invitais, à mes frais bien entendu, à m'accompagner dans ce voyage, seriez-vous intéressé ?

Il fut un peu surpris par ma proposition, mais après y avoir réfléchi un peu, il me répondit que l'aventure pourrait l'intéresser. Il ajouta cependant qu'avant de me confirmer sa participation, il devait d'abord en discuter avec les dirigeants de l'hôpital et voir comment on pourrait le remplacer à cette période de l'année. Ça s'annonçait bien.

Je poursuivis donc ma réflexion afin de trouver d'autres bons arguments qui pourraient jouer en ma faveur. C'est alors qu'une autre idée brillante me traversa l'esprit. Si certains membres de ma famille m'accompagnaient dans cette expédition, Lise serait certainement moins réticente. Persuadé que je venais d'avoir une idée extraordinaire, je me suis dépêché d'appeler mon fils Bertrand et mon neveu Richard Perron, qui tous les deux acceptèrent avec empressement de m'accompagner. Ça allait de mieux en mieux ! Je venais de me trouver deux jeunes hommes forts et capables de me supporter dans les moments les plus difficiles. Puisque chaque participant devait transporter sur son dos un sac d'environ 45 livres et tirer, en plus, un traîneau sur lequel un autre 25 livres de matériel était placé, j'étais aussi bien de prendre mes précautions !

Par ailleurs, au cours des semaines précédentes, j'avais également parlé de mon projet à plusieurs de mes amis, et certains s'étaient montrés intéressés. Parmi eux, il y avait Pierre Simard, de la célèbre famille de Sorel ; Gérard Lebeau, le fondateur de Lebeau Vitres d'autos, et Tim Kenny, l'ex-président de Noranda Forest. J'ai donc invité tout ce beau monde chez nous, un samedi du mois d'octobre, et j'ai demandé à Richard Weber de venir leur expliquer son projet. Le docteur Loercher et son épouse, de même que Lise, étaient également présents à cette réunion.

Weber leur montra d'abord le film que j'avais vu quelques semaines auparavant. Je pouvais voir, à l'expression de leurs visages, que l'enthousiasme ne débordait pas ! Je crois qu'ils voyaient des images que moi, je ne voulais pas voir. Le grand froid, les tempêtes, les longues distances à skis, bref la grosse misère semblaient les impressionner beaucoup plus que la glace vert jade !

Une semaine après cette réunion, le docteur Loercher m'appela pour m'annoncer qu'il ne serait pas du voyage. Je ne me souviens pas de la raison exacte qu'il m'a donnée, mais je pense que les images du film lui ont fait un peu peur. Évidemment, Lise s'empressa de me rappeler qu'elle s'était montrée conciliante parce qu'on avait tenu pour acquis qu'un médecin ferait partie de l'expédition.

— Là, tu viens de perdre ton docteur, me dit-elle. Qu'est-ce que tu vas faire ?

N'étant jamais à court d'arguments, ma réponse était déjà prête.

— Imagine-toi donc que j'ai appris que le Russe, Micha Malakhov, est médecin. Quand il n'est pas en expédition au pôle Nord, il pratique la médecine dans sa ville natale, en Russie.

— C'est peut-être un médecin, dit-elle, mais ce n'est pas un spécialiste des reins.

— Évidemment. Mais si les médecins du Royal Vic lui disaient quoi faire, ça pourrait peut-être faire pareil.

— Peut-être que oui, peut-être que non. Il faudrait d'abord qu'ils puissent se rencontrer pour en discuter.

Elle avait raison. La seule alternative qui me restait était de faire venir Malakhov de Russie et d'organiser une rencontre entre lui et mes médecins du Royal Vic. C'est ce que je fis !

Quelques semaines plus tard, cette rencontre eut lieu au Club Mont-Royal, situé dans l'ouest de Montréal. Dès les premières minutes, il devint évident aux yeux de tous que Malakhov était réellement un médecin et qu'en plus, il semblait fort compétent. Il semblait aussi très bien comprendre ma condition. Les médecins de Montréal lui expliquèrent donc ce qu'il devait faire si, par malheur, quelque chose m'arrivait pendant le voyage. Ils lui énumérèrent aussi les médicaments que je devais prendre, en lui recommandant de s'assurer que je n'oublie pas de les prendre tous les jours. Lise, qui était aussi présente à cette rencontre, sembla rassurée. Mes chances d'aller faire un tour au pôle Nord venaient d'augmenter considérablement !

La préparation

Au cours des semaines suivantes, j'entrepris un programme de conditionnement physique extrêmement sérieux. J'engageai un entraîneur avec qui je passai des heures interminables à suer et à souffrir ! Je peux dire que j'ai vraiment bûché très fort. Mais ça en a valu la peine. Dès le milieu du mois de novembre, j'étais capable de descendre et de monter à pied, sans difficultés, les 20 étages de la tour où j'habite, à Westmount.

Puis, dès que les premières neiges apparurent au Mont-Sainte-Anne, je commençai à faire du ski de fond. Comme ma technique laissait beaucoup à désirer, j'ai demandé à mon ami Pierre Harvey, un autre ancien champion canadien de ski nordique, de me donner des leçons. Il accepta avec plaisir. Grâce à ses précieux conseils et à ses nombreux encouragements, je suis devenu, quelques mois plus tard, un bien meilleur skieur.

Puis, mon vieil ami Conrad Delisle, lui aussi un ancien champion de ski et qui avait à ce moment-là 76 ans, est venu me supporter en m'accompagnant régulièrement dans mes randonnées quotidiennes. Grâce à Pierre, à Conrad et à Lise, qui m'accompagnait elle aussi régulièrement, je faisais du ski au moins cinq jours par semaine.

Même les jours où la température était très froide, j'étais dehors. Il fallait en effet que je m'assure que ma résistance au froid était bonne, car avant mon opération, surtout pendant les mois où j'étais en dialyse, j'étais devenu très frileux. Apparemment, cette situation est normale chez les gens qui souffrent d'une maladie des reins. Les grands froids de décembre 1993 contribuèrent cependant à me rassurer. J'étais maintenant capable de très bien supporter les basses températures.

Quelques semaines plus tard, je me suis mis un sac sur le dos et j'ai commencé à y mettre des poids. Graduellement, j'ai augmenté la charge. Je me suis rendu ainsi jusqu'à 50 livres ! Enfin, je me suis pratiqué à tomber et à me relever.

Quand Richard Weber est venu me rendre visite, au mois de mars, il a été pas mal impressionné par ma forme et par ma technique. J'étais fin prêt !

Lise, qui avait suivi le même entraînement que moi, aurait très bien pu, si elle l'avait voulu, faire partie de l'expédition. Elle était aussi en forme que moi. Cependant, un mal persistant à un genou l'incita à laisser passer sa chance. Elle devait cependant se reprendre six ans plus tard. En effet, en l'an 2000, elle fit avec succès le même voyage que je m'apprêtais à faire. Elle est à ce moment-là devenue la première grand-mère au monde à se rendre au pôle Nord à skis!

La Fondation canadienne du rein

En janvier 1994, je reçus un appel de Sylvie Vallières, de la Fondation canadienne du rein. Sylvie avait entendu parler de mon projet et elle tenait absolument à me rencontrer. Comme j'étais très occupé à ce moment-là, je lui ai répondu que j'avais éventuellement l'intention de m'impliquer dans son organisme, mais que pour le moment, je n'avais pas le temps de la voir. Mais elle insista tellement que j'acceptai finalement d'aller luncher avec elle. J'imagine que le fait qu'elle soit originaire d'Amos eût une influence favorable sur ma décision!

Lors de notre rencontre, après m'avoir informé qu'elle était responsable des communications à la Fondation canadienne du rein, Sylvie me fit remarquer qu'à sa connaissance, c'était la première fois qu'une personne greffée participait à une expédition semblable. On ne pouvait tout simplement pas, selon elle, laisser passer sous silence un événement aussi important.

Elle proposa donc de mettre sur pied une campagne auprès des médias du Québec afin d'informer la population de mon projet. Elle s'engagea à organiser, avant mon départ, des entrevues avec les principaux réseaux de télévision et de radio du Québec, de même qu'avec plusieurs grands quotidiens. Selon elle, il était primordial que les gens soient sensibilisés au don d'organes et mon projet représentait une occasion en or d'en faire la promotion. Je ne pouvais tout simplement pas refuser de m'impliquer dans une cause aussi noble. Dès mon retour à la maison, je fis part à Lise de ma rencontre avec Sylvie.

— Tant qu'à t'impliquer dans cette cause, me dit-elle, tu pourrais te servir de ton expédition pour ramasser de l'argent.

— C'est une excellente idée! répondis-je, je n'y avais pas pensé. Je vais le faire.

Dès la semaine suivante, j'ai composé une belle lettre que j'ai ensuite envoyée à environ 600 de mes amis et relations d'affaires. Je leur fis part de mon projet et leur demandai de m'accorder leur appui en faisant parvenir un don à la Fondation canadienne du rein. Cette campagne connut un grand succès. Au moment de mon départ, en avril, environ 50 000 $ avaient déjà été amassés. À mon retour à Montréal, au début du mois de mai, on m'informa qu'on était rendu à plus de 200 000 $! Par la suite, un fonds de recherche sur les maladies du rein fut créé à mon nom, et ce fonds continue encore aujourd'hui à amasser de l'argent pour la Fondation.

La Russie

Le grand départ eût lieu de l'Aéroport de Mirabel le 18 avril 1994. Notre première destination était Moscou. Ça faisait déjà un an, presque jour pour jour, que j'avais été opéré. Mes compagnons de voyage étaient Gérard Lebeau qui, à 66 ans, était l'aîné du groupe ; Tim Kenny, à 64 ans, n'était pas loin derrière. Pierre Simard, Richard Perron et mon fils Bertrand complétaient le groupe. Trois autres personnes, deux Américains et un Britannique, devaient se joindre à nous à Moscou. Notre groupe comprendrait donc au total, en incluant Weber et Malakhov, 11 personnes.

La première journée à Moscou fut sans histoires. Nous avons visité le Kremlin et quelques autres attractions de la ville. Le lendemain, un autobus nous conduisit à Ryazan, la ville où résidait Malakhov. Cette ville est située à 125 milles au nord de Moscou. Nous y sommes demeurés deux jours pendant lesquels nous en avons profité pour nous familiariser avec notre équipement. Comme il n'y avait pas d'hôtel là-bas, nous étions logés dans des familles russes. Les gens où je demeurais étaient très gentils et je garde d'eux un excellent souvenir.

Le 21 avril, un avion nous transporta à Dickson, une petite ville située complètement au nord de la Russie. Nous n'y sommes arrivés que 22 heures plus tard, après avoir survolé la Sibérie au grand complet, du sud au nord! Puis, à peine deux heures après être arrivés, nous sommes repartis pour l'île de Sredny, une station de météo située à l'extrême nord de la Russie, que nous n'avons rejointe que le 22 avril vers 18 heures. La même journée, à 23 heures, comme il ne fait jamais nuit à cet endroit à ce temps-là de l'année, nos guides décidèrent de nous emmener faire une petite randonnée à skis. Ils voulaient s'assurer que notre équipement était en bon état et, en même temps, permettre à chacun de nous de nous familiariser avec lui.

Bien que fatigués par les longs voyages que nous avions effectués au cours des deux dernières journées, nous avons chaussé nos skis et sommes partis. C'était la première fois de ma vie que je skiais sur de la glace et j'ai trouvé ça très difficile. Je tombais tout le temps, et mes compagnons aussi. Nous étions loin des beaux sentiers damés du Mont-Sainte-Anne! De plus, une de mes bottes n'étant pas bien serrée, il se forma sous mon pied gauche une douloureuse ampoule. Et alors que tout le monde suait et «en arrachait», Malakhov nous incitait à aller plus vite.

— *Faster! Faster!* criait-il, *we'll never get to North Pole this way!*

Je l'aurais tué! Quand je suis revenu à la station de météo, vers minuit et demi, j'étais vidé et complètement découragé. Les autres, surtout les plus vieux, n'en menaient pas large eux non plus.

— Je ne suis pas sûr que je suis capable de mener à bien cette expédition, leur dis-je. On vient de faire à peine une heure et demie de ski et je suis mort. En plus, j'ai une maudite ampoule en dessous du pied. Personne ne parlait, mais j'avais l'impression que la plupart d'entre eux pensaient la même chose que moi.

— À partir de demain, il va falloir que je fasse huit heures de ski par jour pendant une dizaine de jours de suite. Je serai jamais capable de faire ça. Puis mon regard se tourna vers Tim Kenny, qui avait les cheveux tout de travers!

— *What do you think, Tim?* lui demandai-je.

— *I'll never be able to make it,* répondit-il.

Me tournant ensuite vers Gérard Lebeau, je lui demandai comment il se sentait.

— Pis toé, Gérard, comment ça va?

— Je me demande ce que je fais ici.

Ensuite, Pierre Simard s'exprima à son tour.

— Ça ne me tente pas de continuer, moi non plus, dit-il, c'est trop dur.

Le moral des troupes n'était vraiment pas très bon! Je me suis alors dit que si on était pour virer de bord, c'était le temps de le faire, puisque l'avion qui nous avait emmenés là n'était pas encore reparti. Il devait quitter le lendemain matin seulement. Mais je n'étais pas du tout à l'aise avec l'idée de lâcher. «Ouais, me suis-je dit, j'ai écrit 600 lettres pour dire aux gens que j'allais au pôle Nord. Là, il va falloir que j'en écrive 600 autres pour leur dire que j'ai manqué de courage, que j'ai "chié sur le bacul"! Je vais avoir l'air fou, pas à peu près!» Cette idée me tourmentait beaucoup. De plus, comme c'était moi qui avais été l'instigateur du voyage, je craignais qu'en abandonnant, les autres m'imitent. Du moins, les plus vieux. Alors, tout d'un coup, je saisis une paire de ciseaux et je coupai la peau de mon ampoule. Puis, dans un geste théâtral, je la montrai aux autres.

— Vous voyez, ça? C'est le premier morceau de peau que je perds ici. Quand bien même je devrais en couper 10 ou 15 autres au cours des prochains jours, ça fait rien, j'y vais! Y a rien qui va m'arrêter! J'ai dit que j'y allais, j'y va!

Tout le monde resta saisi! Puis, il y en a un qui se mit à applaudir, et les autres suivirent.

— On y va! crièrent-ils en chœur. On n'est pas des «lâcheux»!

C'était réglé, on y allait! Il s'en était fallu de très peu pour qu'on revire de bord! Je pense que si c'était arrivé, je serais resté piteux le restant de ma vie!

Le lendemain matin, après quelques heures de sommeil, le moral était meilleur. Un hélicoptère vint alors nous chercher et, après huit heures de vol, il nous déposa au 89e parallèle, c'est-à-dire au point de départ de notre itinéraire. Il repartit ensuite vers 18 h 30, et je realisai alors que l'expédition commençait vraiment. J'avais le cœur serré!

La première journée

Le lendemain, 24 avril, après une première nuit passée sur l'océan Arctique, nous nous réveillâmes vers 6 h 30. Il faisait alors -20 °C. Nous prévoyions commencer notre journée de ski vers 10 h 30. Nous allions en effet avoir besoin d'environ quatre heures pour nous préparer avant de partir. Il fallait d'abord faire fondre de la neige à l'aide de petits réchauds pour obtenir l'eau dont nous aurions besoin pour la préparation du déjeuner et le lavage de la vaisselle. Nous avions aussi besoin d'eau pour remplir nos thermos. Cette opération allait prendre beaucoup de temps. Ensuite, c'était le déjeuner : du gruau, des fruits secs et du lait en poudre. Puis, il fallait démonter les tentes et placer le matériel sur les traîneaux. Quand tout ça serait fait, nous pourrions enfin partir. À 10 h 30, après avoir accompli ces tâches, nous levions enfin le camp. Le temps était alors magnifique. Le ciel était bleu et le panorama qui nous entourait, extraordinaire. Partout, il y avait des morceaux de glace de couleur vert jade semblables à ceux qu'on voyait dans le film de Weber. C'était vraiment très beau !

À notre cinquième arrêt, vers 15 h 30, je sentais la fatigue m'envahir graduellement. Les épaules me faisait terriblement mal. Puis, lors de notre sixième pause, je convaincuis Richard Weber de terminer notre journée après sept étapes, même si notre itinéraire d'origine en prévoyait huit. Plus nous avancions, plus je ressentais de la douleur dans le dos. Je manquais tout simplement de *gaz*. Finalement, nous nous arrêtâmes à 17 h 45. Nous avions fait un total de 8 milles dans la journée, ce qui était très bon.

Après avoir aidé mes compagnons à monter les tentes, je m'étendis afin de me reposer un peu. J'étais au bout de mes forces ! Tout en essayant de récupérer, je m'encourageais en pensant à la Fondation canadienne du rein et aux fonds que cette expédition permettrait d'amasser. Les personnes atteintes d'une maladie des reins pourraient éventuellement en profiter. Mes pensées allèrent aussi vers tous mes amis qui étaient en dialyse et qui étaient très fiers qu'un ancien dialysé puisse se retrouver dans une expédition semblable. Pour eux, je représentais une source d'espoir extraordinaire.

Après m'être reposé quelques minutes, je dus me remettre à la tâche et aider mes compagnons à préparer le souper. Au menu : de la viande séchée, du riz et du thé. On était loin des repas gastronomiques d'un restaurant cinq étoiles ! Finalement, après avoir mangé, fait la vaisselle, écrit mon journal et placoté un peu, l'heure du coucher arriva. Comme nous n'avions que deux tentes pour le groupe et que nous étions six dans la mienne, nous étions un peu à l'étroit. Nous couchions donc au pied l'un de l'autre, car si nous avions essayé de coucher épaule à épaule, il y en aurait eu un qui aurait coucher dehors !

La nuit, il n'y avait aucun chauffage dans la tente. On devait donc s'emmitoufler du mieux qu'on pouvait dans notre sac de couchage. Mais avant, on devait prendre soin d'enlever notre manteau et un ou deux sous-vêtements, tout en s'assurant de garder notre tuque !

Pour nos besoins naturels, c'était évidemment un peu plus compliqué qu'à l'hôtel ! Pour le pipi, on gardait une bouteille à l'intérieur de notre sac de couchage. La chaleur de notre corps empêchait l'urine de geler. Par contre, aller à la selle était un peu plus complexe. Il fallait aller dehors, se mettre à l'abri du vent le plus possible, se creuser un trou dans la neige, baisser ses culottes à une température avoisinant parfois les -30 °C et espérer que la nature suive son cours le plus vite possible ! Ayant été élevé en grande partie dans le bois, cette procédure ne me dérangeait pas trop. Mais ce n'était cependant pas le cas pour tout le monde. Un soir que Gérard était dans son trou et qu'il semblait avoir pas mal de misère à s'exécuter, je me suis approché de lui.

— Ça te déranges-tu, mon Gérard, si je viens chier à côté de toé ?

Sa surprise fut telle, qu'il en resta complètement saisi ! Si bien que, longtemps après que j'eus terminé ma *job*, il était encore dans son trou à tenter de finir la sienne ! Il m'en parle encore aujourd'hui. Quelques soirs après cet incident, alors que nous nous reposions dans notre tente après une autre dure journée de ski, Gérard me parut préoccupé.

— Qu'est-ce qu'il y a, Gérard ? lui demandai-je. T'as l'air songeur. Penses-tu à Michèle ?

— Ah oui, dit-il, je m'ennuie de mon amour. Mais là je pensais à autre chose. J'étais en train de compter dans ma tête le nombre de toilettes que Michèle et moi avons dans nos maisons. En additionnant celles de Westmount, de L'Estérel, du Sanctuaire, de Val-Morin et du Mont-Tremblant, j'arrive à 22. Quand je pense que ça me coûte 25 000 $ pour être ici et que je suis obligé d'aller chier dehors, j'en reviens pas !

Richard Weber

Comme je l'ai mentionné, déjà, Richard Weber était un ex-champion de ski nordique. Son habileté naturelle et sa forme physique lui auraient permis d'avancer facilement à un rythme beaucoup plus rapide que le reste du groupe. Non seulement il ne le faisait pas, mais jamais il ne nous faisait sentir sa supériorité. Au contraire, souvent, il skiait à côté de l'un de nous, tout en nous prodiguant des encouragements.

J'ai beaucoup apprécié son attitude et j'en ai tiré une leçon de vie. Je trouve en effet que c'est une grande qualité que celle d'être capable de s'ajuster aux capacités de ses semblables. Si parfois, dans la vie, nos compétences font en sorte que l'on puisse se sentir supérieur, il ne faut jamais le montrer. Au contraire, quelqu'un qui sait faire preuve d'humilité et de compréhension envers les autres sera toujours apprécié et récompensé.

« Bonne fête, Michel ! »

À mon réveil, le 27 avril, on me chanta « Bonne fête, Michel ! » Effectivement, je célébrais ce jour-là mon soixante-deuxième anniversaire. Quel bel endroit que l'océan Arctique pour fêter son anniversaire ! Mais les heures qui suivirent me firent oublier ma fête ! Elles furent en effet très difficiles. Il y avait de grands vents et le temps gris réduisait passablement la visibilité. De plus, au cours de la journée, nous rencontrions des amoncellements de glace impossibles à franchir. Comme nous devions les contourner, ça augmentait nécessairement la distance que nous devions parcourir. Mais heureusement, je me sentais de plus en plus fort ! À la fin de la journée, il me restait même encore un peu de carburant.

Le soir, nous eûmes droit à un grand souper : des pâtes, de la viande séchée et un verre de lait chaud contenant du sirop d'érable. Que ce fut bon ! Puis, avant de faire la vaisselle, Bertrand me remit un cadeau venant de Lise. Il s'agissait de 11 petits chocolats à partager accompagnés d'une belle carte de vœux. De quoi me réchauffer le cœur !

Une rencontre inattendue

Un matin, environ trois jours avant d'arriver au pôle, j'aperçus de petits points noirs à l'horizon.

— C'est quoi ça ? dis-je à Weber.

— Je ne sais pas, répondit-il.

Nous étions tous les deux très intrigués. Quelques heures plus tard, au moment de lever le campement, les points s'étant suffisamment rapprochés, ils s'étaient transformés en êtres humains. Surpris, nous nous demandions tous qui ça pouvait bien être.

— C'est qui ça? Des Russes? Des Norvégiens? Des Japonais?

Personne ne le savait. Finalement, vers 17 heures, le groupe inconnu étant rendu tout près de nous, j'allai à sa rencontre. À ma grande surprise, j'ai entendu parler français!

— Ça parle français ici? dis-je.

— Ben sûr! me répondit une voix avec un accent qui n'était pas celui des Français de France.

Une idée me traversa alors l'esprit.

— Seriez-vous Bernard Voyer, l'explorateur québécois?

— En effet, répondit-il. Pis toi, serais-tu le gars avec un seul rein qui s'en va au pôle Nord?

C'est ainsi que je fis la connaissance de Bernard Voyer.

Le pôle Nord

Nous avons atteint le pôle Nord le 1er mai 1994, vers 17 heures. Il faisait alors -35 °C. Cette journée-là, en plus du froid et du vent qui nous fouettait le visage sans cesse, nous avions dû skier pendant 12 longues heures. Mais enfin, nous étions arrivés! Nous étions au pôle Nord! Après avoir installé nos tentes pour la nuit, nous avons communiqué par radio avec les gens qui devaient venir nous chercher.

Le lendemain matin, vers 5 heures, j'entendis le bruit des avions. Quel soulagement ce fut! Ému et heureux à la fois, les larmes me montèrent aux yeux! Lise, mon frère Jean, mes enfants Claude et Denise, de même qu'un ami, Jean-Marc Baronnet, étaient à bord de l'un des deux appareils. Ils avaient fait 32 heures de vol pour arriver là! Les retrouvailles furent très émouvantes!

Après avoir plié bagage assez rapidement, nous sommes montés à bord. Après avoir décollé, le pilote de l'avion dans lequel j'étais, en compagnie de Lise et de quelques-uns de mes compagnons d'expédition, mit le chauffage. Ce ne fut pas une bonne idée. En effet, quand nous avons commencé à dégeler, ça s'est mis à puer, pas à peu près, dans l'avion! Des gars qui ne se sont pas lavés depuis 10 jours, ça ne sent pas très bon ! J'ai dû demander au pilote d'éteindre le chauffage, tellement ce n'était pas supportable !

Le journal de bord

Les avions nous déposèrent à Eureka, une station de météo située à l'endroit le plus au nord du Canada. Une fois là-bas, Lise avait hâte que je lui parle de mon expédition.

— Attends, lui dis-je. Avant de te conter mon voyage, il y a deux choses très importantes que je veux faire : premièrement, me laver, et deuxièmement, aller m'asseoir sur une vraie toilette ! Tiens, pendant ce temps-là, lis donc mon journal de bord.

Elle s'installa donc confortablement et se mit à lire mon journal. Pendant qu'elle prenait connaissance des détails de mon expédition, mon neveu Richard s'approcha d'elle.

— Et puis, Richard, lui dit-elle, comment as-tu aimé ton voyage ?

— Ç'a été une expérience extraordinaire, répondit-il, que j'ai d'ailleurs l'intention de répéter un jour.

— Ah oui ? Tu penses que ta femme va te donner la permission de partir comme ça une autre fois ? lui demanda Lise.

— Il n'y aura pas de problème, répondit-il, mon oncle Michel m'a expliqué comment faire.

— Comment ça, ton oncle Michel t'a expliqué comment faire ? Qu'est-ce qu'il t'a dit ?

— Il m'a dit d'écrire tous les jours dans mon journal que je pensais à elle et que je m'ennuyais terriblement. Quand elle va lire ça, elle va être tellement contente qu'elle ne m'empêchera pas de repartir !

— Ah, le « mausus » de Michel ! s'exclama-t-elle. Son journal est truqué !

Heureusement, elle ne m'en a pas trop voulu par la suite. Je pense même qu'elle a trouvé ça drôle. Mais dans le fond, je dois avouer que je m'étais vraiment ennuyé d'elle !

L'arrivée à Mirabel

Quelques jours plus tard, nous sommes arrivés à Mirabel. Beaucoup de monde était sur place pour nous accueillir. Il y avait des parents, des amis, des gens de la Fondation canadienne du rein et plusieurs personnes que j'avais connues pendant ma période de dialyse. Plusieurs journalistes et *cameramen* étaient aussi présents. Informés de mon arrivée par la Fondation, ils étaient nombreux à vouloir recueillir mes impressions. Ce soir-là, on a pu m'apercevoir aux bulletins de nouvelles d'à peu près tous les réseaux de télévision du Québec !

Puis, dans les jours et les semaines qui suivirent, j'ai accordé des dizaines d'entrevues à la télévision et à la radio. Henri m'accompagna d'ailleurs à plusieurs reprises lors de ces entrevues. Notre histoire intéressait beaucoup de gens. J'ai même eu l'honneur, le dimanche après mon retour, d'être nommé Personnalité de la semaine par le journal *La Presse* ! C'était mon heure de gloire ! Mais même si cette gloriole passagère m'a fait plaisir, c'est surtout le fait d'avoir réussi à atteindre mon objectif, soit celui de me rendre au pôle Nord à skis à peine un an après avoir subi une greffe du rein, qui m'a apporté le plus de satisfaction !

Chapitre 20

Uniforêt

L'été 1993 fut sans doute un des plus beaux de ma vie. Ayant recouvré la santé, je pus profiter au maximum de toutes les belles choses de la vie. La pêche, par exemple, une activité que j'ai toujours affectionnée, me semblait encore plus agréable qu'avant. J'avais l'impression que les poissons n'avaient jamais été aussi beaux et aussi gros. Il y avait longtemps que je ne m'étais pas senti aussi bien. Je « pétais le feu » ! C'est au cours de cette période extraordinaire que j'ai fait la connaissance de Clermont Levasseur. Celui-ci dirigeait la compagnie Norbord, celle qui était devenue propriétaire des anciennes usines de Normick Perron.

Un jour que j'étais allé saluer mes anciens compagnons de travail, Levasseur, après s'être informé de ma santé, me fit le commentaire suivant :

— Maintenant que vous êtes en bonne santé, dit-il, ça va peut-être vous tenter de recommencer à travailler.

— Oui, c'est possible, lui répondis-je. Je n'y ai pas trop pensé encore. Ma santé a vraiment été la priorité numéro un. Mais si jamais tu vois quelque chose d'intéressant, tu m'en parleras.

— Il y a plein de choses intéressantes dans le moment, reprit-il. Il y a des scieries à vendre partout et le *timing* n'a jamais été aussi bon. Les prix du bois ont monté de 30 % depuis quelques mois et je pense que ce n'est pas fini.

— Ouais, c'est intéressant. Laisse-moi réfléchir à ça, pis on s'en reparlera plus tard.

Puis, avant que je le quitte, Levasseur ajouta ceci :

— Si jamais il y a un projet qui vous intéresse et que vous êtes prêt à y investir, moi, de mon côté, je suis prêt à laisser ma job et à m'associer avec vous !

Ouais, il était sérieux ! Je ne le connaissais pas beaucoup, mais on m'avait dit du bien de lui. Il était apparemment très compétent et il possédait une bonne expérience de l'industrie forestière. Je me suis donc dit que, si jamais je décidais de replonger dans le domaine, il pourrait me faire un bon associé. Les choses en restèrent là pendant un certain temps. Quelques semaines plus tard, nous nous sommes revus et nous avons commencé à faire le tour de certains projets pouvant s'avérer intéressants. Très rapidement, un en particulier retint mon attention.

La scierie de Péribonka

Une scierie située à L'Ascension-de-Notre-Seigneur, au Lac-Saint-Jean me sembla en effet constituer une très belle occasion. Cette scierie située sur les rives de la rivière Péribonka avait été fermée, un an auparavant, par la compagnie Abitibi Paper. La drave étant dorénavant défendue sur cette rivière, les dirigeants avaient tout simplement décidé de mettre la clé sous la porte. Ses chantiers de coupe étant situés à plus de 150 milles de là, elle craignait sans doute que les frais de transport de la matière première deviennent trop élevés et que l'usine ne soit pas rentable.

Je ne partageais pas ce point de vue. Il me semblait au contraire que, compte tenu des conditions du marché à ce moment-là, et de celles qui étaient escomptées pour les années à venir, ce moulin à scie avait beaucoup de potentiel. Mon expérience de la foresterie m'incitait à croire qu'en y investissant quelques millions pour moderniser un peu les équipements, pour construire des routes et ériger un pont au-dessus de la rivière Péribonka, la scierie pourrait s'avérer très rentable.

J'en ai donc discuté avec mon fils Claude, qui était depuis quelques années mon bras droit. Nous sommes allés visiter l'usine et avons survolé son territoire de coupe de long en large. Puis, après avoir fait des études et analysé le projet sous toutes ses coutures, nous avons décidé de plonger. Nous avons donc formé, en décembre 1993, en partenariat avec Clermont Levasseur, une compagnie que nous avons appelée Uniforêt. Celle-ci a ensuite acheté les actifs de la scierie Péribonka pour une somme minime.

Entre-temps, nous avions obtenu des autorités provinciales des permis de coupe qui augmentaient de façon importante ceux qui étaient déjà octroyés à la scierie. Nous venions donc de faire un très bon achat! Par ailleurs, les 175 emplois créés dans la région s'harmonisaient parfaitement avec la mission que nous nous étions donnée, soit celle d'acheter des usines fermées, de les remettre en marche et de redonner du travail à de nombreuses personnes.

Une émission privée d'actions, suivie d'une autre de débentures convertibles, permit ensuite de recueillir 32 millions de dollars, qui servirent à entreprendre les investissements prévus.

Les résultats ne tardèrent pas à se faire sentir. Dès la première année d'opération, les ventes atteignirent près de 40 millions et les bénéfices nets, près de 5 millions! Nos employés purent eux aussi bénéficier d'une partie de ces profits, car un plan d'intéressement faisait partie des avantages que nous leur avions consentis. L'avenir s'avérait très prometteur!

Port-Cartier

Au début de l'année 1994, Levasseur me parla d'un autre projet. Il était question d'une immense usine située à Port-Cartier, sur la Côte-Nord, qui avait été fermée quelques années auparavant, et que les autorités locales tentaient par tous les moyens de rouvrir. J'avais déjà entendu parler de cette usine et je connaissais un peu son histoire. Elle avait d'abord appartenu à ITT-Rayonier, puis à Cascades. ITT, Cascades et le gouvernement québécois y avaient englouti, au cours des 20 années précédentes, près de 500 millions! Construite en 1975 par ITT pour fabriquer de la rayonne à partir de pâte de bois, elle n'avait fonctionné que pendant neuf ans. ITT l'avait fermée en 1982 à cause de la récession et d'une mauvaise planification, puis Cascades en 1991, après seulement deux années d'exploitation.

En mai 1993, après la faillite de Cascades-Port-Cartier, quand le syndic décida de démanteler les installations et de vendre l'équipement, les ex-employés occupèrent l'usine pendant plusieurs semaines et les empêchèrent de le faire. Cet incident fut d'ailleurs rapporté dans les médias de plusieurs pays à travers le monde.

Finalement, pour résoudre la situation, le maire de Port-Cartier, Anthony Detroio, réussit, grâce à une loi spéciale votée à l'Assemblée nationale, à racheter pour huit millions de dollars l'usine et son équipement. La Ville s'engagea alors à tout mettre en œuvre pour dénicher quelque part dans le monde un investisseur prêt à redémarrer l'usine. Malgré de nombreux efforts, au moment où on me parla de ce projet, toutes les approches faites jusque-là s'étaient avérées infructueuses. On commençait même à considérer sérieusement la possibilité de démanteler l'usine et de vendre l'équipement.

Curieux de nature et toujours à l'affût d'une occasion intéressante, je décidai donc d'aller faire un tour là-bas. En compagnie du maire Detroio et de quelques-uns de ses acolytes, je me rendis à la fameuse usine. Dès mon arrivée, je fus très surpris de voir des dizaines d'autos dans le stationnement. Normalement, quand une usine est fermée, il n'y a personne sur place. Ça ne m'a cependant pas pris beaucoup de temps avant de comprendre pourquoi il y avait des gens là. Plusieurs ex-employés avaient tout simplement décidé de continuer à entretenir les installations. Ils déneigeaient le toit, huilaient les conduits pour prévenir la rouille, chauffaient les salles de contrôle et faisaient régulièrement tourner les roulements à bille d'un quart de tour pour prévenir leur affaissement. Tout ça, bénévolement ! Je discutai un peu avec ces gens-là et découvris qu'ils avaient beaucoup d'allure.

— Donnez-nous une semaine, me dirent-ils, et on vous repart cette usine-là !

Leur attitude m'impressionna beaucoup ! Après tout ce qu'ils avaient vécu, la perte de leur emploi, le chômage, l'assistance sociale et la perte d'une bonne partie de leur dignité, ils avaient encore le courage et la détermination de s'en sortir !

Mais bien qu'ils me fussent très sympathiques et que j'eusse bien envie de les aider, la réouverture de l'usine constituait cependant un très gros projet.

— Laissez-moi un peu de temps pour y réfléchir, leur dis-je.

Les semaines passèrent. Le maire et ses adjoints m'appelaient de temps à autre pour avoir des nouvelles.

— Puis, monsieur Perron, avez-vous eu le temps de réfléchir à notre projet ? me demandaient-ils l'un après l'autre.

À ce moment-là, j'étais en train de préparer mon voyage au pôle Nord et mon entraînement me tenait occupé presque tout le temps.

— Écoutez, leur dis-je une bonne journée. Présentement, je me prépare à aller au pôle Nord et tout mon temps est consacré à me préparer pour ce grand défi. Je suis allé voir votre usine et j'ai aimé ce que j'ai vu. Oui, votre projet m'intéresse. D'ailleurs, mes associés passent actuellement beaucoup de temps là-dessus. Mais je ne veux pas vous donner de faux espoirs. C'est pas sûr qu'on va s'embarquer là-dedans. Par contre, je veux vous dire que, si je réussis mon voyage au pôle Nord, les chances que j'aille à Port-Cartier à mon retour sont meilleures. Alors, priez pour que je réussisse !

Quelques jours plus tard, je reçus une belle carte d'au moins deux ou trois pieds de long me souhaitant bon succès dans mon voyage ! Elle avait été signée par des ex-employés de l'usine et par un certain nombre de citoyens de Port-Cartier. On y avait aussi joint une enveloppe contenant 246 $ en billets de banque. Cet argent constituait leur contribution à ma campagne de souscription pour la Fondation canadienne du rein. Leur geste me toucha profondément ! Des gens qui « en arrachaient », qui étaient sur l'assistance sociale et qui se « fendaient » en quatre pour joindre les deux bouts s'étaient cotisés et m'avaient fait parvenir un don. Ça prenait du maudit bon monde pour faire une telle chose !

Leur carte contenait aussi un petit dessin représentant l'itinéraire que je devais suivre pour me rendre au pôle Nord. On avait pris soin d'y ajouter un itinéraire de retour passant par Port-Cartier !

L'usine de pâte

Pendant mon expédition au pôle Nord, Claude et Clermont Levasseur continuèrent à travailler sur ce dossier. À mon retour, ils accélérèrent le processus, si bien qu'à la fin de l'été, nous étions arrivés à la conclusion que cette usine constituait une excellente occasion pour Uniforêt. La transaction avec la ville de Port-Cartier fut donc conclue dès le mois de septembre.

Il faut dire que, plusieurs mois avant, nous étions allés à Québec à quelques reprises et avions obtenu des autorités gouvernementales plusieurs concessions importantes. Parmi celles-ci, il y avait d'abord l'octroi d'un territoire de coupe tellement grand que sa superficie se comparait à celle de l'État du Vermont! Rien de moins!

Au cours de l'une de ces visites, j'eus l'occasion de rencontrer le ministre de l'Industrie et du Commerce, Gérald Tremblay, celui qui allait devenir maire de Montréal quelques années plus tard. Comme je le connaissais un peu, nous étions assez familiers l'un avec l'autre. Après lui avoir expliqué que je songeais à faire l'acquisition de l'usine de Port-Cartier, il eut la réaction suivante :

— On n'a pas une « cenne » à mettre là-dedans! s'exclama-t-il. Le gouvernement a déjà perdu 100 millions dans cette usine-là. Pis en plus, t'as de la misère à te traîner!

— Non, plus maintenant, lui répliquai-je. Ma greffe de rein a été une réussite totale et je me suis jamais senti aussi bien! D'ailleurs, dans quelques semaines, je m'en vais au pôle Nord et il reste une place dans notre groupe. Si tu penses que j'ai de la misère à me traîner, tu pourrais venir me supporter!

Évidemment, il n'est pas venu. Cependant, chaque fois qu'il me rencontre, depuis cet incident, il me rappelle cette anecdote!

L'usine rouvrit ses portes en décembre. Il est bon de mentionner qu'à ce moment-là, une tonne de pâte se vendait sur le marché mondial aux alentours de 650 $ US. L'analyse que nous avions faite avant d'acheter l'usine nous avait permis de comprendre ce qui lui avait fait défaut dans le passé. Ce qui lui avait manqué, c'était une scierie. Selon nous, le succès futur passait par la construction d'une scierie moderne à côté de l'usine de pâte.

Une telle scierie permettrait non seulement d'utiliser la meilleure partie de l'arbre pour fabriquer du bois d'œuvre, mais ses résidus fourniraient en même temps les copeaux nécessaires à la fabrication de la pâte. Elle permettrait de réduire d'environ 200 $ la tonne le coût de revient de la pâte produite. De plus, ses résidus – les écorces, le bran de scie et les planures – pourraient servir à chauffer l'usine de pâte. On sauverait ainsi un autre 50 $ la tonne. La relance passait donc par la construction d'une scierie ultramoderne !

Notre analyse avait également permis de conclure, en se basant sur les cycles habituels des marchés, que le prix de la pâte allait demeurer élevé au moins trois ou quatre ans encore. Ça nous donnait donc le temps de construire la scierie, de la roder et de faire des améliorations à l'usine de pâte, tout ça dans le but de réduire de façon importante nos coûts de production.

Nous espérions que pendant cette période, les prix que nous pourrions obtenir pour nos produits – soit le bois et la pâte – nous permettraient d'accumuler des réserves financières importantes qui nous aideraient à faire face à la musique quand le marché serait moins bon.

L'année 1995 se déroula exactement comme nous l'avions prévu. Toute la pâte fabriquée cette année-là fut vendue, et cela à d'excellents prix. À un moment donné, le prix atteint même 825 $ US la tonne ! Par ailleurs, la construction de l'usine de sciage démarra et sa première phase fut complétée, tel que prévu, au mois de mars.

En juillet, la compagnie procéda à une émission d'actions qui lui permit de recueillir 31 millions. Au même moment, Uniforêt fut inscrite aux Bourses de Toronto et de Montréal. Dès sa sortie, notre action connût un succès inespéré. Émise à 6 $ le lundi, elle valait 8,25 $ le vendredi suivant ! Son prix retomba cependant quelque peu au cours des mois qui suivirent. À Péribonka, tout continuait à bien aller. La scierie produisait à pleine capacité et générait d'excellents profits. On peut dire que tout marchait rondement ! Cette année-là, nos ventes se chiffrèrent à 137 millions et nos bénéfices dépassèrent 17 millions !

Les choses se gâtent

Des nuages noirs planaient toutefois à l'horizon. Dès le début de l'année 1996, le marché de la pâte devint plus difficile. Une surproduction mondiale causée en partie par une crise en Asie provoqua une baisse importante des prix. Nos stocks commencèrent donc à s'accumuler. Pour espérer demeurer rentables, notre seule chance était de continuer à réduire nos coûts de production. Nous avons donc poursuivi notre plan d'investissement afin de moderniser nos équipements et d'améliorer notre productivité. Et certains travaux devant en plus être effectués pour répondre aux normes environnementales, de nouveaux capitaux furent nécessaires. Nous avons alors procédé à des emprunts importants, dont une grande partie fut réalisée aux États-Unis. Comme nos inventaires de pâte s'accumulaient de plus en plus et que les débouchés futurs ne s'avéraient pas très bons, nous avons décidé de faire l'acquisition de Tripap, une compagnie de Trois-Rivières impliquée dans la fabrication de papier, qui était à ce moment-là un de nos meilleurs clients.

Tripap utilisait déjà une grande quantité de la pâte que nous produisions à Port-Cartier. Nous étions persuadés qu'elle pourrait en utiliser encore plus si nous augmentions la production de papier de son usine. Cependant, cette usine était vieille et son équipement avait grand besoin d'être modernisé. Après avoir été fermée pendant un certain temps, le Fonds de solidarité de la Fédération des travailleurs du Québec l'avait rouverte un an auparavant pour permettre à ses 150 travailleurs d'y gagner leur vie. Deux machines seulement y fonctionnaient. Les prix du papier étant bons, à ce moment-là, nous nous sommes dépêchés d'en remettre trois autres en marche. Même si elles étaient vieilles et désuètes, le papier qu'elles produisaient était de bonne qualité et se vendait bien. L'usine était donc rentable.

À Péribonka, la scierie continuait de bien aller et de faire des profits. Nos problèmes se situaient à Port-Cartier ! D'abord, le rodage de la nouvelle scierie ne se passait pas comme nous l'avions prévu. Toutes sortes de problèmes survinrent et ils causèrent des ralentissements importants, de même que des interruptions complètes de nos lignes de production. Évidemment, tout ça se traduisit par des pertes financières importantes. L'usine de pâte fonctionnait quant à elle relativement bien, mais sa production était vendue à un prix inférieur à ses coûts de revient. Le prix de la pâte avait tout simplement baissé trop vite !

L'année 1996 se termina donc avec une perte de 23 millions. En 1997, ce fut encore pire ! Non seulement le prix de la pâte continua à baisser pour atteindre le prix le plus bas de son histoire, soit 325 $ US la tonne, mais en plus, celui du papier baissa de 30 % ! Les améliorations que nous avions faites entre-temps à l'usine de Trois-Rivières ne purent empêcher que sa production ne fut vendue à perte. D'ailleurs, cette année-là tous les manufacturiers de produits forestiers connurent de graves difficultés.

À l'automne, Clermont Levasseur, qui assumait depuis la création de la compagnie la tâche de président et chef des opérations, quitta l'entreprise. Depuis plusieurs mois, de grandes divergences étaient apparues entre lui et moi. Nous n'étions vraiment plus sur la même longueur d'onde ! J'ai donc jugé, pour le bien de l'entreprise, que la meilleure solution était son départ. Pour le remplacer, j'ai nommé mon fils Claude.

Claude s'était impliqué dans Uniforêt depuis ses débuts et il en connaissait bien les rouages. Il se mit donc résolument à la tâche dès sa nomination, et grâce à ses efforts, plusieurs problèmes furent corrigés. Mais il ne put évidemment pas changer les conditions épouvantables du marché. Les prix de la pâte et du papier demeurèrent bas et l'année se termina avec une nouvelle perte de 35 millions de dollars.

La vente de l'entreprise

Au printemps 1998, conscient que la situation ne se replacerait pas avant un bon bout de temps, je me suis dit qu'il était préférable de vendre l'entreprise, même à un prix inférieur à sa valeur réelle, que de faire faillite. Repap, une des plus grandes papetières du Québec, venait justement de connaître ce sort. J'ai donc engagé une firme de courtage et lui ai confié le mandat de trouver des acheteurs potentiels. Inutile de dire que ça ne se bouscula pas aux portes ! Cependant, une compagnie de l'Ouest canadien manifesta de l'intérêt. J'entrepris donc de sérieuses discussions avec elle.

Pendant les mois que dura ce processus, je recevais de temps à autre des appels téléphoniques de Lino Saputo. Celui-ci faisait partie du conseil d'administration d'Uniforêt depuis quelques années. Je l'avais connu à l'époque où nous faisions tous les deux partie du conseil d'administration de Cabano Transport.

— Monsieur Perron, comment ça va, la vente d'Uniforêt ? me demanda-t-il un jour.

— Je négocie présentement avec une compagnie de l'Ouest qui semble très intéressée à nous acheter, lui répondis-je.

— Très bien, me dit-il, tenez-moi au courant des développements.

J'étais heureux de l'intérêt qu'il démontrait pour l'entreprise. Pas dans le but de l'acheter, mais plutôt comme un bon administrateur qui s'intéresse sérieusement aux affaires de sa compagnie. Un jour, je pense que c'était au mois de juillet, je reçus un autre de ses appels.

— Et puis, la vente d'Uniforêt, est-ce que ça avance ? dit-il.

— Oui, lui répondis-je. On est presque sur le point de s'entendre. Je pense qu'on va être capables d'aller chercher à peu près 2 $ par action.

— Monsieur Perron, j'aimerais qu'on se rencontre, me dit-il aussitôt, à mon grand étonnement. Auriez-vous le temps de passer à mon bureau au cours des prochains jours ?

— Certainement, lui répondis-je.

Me demandant un peu à quoi m'attendre, je me rendis quelques jours plus tard à son bureau de Saint-Léonard. Dès mon arrivée, on me fit passer dans la salle de conférence attenante à son bureau. Lino et tous ses vice-présidents m'y attendaient. Je fus très surpris de voir tant de monde.

Dans le groupe, il y en avait un que je connaissais très bien, puisqu'il avait déjà travaillé pour moi. En effet, Alain Bédard, le président de TransForce, avait travaillé comme contrôleur chez Normick Perron, à La Sarre, au tout début de sa carrière. Au cours de l'heure qui suivit, Alain et les autres personnes présentes me posèrent un tas de questions sur l'industrie forestière en général et sur Uniforêt en particulier. Puis, quand cet exercice fut terminé, Lino Saputo m'invita à passer dans son bureau. Il me fit alors une déclaration à laquelle je ne m'attendais pas du tout.

— Monsieur Perron, me dit-il, je serais peut-être intéressé à acheter Uniforêt. Auriez-vous objection à me vendre ?

— Bien sûr que non, monsieur Saputo, lui répondis-je. Je vous respecte beaucoup et je serais très heureux de faire affaire avec vous. Mais avant, j'aimerais vous faire remarquer que pour acheter Uniforêt, il faut avoir les reins solides. Car en plus d'acheter mes actions et celles de Levasseur, il faudra mettre plusieurs millions dans la compagnie.

— Ça prendrait combien, d'après vous ? me demanda-t-il.

— Je dirais au moins une vingtaine de millions pour continuer les opérations pendant un an, en espérant que le marché se replace, puis, un autre 20 millions, à peu près, pour acheter mes actions et celles de Levasseur.

— Eh bien, il n'y a pas de problème, dit-il, ça m'intéresse.

J'étais pas mal surpris. Je savais qu'il était assez à l'aise, mais je ne croyais pas qu'il avait accès à une somme aussi importante. Nous avons ensuite examiné les états financiers de la compagnie pendant un certain temps.

— Monsieur Perron, s'exclama-t-il tout à coup, je suis acheteur ! Seriez-vous prêt à me vendre vos actions au même prix que celui que vous alliez obtenir de la compagnie de l'Ouest ?

— Oui, monsieur Saputo, avec plaisir. Je suis prêt à vous vendre la moitié des actions que je possède au prix de 2 $ chacune.

— Marché conclu ! dit-il.

Nous nous sommes ensuite serré la main. Comme je possédais 15 millions d'actions, la vente de la moitié d'entre elles me permit de toucher un montant de 15 millions de dollars. Je n'étais pas intéressé à me départir de la totalité de mes titres, car je demeurais convaincu que, tôt ou tard, les conditions du marché s'amélioreraient et que la valeur des actions qui me restaient augmenterait. Cette transaction me permit de récupérer une partie du capital que j'avais mis dans l'entreprise. Elle me fit également plaisir pour les nombreuses personnes qui avaient investi dans Uniforêt à ses débuts, car plusieurs d'entre elles l'avaient fait à cause de moi. Si la compagnie avait fait faillite, ces gens-là auraient tout perdu. En pensant à cette possibilité, je m'étais fait pas mal de mauvais sang au cours des derniers mois. Mais grâce à Lino Saputo, tout le monde pouvait maintenant recommencer à espérer ! Malheureusement, les choses ne se passèrent pas comme je l'avais souhaité.

Les années suivantes continuèrent à être difficiles et la compagnie continua à perdre de l'argent. À un moment donné, elle dut même avoir recours à la loi C-36, celle qui protège pendant un certain temps de ses créanciers une compagnie en faillite. Puis le nom d'Uniforêt fut changé pour celui d'ARBEC. Ce fut un moment très triste pour moi.

Finalement, quand Lino Saputo décida en 2006 de procéder à la privatisation d'ARBEC, il offrit un prix de 0,35 $ pour chacune des 7,5 millions d'actions qui me restaient. J'ai accepté son offre et ce fut la fin de mon implication dans la compagnie.

Aujourd'hui, la compagnie opère encore, mais elle « en arrache ». L'usine de pâte de Tripap a été fermée il y a quelques années et, dernièrement, celle de Port-Cartier le fut aussi. Il ne reste que les scieries en opération. L'entente sur le bois d'œuvre conclue en octobre 2006 avec les États-Unis devrait cependant leur permettre de connaître de meilleures années dans l'avenir.

Avec le recul, quand je fais le bilan de mon expérience dans Uniforêt, il y a au moins une chose qui me console. En effet, un des objectifs initiaux de la compagnie a été atteint. J'avais dit, en créant Uniforêt, qu'un des buts de la compagnie était de redonner du travail à des gens qui avaient perdu le leur à la suite de la fermeture de leur usine. Je peux au moins me consoler d'avoir permis à environ 2 000 personnes de ne plus être au chômage. Que ce soit à Péribonka, à Port-Cartier ou à Trois-Rivières, grâce à Uniforêt, plusieurs hommes et femmes ont pu retrouver un peu de leur dignité.

Chapitre 21

Les autres expéditions

Au cours de l'automne 1994, je reçus un appel téléphonique de Bernard Voyer. C'était la première fois que j'avais de ses nouvelles depuis notre rencontre au pôle Nord, le printemps précédent. Il désirait me voir pour me faire part d'un projet qui lui tenait beaucoup à cœur. Nous nous sommes donc rencontrés dans un restaurant, quelques jours plus tard. Après avoir jasé de choses et d'autres, Bernard entra dans le vif du sujet.

— Michel, me dit-il, j'aimerais vous parler d'un de mes plus grands rêves.

— Ah oui, dis-je. Qu'est-ce que c'est ?

— J'aimerais aller à l'endroit le plus austère et le plus inhospitalier de la Terre.

— Où ça ? demandai-je, intrigué.

— Au pôle Sud !

— Au pôle Sud ? repris-je, un peu surpris. C'est loin ça ! Ça ne doit pas être facile d'aller là.

— Non, en effet. Le pôle Sud est l'endroit sur Terre où la température est la plus froide et où les vents sont les plus violents.

— Eh bien, je te trouve très courageux de vouloir entreprendre un tel voyage. J'imagine qu'en plus, ça doit coûter pas mal cher d'aller là ?

— Oui, reprit-il, très très cher. C'est pourquoi j'aurais besoin de votre aide. Il faudrait que vous m'aidiez à trouver des commanditaires pour financer mon expédition.

— Écoute Bernard, repris-je, tu tombes mal. Je viens tout juste d'accepter de financer l'expédition que Weber et Malakhov vont entreprendre au pôle Nord le printemps prochain. Ils m'ont demandé de les aider et je n'ai pas pu refuser.

Penser que je venais de me débarrasser de Bernard Voyer avec cette réponse était bien mal le connaître ! Bernard est en effet un homme qui possède un talent exceptionnel de vendeur. Il continua donc à me parler de son projet. Après l'avoir écouté pendant de longues minutes me décrire les conditions climatiques extrêmes de l'Antarctique, m'énumérer les difficultés énormes que comporte une expédition dans cette région et me parler du défi exceptionnel que représente un tel voyage, il réussit à m'embobiner ! Il créa chez moi tellement d'enthousiasme pour son expédition que j'acceptai de l'aider.

— Ah, merci beaucoup, Michel ! me dit-il. Je savais que je pourrais compter sur vous. Un homme qui s'est rendu au pôle Nord avec un seul rein ne pouvait pas faire autrement que de comprendre pourquoi je veux relever un tel défi. Ça prend un aventurier pour en comprendre un autre !

Après m'avoir exprimé pendant quelques minutes encore sa reconnaissance, il me fit part ensuite du reste de son projet.

— Mais avant de me rendre dans l'Antarctique, dit-il, j'ai besoin de m'habituer un peu aux conditions que je vais retrouver là-bas. Comme vous le savez, le pôle Sud, contrairement au pôle Nord, est situé sur un continent. Les conditions qu'on y retrouve sont donc très différentes de celles de l'océan Arctique. Non seulement les températures sont plus froides et les vents plus forts, mais la topographie est très différente. Il y a beaucoup plus de dénivellations et certaines sont très importantes. Il faut donc que je prenne un peu d'expérience avec ce genre de conditions avant de me risquer en Antarctique.

— Comment projettes-tu faire ça ? lui demandai-je.

— En traversant le Groenland, répondit-il immédiatement.

Je connaissais un peu cette région, car j'avais déjà lu des articles à son sujet. Je me rappelais entre autres qu'il s'agissait d'une île immense recouverte de glace sur plus de 85 % de sa superficie.

— Le Groenland, continua Bernard, est l'endroit de la Terre qui ressemble le plus à l'Antarctique. Une expédition dans cette région va beaucoup m'aider à préparer celle du pôle Sud. Je vais pouvoir, entre autres, tester une grande partie de l'équipement et du matériel dont j'aurai besoin en Antarctique.

— Quand est-ce que t'as l'intention de faire ça ? lui demandai-je.

— Au mois de mai. À ce temps-là de l'année, c'est l'été là-bas et il fait clair 24 heures par jour.

— Vas-tu faire une très grande distance ? lui demandai-je ensuite.

— Environ 375 milles. J'ai l'intention de traverser le Groenland d'est en ouest, dans sa partie la plus étroite. Je vais partir d'Isertoq sur la côte est de l'île, et terminer à Sondre Stromfjord, sur la côte ouest.

— Combien penses-tu que ça va te prendre de temps pour faire ça ?

— À peu près trois mois.

— As-tu l'intention de partir seul ?

— Non. J'en ai parlé à deux gars que je connais, Thierry Petry et Benoît Roy, et les deux sont intéressés à m'accompagner.

— Bon bien, écoute, lui dis-je, un peu en guise de conclusion. Dans à peu près deux mois, je déménage mes bureaux dans de nouveaux locaux situés sur le boulevard René-Lévesque. Il s'agit d'une vieille maison historique appartenant aux Pères franciscains. J'ai fait une entente avec eux et, dès que les rénovations seront terminées, on déménage là. Si t'as besoin d'un bureau pour préparer ton voyage, tu peux venir t'installer chez nous. On a de la place en masse, pis ça te coûtera pas cher !

Bernard ne laissa pas passer cette occasion. Dès le début de l'année 1995, il s'installa avec deux de ses collaborateurs dans nos nouveaux locaux de la Maison Saint-Louis. Il commença alors à organiser son expédition et à chercher des commanditaires. À ce sujet, je crois pouvoir dire que je lui ai donné un bon coup de main. J'ai impliqué dans son projet deux de mes propres compagnies, Uniforêt et Somiper, en plus de convaincre mon bon ami Francesco Bellini d'y associer Biochem Pharma. Quand Bernard partit pour le Groenland, au début du mois d'avril, le financement de son expédition était assuré à 100 %.

Le Groenland

Dans le but de m'impliquer davantage dans son expédition, Bernard me proposa, à un moment donné, de faire une partie du trajet avec lui. Après y avoir réfléchi un certain temps, je décidai que j'irais le rejoindre sur la calotte glaciaire quand il aurait accompli à peu près les deux tiers de son trajet.

Ne désirant pas faire ce voyage seul, j'ai demandé à Lise et à deux de mes ex-coéquipiers du pôle Nord, Bertrand et Richard Perron, de m'accompagner. Nous avons donc tous quitté Montréal le 10 mai, soit environ six semaines après Bernard et ses compagnons. Quelques autres personnes faisaient aussi partie du voyage. Il y avait Nathalie, la conjointe de Bernard ; Vick Pelletier, un *cameraman* avec qui Bernard avait l'habitude de travailler, de même que Jean-Pierre Danvoie, un photographe. Un groupe de Radio-Canada qui allait faire un reportage sur l'expédition de Voyer nous accompagnait également. Nous étions donc au total une douzaine de personnes.

En arrivant au Groenland, mon plan était de louer un hélicoptère à Nuuk, la « capitale » du territoire[2], et d'aller rejoindre Bernard et ses compagnons le plus rapidement possible. Mais les choses ne se passèrent pas comme je l'avais prévu. Quand je me suis présenté aux locaux de la compagnie d'hélicoptères et que je leur ai donné les plus récentes coordonnées de Bernard, on m'informa que sa position était beaucoup trop éloignée de Nuuk pour qu'un de leurs appareils puisse s'y rendre et revenir. La distance était tout simplement trop grande pour leur rayon d'action. De plus, compte tenu du nombre approximatif de milles que Bernard et ses compagnons accomplissaient durant une journée, ils ont calculé que ça prendrait une bonne semaine avant que nous puissions aller les rejoindre à l'endroit prévu.

---

2. Le Groenland est une immense île appartenant au Danemark.

Nous étions donc confrontés à deux choix. Retourner au Canada et oublier notre projet ou demeurer sur place et visiter l'endroit entre-temps. Nous avons choisi la deuxième option.

Nos visites touristiques ont commencé à Nuuk, une belle petite ville pleine de maisons multicolores. Environ 15 000 personnes y vivent, des Inuits métissés pour la plupart. D'ailleurs, les Inuits du Groenland sont beaucoup plus grands que ceux du Canada. C'est justement dû au métissage avec les Danois qui s'est fait au fil des siècles. Certains d'entre eux ont même les yeux bleus !

À la suggestion de l'office local du tourisme, nous nous sommes ensuite rendus à Disko Bay, sur la côte ouest de l'île. Nous sommes allés jeter un coup d'œil sur un phénomène extraordinaire, car c'est en effet à cet endroit que 95 % des icebergs de l'océan Atlantique prennent naissance.

La baie de Disko est tellement profonde que lorsque d'immenses blocs de glace se détachent de la terre ferme et tombent à l'eau, ils flottent et deviennent des icebergs. Celui qui a coulé le *Titanic* en 1912 a probablement pris naissance dans cette baie.

Puis, nous avons terminé nos visites à Sondre Stromfjord, la ville où l'expédition de Bernard allait prendre fin. Évidemment, tous les déplacements effectués cette semaine-là étaient imprévus. Comme la plupart de ceux-ci se firent en hélicoptère, disons que ce fut une semaine qui a coûté pas mal cher à « mon oncle Michel » ! Mais ça en valait la peine.

Finalement, après ces quelques journées fort agréables, nous sommes partis rejoindre Bernard et ses compagnons. Même si j'avais une assez bonne idée de leur position, les trouver fut un peu plus compliqué que je ne le pensais. En effet, chercher des « petits points noirs » sur une étendue aussi vaste fut pas mal plus difficile que je l'aurais cru. Après plusieurs efforts, nous y sommes cependant arrivés. Inutile de dire que les retrouvailles furent très émouvantes. Bernard et ses compagnons étaient très heureux de nous voir, et inversement. Même si les premières semaines de leur expédition s'étaient avérées plus difficiles qu'ils ne l'avaient imaginé, ils étaient tous en très bonne forme.

Quelques heures plus tard, l'hélicoptère est reparti et, tel que prévu, nous avons passé les journées suivantes en leur compagnie. J'ai donc rechaussé mes skis et répété, à une plus petite échelle, mon voyage de l'année précédente au pôle Nord. J'ai cependant vite réalisé que les conditions étaient beaucoup plus faciles. Le sol était recouvert d'environ 12 pouces de belle neige et j'avais l'impression de faire du ski sur un tapis ! De plus, comme le paysage n'avait aucun relief, j'avais l'impression que ce tapis était sans fin. Ce fut une expérience fort agréable. Par contre, le fait de me trouver à une altitude plus élevée qu'au pôle Nord faisait en sorte que chacun de mes efforts était plus fatigant. Je me suis cependant adapté assez rapidement et les journées suivantes furent plus faciles. Pendant les quatre jours passés en compagnie de Bernard et de ses acolytes, nous avons franchi environ 50 milles.

Puis, un bon matin, l'hélicoptère réapparut. Pour nous, ça signifiait la fin de la randonnée au Groenland. Mais pas pour Bernard et ses compagnons. Il leur restait encore plusieurs semaines de route avant d'atteindre Sondre Stromfjord. Ils y arrivèrent cependant sans problèmes.

L'Antarctique

Dès son retour du Groenland, Bernard se remit immédiatement à la tâche. Le temps était venu pour lui d'organiser son expédition en Antarctique. Toujours logé dans nos bureaux de la Maison Saint-Louis, il multiplia alors les appels téléphoniques et les rencontres afin de régler les nombreux détails de son voyage.

Dès le mois de juillet, il fixa la date de son départ à la mi-octobre. Il dressa aussi l'itinéraire de son voyage. Celui-ci allait d'abord le mener dans la ville de Punta Arenas, au Chili. À cet endroit, il ferait affaire avec Adventure Networks qui, moyennant une somme astronomique, s'occuperait de le transporter vers le pôle Sud et de voir à ce que toute la paperasse nécessaire pour son expédition, c'est-à-dire les permis, les assurances et autres, soit en ordre.

Ce pourvoyeur l'amènerait dans un premier temps à sa base de Patriot Hills, située à environ 2 000 milles plus au sud. De là, on le conduirait une dizaine de jours plus tard à l'île Berkner, lieu de départ de son expédition. Bernard avait choisi cet endroit afin de suivre le même itinéraire que celui du Norvégien Roald Amundsen, le premier homme à se rendre au pôle Sud, en 1911.

Son seul compagnon de voyage serait Thierry Petry, un anesthésiste français établi à Gaspé depuis 1985. Ils venaient de traverser ensemble le Groenland et leur relation s'était avérée excellente. Le plan de Bernard était d'atteindre le pôle à peu près deux mois après avoir quitté l'île Berkner. Quant à moi, mon rôle était encore une fois de trouver des commanditaires. Le défi était cependant pas mal plus grand cette fois-ci, car un voyage au pôle Sud coûte beaucoup plus cher qu'un voyage au Groenland. On parle en effet d'un montant frisant les 500 000 $! Je m'étais également engagé auprès de Bernard à aller le chercher au pôle Sud à la fin de son expédition.

Puis les mois passèrent. Tel que prévu, Thierry et Bernard quittèrent Montréal à la mi-octobre, et le 7 novembre suivant, ils entreprenaient leur long périple vers le pôle Sud. Grâce à un système de communication ultramoderne, nous recevions tous les jours leurs messages. Pendant plus d'un mois, tout se déroula très bien. Puis, à partir du 15 décembre, ce fut le silence total. On ne reçut plus de messages d'eux. Nathalie, après quelques jours, devint folle d'inquiétude.

— Il faut qu'on entreprenne des recherches, me dit-elle. Il a dû leur arriver quelque chose !

— Ça me surprendrait beaucoup, lui répondis-je. À date, tout allait très bien. À moins qu'ils soient tombés tous les deux dans une crevasse, ce qui me surprendrait beaucoup, je ne vois pas ce qui aurait pu leur arriver de mal. Moi, à ta place, je ne m'énerverais pas trop. Ils ont probablement un problème avec leur système de communication.

Mais Nathalie insista tellement qu'elle réussit à me convaincre d'entrer en contact avec Adventure Networks, au Chili.

— *Do you have any news concerning Bernard Voyer and Thierry Petry ?* leur demandai-je dès que je pus les joindre.

— *No,* me répondit-on. *We haven't heard from them since they left Berkner Island on November 7th. If you want us to go and look for them, we'll do it. But it's going to cost you 90 000 $ US !*

On peut dire qu'ils n'y allaient pas avec le dos de la cuillère ! Il faut cependant comprendre que l'Antarctique est la région la plus chère du globe. Par exemple, un baril de 45 gallons de carburant coûte là-bas 24 000 $ US !

Après avoir bien pesé le pour et le contre, quant à ce qui était de dépenser une somme aussi importante probablement pour rien, nous avons décidé d'attendre la date que nous avions prévue originalement, soit le début du mois de janvier, pour aller voir ce qui se passait.

Le pôle Sud

Mes compagnons et moi avons quitté Montréal le 27 décembre 1995. En plus de Lise et de Nathalie, j'avais convaincu mon bon ami Tim Kenny et son épouse de m'accompagner. Dès notre arrivée à Punta Arenas, on m'informa que les conditions météorologiques en Antarctique étaient très mauvaises. Non seulement il était impossible de s'y rendre, mais on prévoyait que ces conditions allaient durer un bon bout de temps. Nous avons dû attendre 12 jours !

Enfin, après cette attente interminable, un avion Hercules nous conduisit à Patriot Hills. De là, nous n'étions qu'à environ 600 milles du pôle Sud. Mais avant de s'y rendre, il fallait attendre des nouvelles de Bernard. Cette nouvelle attente dura trois jours. Finalement, il appela. Il avait réussi ! Il était arrivé au pôle Sud quelques heures plus tôt et il nous appelait à partir de la base américaine qui s'y trouve. Il nous expliqua qu'il n'avait pu communiquer avec nous au cours des semaines précédentes parce que les batteries de son système de communication avaient fait défaut. Elles n'avaient tout simplement pu résister aux basses températures de l'Antarctique. Nous avons ensuite convenu que nous irions le chercher le lendemain.

Cependant, le lendemain, avant de monter à bord du Twin Otter qui devait nous conduire au pôle Sud, je dus m'occuper d'un petit problème. Dans la planification qu'il avait faite avant son départ, Bernard n'avait pas prévu que Nathalie se rende au pôle Sud. Elle devait plutôt l'attendre à la base de Patriot Hills. Puisque Adventure Networks exigeait 15 000 $ US par passager pour le voyage aller-retour entre Patriot Hills et le pôle, il avait jugé que cette dépense pouvait être évitée. Moi je pensais au contraire que ce serait une belle surprise à lui faire, si Nathalie nous accompagnait. Mais d'un autre côté, je n'étais pas prêt à payer les 15 000 $ exigés, parce qu'au fond, je me disais que sa présence à bord n'augmenterait d'aucune façon les frais de l'avion. Je me suis donc mis à argumenter sérieusement avec Anne Kershaw, la propriétaire de la compagnie, avant de réussir à la convaincre de laisser Nathalie partir avec nous. Nous avons donc quitté Patriot Hills vers le milieu de l'avant-midi. Avant d'atteindre le pôle Sud, il fut nécessaire de faire un arrêt en cours de route. Il fallut en effet atterrir à mi-chemin afin de décharger des barils de carburant qui allaient permettre le ravitaillement de notre appareil au retour.

Quand nous sommes finalement arrivés au pôle, plusieurs heures plus tard, même si le soleil était au rendez-vous, le thermomètre indiquait -40 °C! Comme je l'ai déjà mentionné, Bernard ignorait que Nathalie était avec nous. Quand il l'aperçut dans la porte de l'appareil, il devint fou de joie. «Nathalie! Nathalie!» cria-t-il.

Les minutes qui suivirent furent très émouvantes. Bernard m'apparut très amaigri, mais quand même en bonne santé. Par contre, Thierry n'en menait pas large. Il avait de la misère à parler et ses mains étaient complètement gelées. Ça faisait 63 jours que lui et Bernard vivaient dans des conditions inhumaines. Il était grandement temps qu'ils arrivent!

Ces deux hommes ont accompli tout un exploit! Ils sont devenus les dixième et onzième hommes, dans l'histoire de l'humanité, à se rendre au pôle Sud en autonomie totale à partir de la mer de Weddel.

Les dirigeants de la base américaine, qui porte le nom des deux premiers explorateurs à se rendre au pôle Sud, soit Amundsen et Scott, nous ont ensuite invités à visiter leurs installations et à manger avec eux. Cette base m'a beaucoup impressionné. Elle ressemble un peu au Stade olympique. Elle est constituée de plusieurs bâtiments et l'ensemble est recouvert d'un dôme. Une cinquantaine de personnes y demeurent en permanence. Elles y font des stages de plusieurs mois au cours desquels elles s'adonnent à des travaux de recherche de toutes sortes. Ma rencontre avec eux fut très enrichissante pour moi.

Quelques heures plus tard, nous sommes repartis pour Patriot Hills, où malheureusement une mauvaise surprise nous attendait. Nous venions tout juste de rater le Hercules qui assure la liaison entre cet endroit et Punta Arenas. Comme il ne s'y rend qu'une fois par semaine, nous avons donc dû demeurer là-bas cinq jours.

Pendant ce temps, j'ai rechaussé mes skis et je me suis promené dans les environs avec Bernard. Je peux donc me tarquer d'avoir fait du ski non seulement au pôle Nord, mais aussi pas très loin du pôle Sud ! Finalement, le Hercules est revenu et nous a ramenés à Punta Arenas. De là, quelques envolées sur des vols commerciaux nous ont ensuite conduits à Montréal.

Le mont Everest

Environ un an plus tard, je reçus un nouvel appel de Bernard Voyer. Il me fit part cette fois d'un autre de ses projets.

— J'ai un nouveau projet, me dit-il. J'aimerais bien faire de l'alpinisme. Il y a peu de gens qui ont à la fois fait des expéditions de ski de ski et escaladé des montagnes. Ce serait un nouveau défi très intéressant pour moi. Qu'est-ce que vous en pensez ?

— Ça coûte-tu ben cher, ces affaires-là ? lui répondis-je aussitôt, un peu à la blague.

— C'est pas mal meilleur marché que d'aller au pôle Sud, reprit-il en riant.

— Tant mieux ! Parce que depuis quelques années, on a pas mal sollicité le monde avec tes voyages. Je pense qu'eux aussi, ils l'ont, leur voyage !

Puis, changeant de sujet, je lui demandai quelle montagne il avait l'intention de gravir.

— Où veux-tu aller ? lui demandai-je.

— J'aimerais conquérir le mont Everest, répondit-il. Mais avant ça, j'ai besoin de prendre un peu d'expérience. Je veux m'assurer que je peux vivre en altitude. J'ai donc l'intention d'aller me faire la main, prochainement, sur quelques montagnes en Amérique du Sud. Si ça marche bien là-bas, je pense escalader le mont Everest à l'automne.

— Ouais, c'est tout un défi, lui dis-je. Je t'envie de faire ça. Si j'étais plus jeune, tu peux être sûr que je t'accompagnerais !

Je pense que je voyais à travers Bernard Voyer un jeune Michel Perron ! Comme lui, j'aime prendre des risques calculés et relever constamment de nouveaux défis. Comme lui, j'aime découvrir de nouveaux territoires et aller toujours plus loin. Comme lui, je dois aussi avouer que de temps à autre, je ne déteste pas me retrouver sous les projecteurs ! J'imagine que ce sont toutes ces raisons qui m'ont incité, au fil des ans, à l'appuyer financièrement dans toutes ses aventures.

— Allez-vous m'aider encore cette fois-ci ? me demanda-t-il.

— Oui, mon Bernard, je vais te donner un coup de main. Tu peux encore compter sur moi.

Quelques semaines plus tard, il se rendit en Argentine faire l'ascension de l'Aconcagua qui, à 22 000 pieds, est le sommet le plus élevé de l'Amérique du Sud. Dès son retour, il m'appela pour m'annoncer que tout s'étant bien déroulé, il projetait maintenant de se rendre dans l'Himalaya à l'automne. Il me fit alors une suggestion qui me plut immédiatement.

— Pourquoi, quand je serai là-bas, suggéra-t-il, ne viendriez-vous pas me rendre visite à mon camp de base ? Comme ce camp est situé à plus de 18 000 pieds d'altitude, ça pourrait constituer pour vous un très beau défi !

On peut dire qu'il avait vraiment le tour de m'embarquer dans ses projets celui-là ! Après avoir réfléchi quelque temps à sa proposition et en avoir discuté avec Lise et mon ami Tim Kenny, j'ai décidé de foncer.

Tim, son épouse, Lise et moi avons donc quitté Montréal au début du mois de septembre 1997 en direction du Népal. Après avoir séjourné quelques jours à Katmandou, la capitale du pays, un avion nous conduisit ensuite à Lukla, une petite ville de l'Himalaya située à une altitude d'environ 6 000 pieds. C'est de cet endroit que notre escalade vers le camp de base de Bernard allait commencer. Mais avant tout, nous devions trouver un gérant d'expédition, car il faut comprendre que pour franchir ce trajet, tout doit être bien organisé. On ne doit jamais partir seul pour une expédition semblable. On doit en effet être accompagné de guides et de sherpas. En plus de nous indiquer la route à suivre, ces gens-là s'occupent du transport du matériel, des repas et de diverses autres tâches. Notre gérant d'expédition, le Français Guy Brevet, en avait engagé une quinzaine. Finalement, quand tout fut organisé, nous sommes partis.

Les journées suivantes resteront à jamais gravées dans ma mémoire. Durant celles-ci, j'ai traversé des cours d'eau en marchant sur des roches, franchi des ravins sur des ponts de corde et marché dans des sentiers étroits situés sur le bord de falaises profondes. Ce fut à la fois épeurant et fatigant, mais aussi très excitant ! À un moment donné, à force de monter, l'altitude commença à avoir des effets négatifs sur mon système. Mon souffle devint plus court, mais je réussis à surmonter cet inconvénient. Nous avons atteint le camp de Bernard 12 jours plus tard, ce qui, semble-t-il, était très bon pour des gens de notre âge. D'autant plus qu'à cette époque, je ressentais fréquemment de vives douleurs à une épaule et à un genou. D'ailleurs, au cours de l'année qui suivit mon retour à Montréal, on dut m'opérer et m'installer des prothèses à l'épaule et au genou gauches.

Voyer avait quant à lui fait des recherches et il s'était trouvé des partenaires pour son ascension. Il avait rencontré un groupe de Français qui avaient le même objectif que lui et, ensemble, ils ont décidé de se partager les coûts de l'expédition. Il faut savoir que pour escalader le mont Everest, ça prend un permis qui coûte à lui seul 100 000 $ US ! Il peut cependant être utilisé par une dizaine de personnes en même temps. Quand on additionne ce montant aux autres dépenses, on arrive à un chiffre assez imposant. Cette association franco-québécoise fut donc la bienvenue !

Le camp de base

Quand nous sommes arrivés au camp de base, Bernard y était déjà depuis un mois et demi. Il fallait en effet qu'il permette à son système de s'acclimater graduellement à l'altitude. Nathalie, qui était responsable de la coordination de l'expédition, était avec lui. Thierry Petry, son compagnon du pôle Sud, était également sur place en tant que médecin du groupe.

Nous avons passé les quatre jours suivants en leur compagnie. Nous en avons profité pour faire de petites randonnées aux alentours. De mon côté, j'ai en plus passé pas mal de temps à jaser avec les Français, de même qu'avec les membres d'autres expéditions qui s'apprêtaient eux aussi à escalader l'Everest. Ces gars-là m'ont appris beaucoup de choses sur l'alpinisme. L'un d'eux m'a expliqué entre autres comment lui et ses compagnons allaient s'y prendre pour atteindre le sommet de l'Everest, situé à environ 11 000 pieds plus haut que le camp où nous nous trouvions.

— La première journée, me raconta-t-il, nous allons gravir à peu près 2 000 pieds et apporter avec nous le matériel nécessaire à l'établissement d'un nouveau campement à cette altitude. Ce camp va devenir notre camp 1. Nous y resterons une couple de jours pour permettre à notre système de s'adapter à cette nouvelle altitude.

— J'imagine que c'est à partir de là que vous allez vous rendre au sommet ? dis-je.

— Non, pas tout de suite, reprit-il. Nous allons d'abord redescendre au camp de base et nous reposer quelques jours. Après, nous allons remonter à ce camp en emportant cette fois-ci le matériel qui va nous permettre d'établir d'autres campements à une altitude plus élevée. Puis, après nous être de nouveau reposés une journée ou deux, nous allons reprendre l'ascension et grimper un autre 2 000 ou 3 000 pieds pour installer notre camp 2.

— Allez-vous rester là longtemps ? demandai-je.

— Une ou deux journées, me répondit-il. Ensuite, nous allons redescendre jusqu'au camp de base. Toujours dans le but de permettre à notre corps de s'habituer graduellement à une altitude plus grande. Puis, après quelques jours, on va remonter jusqu'au camp 2 en apportant encore une fois du matériel.

— Combien de camps allez-vous établir comme ça ? lui demandai-je.

— Quatre. Il faut comprendre que plus on monte, plus l'air est rare. Il faut donc s'habituer graduellement à cette situation. D'ailleurs, près du sommet, nous aurons besoin d'oxygène. C'est pourquoi nous apporterons des bonbonnes avec nous.

— Allez-vous redescendre ensuite jusqu'au camp de base encore une fois ? lui demandai-je.

— Ça va dépendre des conditions. Si la météo le permet, il est possible que nous tentions immédiatement d'atteindre le sommet.

Cet alpiniste français m'apprit également que l'ascension du Mont Everest n'est possible que le printemps et l'automne. L'été, il pleut, la plupart du temps, et l'hiver, les conditions sont tout simplement impossibles.

Finalement, après ces quatre très agréables journées passées en compagnie de ces hommes courageux, mes amis et moi avons quitté le camp de base. Toujours guidés par nos sherpas, nous avons redescendu la montagne et sommes revenus, quelques jours plus tard, à Lukla.

Après avoir visité un peu la région avoisinante et être repassés par Katmandou, nous avons ensuite regagné Montréal.

Quelques semaines après notre retour, nous avons appris que Bernard et ses acolytes n'avaient malheureusement pu atteindre leur objectif. De mauvaises conditions météorologiques les avaient empêchés de se rendre plus haut que le camp 3. Bernard devait cependant se reprendre plus tard. Le 5 mai 1999, il devint, à sa deuxième tentative, un des rares Québécois à réussir l'ascension du mont Everest.

De mon côté, ce voyage marqua la fin de mes expéditions. Après les deux pôles, le Groenland et le mont Everest, j'ai pensé que j'avais relevé ma part de défis. Après tout, pour un greffé, ce n'était pas si mal !

Chapitre 22

Souvenirs de chasse et de pêche

Si on me demandait de classer par ordre d'importance les choses que j'ai le plus aimées dans ma vie, je répondrais sûrement d'abord la famille et le travail. Cependant, pas très loin derrière, j'ajouterais probablement aussi la chasse et la pêche ! Ces deux activités m'ont fait passer tellement de bons moments que je pourrais probablement écrire un autre livre juste sur ce sujet. Mais rassurez-vous, je n'en ferai rien. Je me contenterai plutôt de décrire ici quelques-unes des expériences magnifiques qu'elles m'ont permis de vivre.

Ma première carabine

Quand j'avais une dizaine d'années, mon père m'emmenait parfois, l'été, passer des semaines avec lui à Val-Paradis. J'adorais cet endroit situé en pleine nature, et jamais je ne m'y ennuyais. À cette époque, plusieurs familles amérindiennes y passaient l'été. Elles s'installaient sur les bords de la rivière Pajegasque, pas très loin de notre moulin. Très rapidement, je me suis mis à jouer avec leurs enfants et, même si nous ne parlions pas la même langue, nous arrivions à nous comprendre et à nous amuser ensemble. Tous ces enfants, malgré leur jeune âge, avaient quelque chose en commun. Ils possédaient tous une carabine. Que je les trouvais donc chanceux ! Comme en plus mes *chums* de La Sarre René Veillette et « Poute » Farrell, tous deux plus âgés que moi, en avaient une eux aussi, je tourmentais sans cesse mon père pour qu'il m'en achète une. Mais il ne voulait rien savoir de ça.

— Non, me répétait-il continuellement, une arme à feu, c'est trop dangereux. Pis en plus, t'es ben trop jeune pour avoir ça.

N'étant pas lui-même un chasseur, ni d'ailleurs un pêcheur, mon père était peu enclin à m'encourager dans ce genre d'activités. Mais déjà à cet âge, je n'avais pas l'habitude de m'avouer vaincu très rapidement.

— Écoutez, lui dis-je un jour, si vous me donnez la permission d'acheter une carabine, je suis prêt à en payer la moitié.

— Quoi ? Où est-ce que tu vas prendre l'argent pour faire ça ? me demanda-t-il, curieux.

— Ben… je vais faire des commissions pour les voisins, pis j'va vendre des poches d'avoine vides.

J'avais en effet découvert peu de temps auparavant que la Coop de La Sarre remettait cinq cents pour chaque poche vide qu'on lui rapportait. Je fis ensuite à mon père une proposition qui, me semblait-il, était impossible à refuser.

— Si j'ai une carabine, ajoutai-je, je vais tuer tellement de lièvres et de perdrix que votre investissement va se payer tout seul !

Plutôt sceptique, il ne croyait pas beaucoup à cette possibilité, mais devant mon acharnement, il finit par s'avouer vaincu.

Au cours des semaines suivantes, j'ai donc fait toutes les commissions que j'ai pu et vendu toutes les poches vides que j'ai trouvées. J'ai réussi à amasser 2,50 $, soit la part que je m'étais engagé à payer. Mon père a payé l'autre moitié.

Au cours des mois qui suivirent, j'ai tué tellement de lièvres que ma mère ne savait plus qu'en faire.

— Arrête de m'amener du lièvre, me dit-elle un jour exaspérée, on en a assez ! On est écœurés de manger ça !

D'ailleurs, à force d'en tuer, j'avais fini par épuiser tout mon stock de cartouches. Comme nous étions en temps de guerre et que les munitions étaient rationnées, il n'était pas facile de s'en procurer. Mais j'avais des trucs! D'abord, mes copains amérindiens n'étaient pas soumis au rationnement, et il m'arrivait de faire du troc avec eux. Ensuite, un de mes *chums,* le p'tit St-Pierre, dont le père était propriétaire du magasin général, réussissait à m'en sortir de temps en temps. J'étais donc toujours assez bien approvisionné.

J'ai commencé à pratiquer la pêche à peu près à la même époque. Mon ami René Veillette est celui qui, le premier, m'a initié à cette activité. Il m'a d'abord montré à pêcher des carpes, à la main! Au printemps, nous nous rendions sous le pont du chemin de fer de la petite rivière La Sarre où, à l'aide d'une broche, nous explorions le petit rapide pour trouver des poissons. Dès qu'on en sentait un passer, on se dépêchait d'entrer la main dans l'eau et de l'attraper. C'est ainsi que je fis mes premières prises.

Mon premier orignal

Quelques années après avoir commencé à travailler à la scierie, je me suis fixé comme objectif de vendre du bois à la mine de Normétal. Pour y arriver, ma seule chance était de devenir ami avec les Anglais qui la dirigeaient. J'ai donc multiplié mes rencontres avec eux et j'ai réussi, après un certain temps, à établir une bonne relation avec le gérant et l'acheteur de la mine.

L'automne suivant, j'ai invité ces deux personnes à un voyage de chasse au nord de Val-Paradis. Un bon matin, nous sommes partis en canot et avons remonté la rivière Pajegasque sur plusieurs milles. Puis, après plusieurs jours passés en forêt, nous sommes revenus chacun avec un bel orignal. C'était le premier que je tuais dans ma vie, mais c'était loin d'être le dernier! Les gars de la mine, de leur côté, étaient si heureux de leur chasse que quelque temps plus tard, ils se mirent à acheter leur bois chez nous. Je venais de découvrir un truc qui allait m'être utile toute ma vie.

Au cours de ces années-là, la pêche commençait à être un loisir qui m'intéressait de plus en plus. Mon frère Normand possédait un bateau, ce qui nous permettait d'aller pêcher à différents endroits chaque semaine. Nos lacs préférés étaient les lacs Duparquet, Hébécourt et Abitibi, tous situés assez près de

La Sarre. Ces endroits étaient tous très bien, mais mon grand rêve était d'aller explorer de nouveaux lacs que seul un avion me permettrait d'atteindre. Ce projet allait bientôt se réaliser !

De nouveaux horizons

En 1953, j'ai acheté mon premier avion. À compter de ce moment, il me fut alors possible d'explorer de nouvelles frontiè-res et de me rendre dans des endroits autrement inaccessibles. Je pus ainsi découvrir des centaines de lacs peu fréquentés et faire, au cours des années suivantes, des pêches quasi miraculeuses !

L'avion fut aussi très utile pour mon travail, car il me permit de découvrir la forêt du haut des airs et de pouvoir mieux plani-fier nos futures opérations forestières.

Il est impossible que je raconte mes souvenirs de chasse et de pêche sans faire mention de l'île Mouk-Mouk. J'ai déjà décrit cet endroit et j'ai raconté à ce moment-là ce qu'on y faisait. Je me contenterai donc ici de rappeler que cette île a été pour nous, les frères Perron, un outil promotionnel extraordinaire. Elle a été l'hôte de clients, de fournisseurs, d'employés, de banquiers, d'amis… Quiconque y a fait un séjour vous dira que la nature y était magnifique, la pêche et la chasse, excellentes, la nourriture abondante et l'alcool, très présent ! Jamais je n'ai vu quelqu'un repartir de là malheureux ! Au contraire, l'endroit avait un attrait incroyable, surtout pour les hommes d'affaires qui arrivaient de grandes villes comme Montréal et Toronto. Pour eux, c'était le dépaysement le plus total ! Ils pouvaient s'évader dans la nature pendant plusieurs jours, faire d'excellentes pêches et s'amuser en bonne compagnie. L'automne, ils étaient quasiment assurés de repartir de là avec un orignal.

Pour mes frères et moi, c'était l'occasion rêvée de tisser des liens d'amitié avec eux et de mousser nos affaires. Souvent, par la suite, les commandes entraient plus facilement et les emprunts étaient plus faciles à obtenir. Certaines personnes étaient parti-culièrement importantes pour nos affaires. C'est le cas, par exemple, des dirigeants de la compagnie Abitibi Paper, du gérant local au président, qui représentaient tous pour nous des gens que nous avions intérêt à bien traiter. Leur compagnie possédait d'immenses territoires de bois dans le nord-est de l'Ontario et

50 ans
de bonheur

Lise et Michel

Olivier, Alain, Anne-Marie et Richard
Charles et Evelyne

Jérémie, Bertrand,
Line et Elizabeth

Claude, Vincent,
Ève-Emanuelle et Chantal

Adrienne et Denise
David et Jacqueline

François et Dominique
Philippe, Antoine,
Michel et Isabelle

Léonor,
Geneviève, Bernard et Gilles
Ella, Alex

Henri, Bess et Harley
Julia, Jack Henri et Emily

nous savions qu'un jour la croissance de Normick Perron passerait par l'accès à ces ressources. Nous avions donc intérêt à développer et à maintenir les meilleures relations possible avec eux. Inutile de dire qu'ils furent des visiteurs assidus à notre île !

Le nord de l'Ontario

L'année 1963 marqua justement le début de notre croissance dans le nord de l'Ontario. La construction d'une usine de contreplaqué à Cochrane fit en sorte que je commençai à passer de plus en plus de temps dans cette région. Elle m'amena aussi à rencontrer de nouvelles personnes et à me faire de nouveaux amis. J'aimerais dire quelques mots au sujet de l'un de ceux-ci.

Pete Hughes avait fait la guerre comme pilote et s'était par la suite porté acquéreur d'une pourvoirie au petit lac Abitibi, près de Cochrane. Même s'il était un peu plus âgé que moi, je m'adonnais très bien avec lui. Je suis vite devenu un habitué de sa pourvoirie et un de ses plus fidèles compagnons de pêche. Grâce à lui, j'ai rencontré plusieurs personnalités. Ainsi, un jour que nous prenions un verre ensemble à l'hôtel Albert, il me présenta un joueur de hockey qui, malgré son jeune âge, était déjà une grande vedette des Maple Leafs de Toronto. Tim Horton était loin de se douter, cette journée-là, qu'un jour son nom allait devenir l'un des plus connus au Canada ! À une autre occasion, Pete me fit rencontrer Gordie Howe, le célèbre numéro 9 des Red Wings de Detroit. À ce moment-là, Howe était la plus grande vedette de la Ligue nationale de hockey. Inutile de dire que j'étais très impressionné.

Pete est décédé quelques années plus tard, à la suite d'un malheureux accident d'avion. Sa disparition m'a fait beaucoup de peine.

Le lac de la Grosse Île

Pendant environ 25 ans, soit du milieu des années 1950 jusqu'en 1980, j'ai fréquenté l'île Mouk-Mouk de façon régulière et j'y ai passé des moments inoubliables. Cependant, après ma thérapie, en mai 1980, j'ai réalisé que lorsque j'allais faire un tour à cet endroit, l'envie de boire revenait vite me hanter. J'avais appris, durant mon séjour au Pavillon Desjardins, que je devais dorénavant me tenir loin des tavernes, des bars et de tous les endroits où les gens boivent de l'alcool. J'ai donc conclu que je n'y étais plus à ma place. Je me suis alors mis à la recherche d'un nouvel endroit pour pratiquer mon sport préféré. Mes randonnées en hélicoptère des mois suivants m'amenèrent donc à visiter plusieurs endroits, particulièrement dans les régions situées au nord de La Sarre, de l'Ontario et de Matagami.

Un jour que je survolais cette dernière région, j'aperçus tout à coup un petit chalet qui me sembla abandonné, sur les rives d'un lac situé pas très loin du lac du Goéland. Ayant remarqué qu'aucune route ne s'y rendait, l'endroit suscita mon intérêt. Au cours des jours suivants, je me mis à la recherche du propriétaire de ce chalet, un type de Val-d'Or, et comme il ne l'utilisait plus depuis un certain temps, il accepta de me le vendre pas cher. Je le démolis aussitôt et construisit l'année suivante, sur le même site, un nouveau chalet plus grand et plus moderne.

L'absence de route compliqua un peu sa construction. Il fallut apporter les matériaux à sept milles de là et les transporter par la suite en hélicoptère. La construction fut cependant terminée assez tôt dans la saison pour pouvoir profiter des excellentes conditions de pêche de ce lac. Au cours des cinq années suivantes, soit de 1981 à 1986, j'y ai passé d'excellents moments, surtout avec ceux de mes amis qui étaient moins portés sur la bouteille !

Puis un incident vint mettre fin à ces belles années. Un matin, vers la fin de l'été 1985, j'aperçus tout à coup deux canots devant mon chalet. Intrigué, je me rendis immédiatement à la rencontre de ceux qui venaient d'en débarquer.

— Bonjour ! Comment ça va ? leur demandai-je.

Puis, avant même qu'il ait le temps de répondre, je poursuivis.

— Vous êtes arrivés quand ?

— Hier, me répondit l'un d'eux.

— Vous vous êtes rendus ici de quelle façon ? Il me semble que j'ai pas entendu d'avion arriver.

— On est venus en auto, répondit un autre. On s'est rendus jusqu'au « pit de gravelle », pis de là, on s'est fait une *trail* dans le bois. On s'est dit que la place devait être bonne pour la pêche si vous vous étiez bâti icitte !

Je n'avais pas remarqué qu'au cours de l'été, le Groupe Saucier, qui possédait des chantiers dans la région, avait construit un chemin qui passait à quelques centaines de pieds à peine du lac. J'ai compris à cet instant même que jamais plus je n'aurais la paix. J'ai donc vendu mon chalet un an plus tard et je suis parti.

La coupe Stanley à Landrienne

En 1986, les Canadiens de Montréal ont gagné la coupe Stanley. Pour mon ami Serge Savard, c'était une première conquête en tant que directeur général de l'équipe. Au cours de l'été qui suivit, j'ai voulu le remercier à ma façon en l'invitant à passer quelques jours à l'île Mouk-Mouk avec quelques-uns de ses amis. Je ne me souviens plus exactement pourquoi, mais Serge avait décidé d'emmener la coupe avec lui.

Un soir, après une belle journée de pêche sur le lac Duparquet, je lui fis la suggestion suivante :

— J'ai un chalet sur un lac à l'est de Matagami, lui dis-je, et la pêche y est excellente. Demain, si tu veux, je pourrais t'emmener là-bas avec tes amis. On partirait de bonne heure, on passerait la journée là, pis on reviendrait avant la noirceur. Qu'est-ce que t'en penses ?

— Ce serait une bonne idée, répondit-il.

Puis, tout à coup, il me vint une idée.

— Dis-moé donc, Serge, ça fait combien de temps que t'es pas allé à Landrienne ?

Landrienne, situé près d'Amos, est le village natal de Serge Savard.

— Euh… Ça doit faire quatre ou cinq ans, répondit-il.

— Eh bien, si tu veux, demain on va y aller pis, en plus, on va apporter la coupe avec nous autres. Ça va être le plus beau cadeau que tu feras jamais aux gens de chez vous !

Le lendemain matin, nous sommes tous montés à bord de mon hélicoptère, sans oublier, évidemment, d'apporter le fameux trophée. Environ une heure plus tard, nous arrivions au-dessus de Landrienne. Après avoir survolé le village pendant quelques minutes à la recherche d'un endroit pour atterrir, Serge m'indiqua un garage appartenant à un de ses amis. Nous avons alors amorcé notre descente. Pendant ce temps, les gens de la place avaient aperçu l'appareil et se demandaient qui pouvait bien être à bord. Plusieurs dizaines de personnes s'étaient rassemblées près du garage. Quand elles aperçurent Serge, elles se mirent toutes à crier : « Serge ! Serge ! » Quand il leur montra la coupe Stanley, ce fut le délire total !

Le lac Legardeur

Une de mes principales manies, dans la vie, a toujours été de construire des petits camps. Aussitôt que je voyais une belle place, c'était plus fort que moi, il fallait que je construise un camp. J'ai dû en bâtir comme ça au moins 20 au cours de ma vie. J'en avais cinq ou six, dans les environs de l'île Mouk-Mouk, qui servaient surtout pour la chasse, à l'automne. J'en avais également à plusieurs autres endroits. Il s'agissait toujours d'habitations assez rudimentaires mesurant 16 pieds par 14 et pouvant loger 4 personnes.

À l'époque de la Grosse Île, il m'arrivait fréquemment de me promener dans la région avoisinante à la recherche de *spots* pour construire de tels camps. C'est ainsi que vers la fin de l'été 1984, j'aperçus pour la première fois l'endroit qui allait changer ma vie. Immédiatement, j'ai su que je devais construire un camp sur ce site. Cependant, quand j'y suis retourné, l'été suivant, plutôt que d'ériger un camp, j'ai décidé d'y installer une tente de prospecteur. J'y ai ensuite transporté un bateau en le suspendant sous mon hélicoptère. Je trouvais que la pêche sur le lac où était situé ce site était extraordinaire.

À l'automne 1985, quand j'ai réalisé que je devais quitter la Grosse Île, j'ai commencé à penser que je pourrais peut-être m'établir en permanence sur ce site. J'ai alors entrepris des démarches auprès des autorités provinciales afin d'obtenir un permis de construction. Cependant, ce lac, le lac Legardeur, était situé dans le bassin NBR, c'est-à-dire celui des rivières Nottaway, Broadback et Rupert, et un projet hydroélectrique important devait y être réalisé au cours des années suivantes. Un moratoire de quatre ans avait donc été décrété et il était impossible d'obtenir de permis.

Le mot impossible n'ayant jamais fait partie de mon vocabulaire, j'ai entrepris des démarches politiques, certaines à un niveau très élevé, et j'ai finalement réussi, un an plus tard, à obtenir un bail de sept ans renouvelable pour une période semblable, sur le terrain que je convoitais. J'ai ensuite emmené sur les lieux mon beau-frère, l'architecte Marcel Monette, et lui ai demandé de me dessiner les plans du futur « chalet de mes rêves » ! Dès que ce fut fait, la construction commença. Je peux dire qu'elle exigea toute une logistique !

En effet, construire un chalet de 90 pieds de long sur un terrain situé à 45 milles de la route la plus proche constituait tout un défi. En 1987, du début de septembre jusqu'à la mi-octobre, 130 voyages d'avion, un Otter sur flottes, furent nécessaires pour transporter les matériaux entre un endroit situé sur la route de la Baie-James et le lac Legardeur. Des camions remplis à pleine capacité partaient de La Sarre et devaient parcourir 280 milles, par Amos et Matagami, pour se rendre à ce point. Deux jours étaient ensuite nécessaires pour les vider et transporter leur contenu à bras d'homme jusqu'au lac, situé à environ 200 pieds plus loin. Après avoir chargé ce contenu dans l'avion, celui-ci l'apportait ensuite sur les lieux de la construction.

Cependant, pour être en mesure de voler, cet avion avait besoin de carburant. Il fallut donc prévoir des dizaines de barils de *fuel,* une pompe à gaz de même qu'une petite génératrice. On fit chaque voyage en mettant le moins de carburant possible afin de maximiser la quantité de matériaux transportés.

Au lac Legardeur, on dut construire un quai temporaire pour débarquer ces matériaux et les apporter à terre. Deux grandes tentes de prospecteur furent aussi installées sur le site pour permettre à la dizaine d'hommes qui travaillaient sur les lieux de pouvoir manger et dormir.

Dès le début des travaux, on s'aperçut qu'il y avait une dénivellation de trois pieds entre les deux extrémités du chalet. Il fallut donc creuser ce sol gelé. Ce fut toute une *job* ! On y est cependant arrivé après avoir pompé de l'eau dans le lac et l'avoir arrosé abondamment. Un autre défi de taille attendait ensuite les ouvriers. Les roches ! Des roches de plusieurs tonnes impossibles à enlever. La solution retenue pour remédier au problème fut de les déplacer en les poussant dans des trous creusés juste à côté. Les hommes qui ont fait ce travail de bras, et j'aimerais mentionner en particulier mon ami René Veillette, ont beaucoup de mérite. Ils ont trimé dur pendant 12 ou 13 heures par jour, 7 jours par semaine. Leurs efforts permirent qu'à la mi-octobre, la structure du chalet soit montée. De la laine minérale avait été posée dans les murs et la construction avait été recouverte d'un toit de tôle. Il était grand temps que le chalet soit fermé, car la neige était déjà au rendez-vous ! Une grosse fournaise à bois avait aussi été installée au sous-sol.

Le 10 octobre 1987, Lise et moi couchions pour la première fois dans une des chambres. Avant de quitter les lieux, quelques jours plus tard, toutes les mesures nécessaires à la fabrication des fenêtres, des armoires et de l'ameublement furent prises. Le tout fut ensuite fabriqué à La Sarre, démonté, puis remonté sur place, le printemps suivant.

Au cours de l'hiver 1988, la chance nous favorisa. Une route fut aménagée par Hydro-Québec pour la construction d'une ligne de transmission entre Chapais et la Baie-James. Cette route passant à seulement 12 milles du lac Legardeur permit aux camions d'apporter les fenêtres, les armoires, l'ameublement et tout le reste à cet endroit. De là, un gros hélicoptère sous lequel un filet avait été installé transporta le tout au chalet.

Au mois de juin suivant, quand la saison de pêche ouvrit, la finition du chalet était presque terminée. Quelques semaines plus tard, nous pouvions accueillir nos premiers invités.

Entre-temps, une antenne de téléphone de 125 pieds de haut avait été installée par Télébec. Cette antenne, branchée sur le système de tours de la Baie-James, nous mettait en communication avec le reste du monde. Une génératrice avait aussi été montée et nous permettait de bénéficier des avantages inestimables de l'électricité. Situé en plein bois, notre chalet était dès lors pourvu des facilités les plus modernes. Peu de temps après, une antenne parabolique nous permit aussi d'avoir la télévision. Quand tous ces travaux furent terminés, plusieurs personnes me posèrent la même question :

— Combien ça vous a coûté, ce chalet-là ?

Ma réponse a toujours été la même :

— Je le sais pas, pis j'aime autant pas le savoir !

De cette façon, je ne me suis jamais senti coupable... Au cours des années suivantes, des centaines de personnes ont séjourné à cet endroit. J'y ai invité des parents, des amis, des relations d'affaires, des bénévoles œuvrant pour des organismes de charité... Parmi nos visiteurs les plus célèbres, il y a eu André Bérard, l'ancien président de la Banque Nationale ; Serge Savard ; Jean-Luc Lussier, un courtier en valeurs mobilières devenu par la suite un de mes plus précieux collaborateurs ; Bobby Orr ; Alban D'Amours, le président actuel du Groupe Desjardins, et le fameux numéro 9 des Canadiens de Montréal, Maurice Richard ! En passant, j'aimerais faire remarquer que ma mère y a pêché jusqu'à l'âge de 92 ans ! Parmi nos autres invités, j'aimerais en mentionner deux en particulier. Le premier, Michel Bock, est mon ami depuis plus de 40 ans. La pêche, un *hobby* que nous affectionnons tous les deux, nous a permis, au cours de ces années, de partager de merveilleux moments. Michel possède un magnifique chalet à Sainte-Véronique, au nord de Montréal, où j'ai la chance d'être fréquemment invité. Le deuxième, Jean-Marc Baronnet, est un homme d'affaires de Québec. Il est propriétaire d'Armand Guay inc., une des plus grandes entreprises de location de grues au Québec. Jean-Marc, qui est aussi un ami de longue date, possède un magnifique camp de pêche au lac Péré, dans la région du barrage Caniapiscau, au nord du lac Saint-Jean. Chaque année, grâce à son hospitalité, j'ai la chance d'aller taquiner la truite (rouge et grise) à cet endroit.

Au cours des années 1990, certaines améliorations ont été apportées au domaine du lac Legardeur. Le chalet fut agrandi et quelques petits bâtiments furent ajoutés à ses côtés. Aujourd'hui, il est possible à une vingtaine de personnes d'y loger très confortablement. D'ailleurs, tous nos visiteurs semblent bien apprécier l'endroit. Quelques-uns, dont Guy Nadeau, qui m'a aidé à écrire ma biographie, y ont même découvert le sport qu'est la pêche et en sont devenus de fervents adeptes par la suite.

J'essaie évidemment de passer chaque été le plus de temps possible à cet endroit merveilleux. J'y apprécie chaque instant et il n'y a rien que j'aime plus, à la fin d'une belle journée de pêche, que d'y contempler un magnifique coucher de soleil.

Mon « associé de canot »

« Associé de canot » est une expression utilisée anciennement par les trappeurs. Elle sous-entend qu'une personne accorde une confiance illimitée à son partenaire. Elle veut aussi dire que celui-ci est souvent son meilleur ami. Moi, mon « associé de canot » est Jean-Yves Deslauriers. J'ai connu Jean-Yves au début des années 1970, quand la Banque Nationale le transféra de Matagami à La Sarre et le nomma gérant de sa succursale locale. Rapidement, nous nous sommes découvert des atomes crochus, particulièrement pour les sports de plein air. Je n'essaierai même pas de compter le nombre d'expéditions de pêche et de chasse que nous avons faites ensemble au cours des années. Tout ce que je peux dire, c'est que des orignaux, on en a tués et débités plusieurs ensemble. Quant aux dorés, truites et brochets qu'on a pêchés ensemble, leur nombre est incalculable !

Notre amitié a aussi beaucoup servi les intérêts de nos deux entreprises respectives. À l'époque où j'ai connu Jean-Yves, Normick Perron faisait surtout affaire avec la Banque Royale. Notre relation a fait en sorte que notre compagnie se rapproche de la Banque Nationale et qu'elle devienne même son plus important client de la région. Cette situation me permit d'ailleurs d'en tirer un certain avantage et d'exercer une influence sur les dirigeants de la banque, comme le démontre l'anecdote suivante.

À cette époque, quand un gérant de banque avait fait quatre ans dans une ville, on le transférait ailleurs. Puisque que je m'entendais bien avec Jean-Yves et qu'il était devenu mon meilleur ami, je ne voulais pas qu'on l'envoie ailleurs. Un jour que j'étais en compagnie de Germain Perrault, le président de la Banque Nationale, j'en profitai pour lui passer un petit message.

— Vous avez dû vous apercevoir, lui dis-je, qu'on est devenus de bons clients de votre banque et que nos relations s'améliorent tout le temps. Si c'est comme ça, c'est à cause de Jean-Yves Deslauriers. C'est le meilleur gérant de banque qu'on ait jamais eu. J'imagine que vous allez nous l'enlever bientôt et le transférer ailleurs. Laissez-le donc à La Sarre encore un bout de temps, c'est bon pour vous autres !

Il faut croire que mon intervention eut une certaine influence, puisque Jean-Yves ne fut pas transféré.

Quelques années plus tard, j'eus l'occasion de refaire mon numéro auprès de Michel Bélanger, le nouveau président de la banque. Encore une fois, le résultat fut positif. J'ai réussi comme ça à garder Jean-Yves à La Sarre pendant 10 ans ! Cependant, au début des années 1980, la banque a fini par le transférer à Amos d'abord, puis à Val-d'Or ensuite, où il fut nommé vice-président. Mais son départ de La Sarre ne changea rien à notre relation. Nous sommes demeurés amis et avons continué pendant un autre 25 ans nos excursions de pêche et de chasse.

La pêche au saumon

L'Abitibi n'étant bien évidemment pas une région reconnue pour ses saumons, je n'ai connu ce genre de pêche qu'à l'âge de 44 ans. Mais j'ai bien repris le temps perdu par la suite ! J'ai alors découvert un sport excitant auquel je me suis adonné avec passion pendant de nombreuses années. Il m'a permis de connaître plusieurs beaux endroits dans le monde et de me faire beaucoup de nouveaux amis. C'est d'ailleurs au cours d'une excursion à la pourvoirie de mon ami Roger Baikie, sur la Grande Cascapédia en Gaspésie, que j'ai connu Bobby Orr. C'est lui, par la suite, qui m'a présenté Ted Williams, un des plus grands joueurs de baseball de tous les temps !

Après quelques années à pêcher sur différentes rivières ici et là, je suis devenu membre d'un club privé sur la rivière Moisie, près de Sept-Îles. Pendant plus de 20 ans j'y ai effectué des séjours annuels inoubliables.

La pêche au saumon m'a aussi permis de faire des voyages extraordinaires. Elle m'a mené entre autres en Colombie-Britannique, en Alaska et en Norvège. Dans ce pays, j'ai eu la chance de pêcher à quelques reprises sur la rivière Alba, un des endroits les plus renommés de la planète pour la pêche au saumon. Cette rivière compte d'ailleurs parmi ses visiteurs réguliers la famille royale britannique. Puisqu'il y fait clair 24 heures par jour, on pêche surtout la nuit, car le soleil est moins fort à ce moment-là.

Un jour que je pêchais sur cette rivière, j'ai accompli, par un sacré coup de chance, un exploit qui ne s'était pas vu depuis plus de 50 ans. J'ai réussi à prendre avec un seul hameçon deux saumons en même temps ! En effet, pendant que j'essayais d'embarquer celui qui avait mordu à mon hameçon, un autre s'est entortillé dans ma ligne. Avant de comprendre ce qui se passait, j'ai dû travailler très fort pendant une bonne heure. Puis finalement, j'ai réussi à sortir de l'eau ces deux gros poissons. Le premier pesait 38 livres et le deuxième, 26 ! Je peux dire qu'à la fin, j'étais complètement épuisé !

Le lendemain, mon exploit était relaté dans plusieurs journaux du pays et ma photo apparaissait avec mes deux saumons. J'étais presque devenu un héros !

L'île au Ruau

En 1978, j'ai eu la chance d'être invité par Louis Desmarais, le frère de Paul, à un club privé de chasse, à l'île au Ruau. Cette île magnifique est située dans le fleuve Saint-Laurent, juste à côté de l'île d'Orléans. À l'automne, quand les arbres du mont Sainte-Anne et des montagnes environnantes se parent des belles couleurs rouge et orangée, le coup d'œil y est tout simplement féerique ! J'ai trouvé cet endroit tellement beau que, dès qu'une place s'est libérée, au début des années 1980, je suis devenu membre de ce club. Depuis, j'y fais plusieurs séjours chaque année. Chaque fois j'invite des amis, que ce soit pour la chasse à l'oie blanche, au faisan, au canard, à la dinde sauvage ou au chevreuil.

Au cours des 20 dernières années, j'y ai passé des moments inoubliables grâce, entre autres, à Hervé et Gisèle Vézina, le gérant de l'île et son épouse.

Chapitre 23

Les « bonnes œuvres »

Le bénévolat et les « bonnes œuvres » ont toujours occupé une place très importante dans ma vie. Aussi j'aimerais raconter quelques souvenirs à ce sujet.

D'abord, je dois dire que dès l'âge de cinq ou six ans, j'ai été sensibilisé à la misère des gens. En effet, dans les années 1930, c'était la grande crise économique et beaucoup de monde « en arrachait ». Notre famille était un peu privilégiée, car nous avions la chance de vivre dans une ferme. Non seulement nous avions un toit au-dessus de la tête, mais nous étions toujours assurés d'avoir quelque chose à manger. Malheureusement, ce n'était pas le cas pour tout le monde. Je me souviens entre autres qu'il arrivait assez souvent que des inconnus descendant du train viennent frapper à notre porte pour demander de l'aide.

— Pour l'amour de Dieu, disaient-ils, aidez-moé ! J'ai faim ! Ça fait deux jours que j'ai pas mangé. Donnez-moé à manger, s'il vous plaît ! Je suis prêt à travailler et à faire n'importe quoi pour vous dédommager.

Même si mon père n'avait pas besoin de main-d'œuvre, il se faisait toujours un devoir d'aider ces pauvres gens. Non seulement il leur donnait à manger, mais la plupart du temps, il leur permettait aussi de passer la nuit dans une remise située à côté de la maison. Même s'il n'exigeait rien en retour, la plupart du temps, ces personnes le remerciaient en faisant le lendemain quelques travaux à la ferme. Évidemment, dans ce temps-là, mon père s'assurait qu'ils ne repartent pas l'estomac vide. Souvent, il leur suggérait même des endroits où, selon lui, ils auraient peut-être une chance de se trouver du travail.

Le souvenir de ces pauvres diables m'a habité toute ma vie. À partir de ce moment, j'ai réalisé que, dans la vie, tout le monde n'a pas la même chance. Cependant, la première véritable occasion que j'ai eue d'aider mon prochain n'est survenue que plusieurs années plus tard. Peu de temps après avoir commencé à travailler à Val-Paradis, je devins l'adjoint de mon père. Il m'arrivait alors assez souvent de recevoir des hommes en quête de travail. Plus souvent qu'autrement, il s'agissait d'agriculteurs dans la force de l'âge qui, l'hiver surtout, étaient sans emploi et sans revenu.

— Monsieur Michel, me disait-on souvent, il faut absolument que vous me donniez une *job*! Trouvez-moé quelque chose à faire, il faut que je gagne de l'argent.

— Pourquoi y faut absolument que tu travailles? demandais-je habituellement.

— Parce que ma femme est malade et qu'elle doit être opérée, pis que j'ai pas d'argent.

Les gens avaient toujours une raison très touchante. Quand ce n'était pas la santé, c'était les études de leurs enfants ou une autre raison de ce genre-là.

— Qu'est-ce que tu sais faire? avais-je l'habitude de leur demander ensuite. Peux-tu travailler comme bûcheron, comme mécanicien, comme chauffeur de camion?

— Non était la réponse que, plus souvent qu'autrement, on me donnait.

Malheureusement, ces personnes n'avaient habituellement aucune formation ou expérience pour les emplois que nous avions à la scierie. Leurs compétences se limitaient plutôt aux travaux de la ferme. Il n'était donc pas facile de les aider. Cependant, je me débrouillais presque toujours pour leur trouver un poste de gardien ou d'homme à tout faire. Ça leur permettait ainsi de gagner un peu d'argent et de régler leur problème.

Le Club Rotary

En 1952, mon beau-frère Alex Laurin parraina mon entrée dans le Club Rotary de La Sarre. Comme c'était à l'époque le seul club social de la ville, tous les notables en faisaient partie. Le médecin était là, de même que le dentiste, le notaire, le gérant de banque, les principaux marchands, etc. En être membre était donc très prestigieux. Comme la plupart de ces hommes étaient plus vieux que moi, j'étais très intimidé. D'autant plus que les règlements du club prévoyaient que je devais les tutoyer.

Parmi les œuvres dont s'occupait le club, il y avait celle de l'aide aux personnes défavorisées. Quand arrivait le temps des fêtes, nous procédions donc à la distribution de paniers de Noël à leur intention. Dès ma première année en tant que membre, je me suis porté volontaire avec deux autres gars pour la distribution de ces paniers. Nous avons d'abord demandé à certains marchands de La Sarre de nous identifier quelques familles dans le besoin. Dans le passé, c'est le curé de la paroisse qui s'occupait de cette tâche. Mais depuis que le Club Rotary s'était déclaré laïc, les autorités religieuses ne le voyaient plus d'un très bon œil.

— La main de Dieu ne peut pas être au service d'un club semblable! disait le curé, du haut de sa chaire.

On se débrouillait donc autrement. Après avoir obtenu une liste d'une vingtaine de familles, nous avons commencé notre tournée, heureux de pouvoir apporter à ces gens un peu de réconfort et de bonheur. Notre ardeur fut cependant refroidie dès notre premier arrêt.

— On s'en vient vous porter un beau cadeau de Noël, dis-je à la dame qui nous ouvrit la porte.

— De qui ça vient ce panier-là? répliqua-t-elle sèchement. Qui c'est, qui vous a donné notre nom?

Cet accueil plutôt glacial nous surprit! Nous qui étions animés des meilleures intentions du monde, étions tout à coup confrontés à une réaction bien humaine, l'orgueil. La dame, à notre grand désarroi, refusa même notre panier! Notre visite à la maison suivante connut un dénouement semblable. Je proposai alors à mes camarades de changer un peu notre approche. Dès la maison suivante, notre discours d'introduction fut différent.

— Le Club Rotary a organisé un tirage de paniers de Noël, la semaine passée, et vous êtes un des heureux gagnants ! dis-je à la personne qui nous accueillit.

Son visage s'illumina immédiatement d'un grand sourire.

— Ah oui ? Merci beaucoup ! Que vous êtes donc gentils ! Ça pouvait pas mieux tomber !

J'avais fini par comprendre que, même pauvres, les gens conservent leur fierté. Cette nouvelle approche facilita beaucoup la suite de notre distribution. Toutes les autres familles acceptèrent notre panier avec reconnaissance.

Quelques années plus tard, les membres m'élirent président. Je me fixai alors comme objectif prioritaire d'augmenter les revenus du club afin de pouvoir aider plus de gens. Appuyé par mon ami Charles Alarie, je me mis donc à la recherche de moyens pour atteindre ce but.

Cette recherche nous amena, au cours de l'été 1955, à organiser pour la première fois à La Sarre une foire agricole. De nombreux stands furent alors érigés sur le terrain de l'école Saint-André pour permettre aux cultivateurs et artisans de la région d'étaler et de vendre leurs produits. Des concours d'animaux furent également organisés, de même que toutes sortes d'activités mettant en vedette des produits de la ferme. Cependant, ce qui assura vraiment le succès de l'événement, ce furent les manèges et les jeux d'adresse de Beauce Carnaval. Ceux-ci connurent en effet un succès phénoménal ! Puisque l'entente que nous avions conclue avec Florian Vallée, le propriétaire de cette firme d'amusements ambulante, permettait à notre club de toucher un pourcentage des revenus enregistrés par ces jeux, ils contribuèrent de façon importante au succès de cet événement. Ils s'ajoutèrent aux droits d'entrée et aux revenus provenant de la vente de boissons alcoolisées, permettant ainsi à notre organisation de réaliser des profits inespérés. La foire fut reprise l'année suivante et ses résultats furent encore meilleurs. Il en fut ainsi chaque année par la suite.

En 1960, nous avons déménagé les activités sur les terrains de la polyvalente, dont la construction venait à peine de se terminer. Le succès fut encore plus grand ! La foire devint par la suite l'événement annuel le plus populaire de la ville, et elle permit au Club Rotary d'amasser, certaines années, des revenus atteignant 50 000 $.

Je me suis occupé de cet événement pendant une trentaine d'années, soit jusqu'au moment de mon déménagement à Montréal.

Mon appartenance au Club Rotary m'a aussi permis de faire deux voyages inoubliables. Le premier eut lieu à New York en 1957, à l'occasion du Congrès international Rotary. Il s'agissait de ma première visite dans cette grande ville et j'étais très impressionné. La conférence avait lieu au Madison Square Garden et réunissait plus de 10 000 personnes. Un des conférenciers invités était l'ingénieur allemand Wernher Von Braun, celui qui inventa la fusée V2 au cours de la Deuxième Guerre mondiale. En 1945, quand l'Allemagne capitula, les Américains l'emmenèrent aux États-Unis et lui confièrent la direction de leur programme spatial. Grâce à lui, ils développèrent quelques années plus tard la fusée Saturn qui permit à Neil Armstrong d'aller sur la Lune.

Von Braun était un homme très impressionnant. Grand et de belle apparence, il avait un charisme extraordinaire. Après sa conférence, je me suis frayé un chemin à travers la foule et j'ai réussi à lui serrer la main, ce dont je suis très fier encore aujourd'hui !

Le deuxième voyage eut lieu quelques années plus tard. En 1961, le Congrès international se déroula au Japon. Je me suis dit qu'il ne fallait pas que je rate cette occasion de visiter ce pays fascinant. Lise, Charlie Alarie, son épouse et moi-même sommes donc montés à San Francisco à bord d'un bateau en partance pour ce pays. Pendant les 30 jours suivants, nous avons eu la chance de visiter des villes comme Honolulu, Manille, Hong Kong et autres. Notre croisière se termina à Tokyo, où avait lieu le congrès.

À cette époque, le Japon se relevait encore de sa défaite de la Seconde Guerre mondiale. Mais déjà il montrait des signes de plus en plus positifs. Ses habitants étaient déterminés, disciplinés et très travaillants. C'est pourquoi je n'ai pas du tout été surpris quand, quelques années plus tard, ce pays devint une des plus grandes puissances économiques au monde.

Mon engagement auprès du Club Rotary se termina en 1990, au moment de mon déménagement à Montréal. Parmi les nombreux et excellents souvenirs que j'en conserve, il y a d'abord celui d'avoir eu l'occasion, pour la première fois, de parler en public. C'est vraiment à cet endroit que je me suis dégêné et que j'ai réellement pris confiance en mes moyens. Ensuite, je n'ai jamais oublié la devise des clubs Rotary *Who serves the best profits the most,* ce qui signifie qu'en aidant les autres, on finit toujours par être gagnant !

Par ailleurs, au fil des ans, j'ai eu plusieurs autres occasions de participer à des collectes de fonds. Que ce soit pour la construction d'une résidence pour personnes âgées, pour l'achat d'équipement pour un hôpital de la région ou pour toutes sortes d'autres causes, j'ai toujours essayé de faire ma part. Notre compagnie étant l'une des principales entreprises de l'Abitibi et du nord de l'Ontario, elle était très sollicitée. Nous recevions régulièrement des demandes de toutes sortes. Je me souviens en particulier des curés qui venaient me voir de temps en temps à mon bureau.

— J'ai fait un rêve, la nuit passée, me disaient-ils en commençant.

— Ah oui ? C'était quoi votre rêve ? demandais-je, même si souvent je connaissais la suite.

— Vous avez sûrement entendu dire que mon église a passé au feu, le mois passé. Il faut que je la reconstruise et j'ai besoin de bois. Dans mon rêve, la Providence m'a dit de venir vous voir et que vous alliez m'aider.

Des visites de ce genre-là, j'en ai eues plusieurs ! Quand la demande était raisonnable, je donnais habituellement ce qu'on me demandait. Par contre, quand les quantités exigées devenaient trop grandes, j'en donnais une partie seulement et je vendais le reste « au *cost* plus 5 % ». Cette formule inventée pour ce genre de situation fut d'ailleurs connue par la suite sous le nom de « prix du clergé » ! Quand les promoteurs des clubs de golf de

La Sarre et de Duparquet vinrent solliciter notre entreprise, quelques années plus tard, pour la construction de leurs chalets, ils purent acquérir les matériaux dont ils avaient besoin au « prix du clergé » !

La Fondation Jean Lapointe

En 1980, après ma thérapie au Pavillon Desjardins, j'ai accepté de m'impliquer auprès de ce centre. Mon appui, qui au départ était surtout de nature financière, prit rapidement une autre forme. Je devins en effet membre du conseil d'administration de l'établissement. Claude Simard, un de mes amis qui venait lui aussi de compléter un séjour fructueux à cet endroit, se joignit à moi.

Au cours des deux années suivantes, nous avons multiplié nos efforts pour essayer d'équilibrer le budget de ce centre. Mais comme son propriétaire, Gilles Desjardins, n'écoutait pas tellement nos conseils et qu'il tenait vraiment à faire les choses à sa manière, nous avons démissionné. Cependant, ces deux années nous avaient permis de constater notre attachement à la cause de la lutte contre l'alcoolisme. Nous voulions vraiment utiliser nos talents et, au besoin, notre argent pour aider un organisme œuvrant dans ce domaine. Alors nous avons entrepris une recherche pour choisir un tel organisme. Au cours des mois qui suivirent, notre démarche nous amena à visiter les principaux centres de thérapie du Québec. Nous sommes allés à Ivry-sur-le-Lac, dans les Laurentides ; à la Maisonnée d'Oka ; à la Villa Ignatia à Québec ainsi qu'à la Maison Jean Lapointe, située dans le Vieux-Montréal.

Même si cette dernière n'avait commencé ses opérations que peu de temps auparavant, nous avons été très impressionnés par ce que nous y avons vu. L'endroit était grand, propre, bien tenu et semblait fort bien administré. Son directeur général, Jean-Pierre Poulin, qui était le beau-frère de Jean Lapointe, nous fit également une bonne impression. Nous lui avons fait part de notre expérience et de notre désir d'aider la cause. Quelque temps plus tard, il nous invita à joindre le conseil d'administration de la fondation de la maison, un organisme alors peu connu créé l'année précédente. Nous avons accepté son offre avec plaisir.

Quelques années plus tard, cette jeune fondation allait se faire connaître en présentant, en mars 1986, le premier téléthon au Québec sur le thème de l'alcoolisme. « L'alcoolisme est une maladie, cessons d'en avoir honte ! » Ce slogan résumait bien l'intention de la fondation de démystifier cette maladie. D'une durée de neuf heures, cette émission de télévision eut un impact considérable. Non seulement elle aida la population à mieux comprendre les personnes souffrant de cette maladie, mais elle permit également à la fondation de recueillir des dons pour un total de 1,6 million de dollars. Cet argent permit par la suite d'aider des milliers de personnes partout au Québec. Le téléthon devint ensuite un événement annuel qui fut repris jusqu'en 1998.

À l'automne 1987, Jean Lapointe, qui assumait la présidence de la fondation, décida de faire carrière en France. Il me demanda alors de le remplacer. Au même moment, il m'apprit qu'il venait tout juste de remercier son beau-frère, Jean-Pierre Poulin, à cause de certains différends qui étaient apparus entre eux. Ma première tâche comme président fut donc de trouver un nouveau directeur général. C'est ainsi que, quelques mois plus tard, je rencontrai Guy Nadeau, celui qui allait gérer la fondation au cours des 16 années suivantes et qui, à sa retraite, allait m'aider à écrire cette biographie.

Je suis resté président de la Fondation Jean Lapointe pendant quatre ans. Au cours de cette période, grâce à une équipe extraordinaire de bénévoles et d'employés, la fondation connut ses meilleures années. En 1991, les résultats du téléthon dépassèrent même les deux millions ! Cet argent permit d'aider plus de 75 centres de thérapie à travers le Québec.

Par ailleurs, je m'en voudrais de ne pas mentionner un autre événement important organisé par la fondation, l'Omnium Michel Perron. Ce tournoi de golf annuel, tenu pendant 14 ans en rotation dans les 4 principales villes de l'Abitibi, permit de recueillir des centaines de milliers de dollars. Cet argent fut redistribué par la suite à des organismes de la région. Mes amis Bobby Orr et Serge Savard y participèrent à plusieurs reprises et contribuèrent par leur présence à donner beaucoup de prestige à cet événement.

La Fondation Jean Lapointe occupe encore aujourd'hui une certaine partie de mon temps. Je suis toujours membre de son conseil d'administration et je participe aussi souvent que possible à ses activités. Par un concours de circonstances qui serait long à expliquer ici, je suis même redevenu récemment, pour quelques mois, président par intérim de cet organisme.

Avant de terminer ce sujet, j'aimerais mentionner les noms de quelques personnes qui, au fil des ans, se sont dévouées pour cette œuvre et avec qui j'ai eu beaucoup de plaisir à travailler. Il y eut d'abord Maurice Mayer, un homme d'affaires qui est malheureusement décédé aujourd'hui. Ensuite, il y eut Jacques Duchesneau, l'ex-directeur du Service de police de la Ville de Montréal ; Gérard Lebeau, le fondateur de Lebeau Vitres d'Autos ; Jean Larin, un ancien reporter de Radio-Canada devenu par la suite avocat ; André Lesage, ex-président de Samson Bélair Deloitte Touche, et fils d'Émile, ancien député d'Abitibi-Ouest ; Jean Brault ; Pierre Marcotte, qui pendant de nombreuses années anima bénévolement le téléthon ainsi que plusieurs autres activités de la fondation, et enfin mon ami Daniel Lavoie, qui pendant 14 ans fut le principal organisateur de l'Omnium Michel Perron. Tous ces gens méritent ma plus profonde reconnaissance. Je sais que j'en ai oublié plusieurs autres et je m'en excuse. Il n'était tout simplement pas possible de nommer ici les centaines de bénévoles qui, pendant toutes ces années, ont aidé cet organisme.

La Fondation canadienne du rein

Ma première implication auprès de la Fondation canadienne du rein eut lieu en 1994, à l'occasion de mon expédition au pôle Nord. Tel que relaté, j'avais réussi, à cette occasion, et grâce à l'appui de nombreux amis, à amasser plus de 200 000 $ pour cet organisme. Mais ce n'était qu'un début.

L'automne suivant, on m'approcha pour devenir membre du Prix du Fondateur, une des divisions de la fondation. À peu près à la même période, on me demanda aussi de donner des conférences dans une quinzaine de villes du Québec pour faire la promotion du don d'organes. Le but de cette tournée n'était pas d'amasser des fonds, mais les conférences permirent quand même de recueillir 45 000 $. Même si ce n'était pas du tout nécessaire, on me récompensa le printemps suivant, lors du banquet annuel de la fondation. On me nomma alors Personnalité de l'année ! C'est un honneur dont je suis encore très fier aujourd'hui. Quelque temps après, j'acceptai qu'un fonds permanent soit créé à mon nom. Le Fonds de recherche Michel Perron a depuis permis de recueillir des centaines de milliers de dollars.

Les années ont passé, et en 1999, puisque mon emploi du temps était devenu moins chargé, j'ai accepté un poste d'administrateur au sein de la succursale québécoise de l'organisme. Après avoir été promu vice-président l'année suivante, on me nomma président en 2002.

Au cours des deux années qui suivirent, j'ai vraiment pu constater le rôle important joué au Québec par cette fondation. Que ce soit pour la recherche, les services offerts aux patients et à leur famille, pour la sensibilisation du public au don d'organes, elle joue un rôle absolument essentiel. Ses publications offrent de l'information sur la maladie et sur les traitements offerts. Elle organise des camps de vacances gratuits pour les enfants greffés et dialysés, elle offre des bourses d'études et elle procure des fonds de secours aux patients démunis. En plus, elle sensibilise la population au don d'organes par des messages d'intérêt public dans les médias. Elle sait également faire preuve d'originalité quand vient le temps d'amasser des fonds. En effet, son programme Auto-Rein, qui permet depuis 1994 de récupérer de vieux véhicules, cédés ensuite à des recycleurs moyennant contribution, lui a permis de recueillir beaucoup d'argent. Les gens peuvent se débarrasser de leur « vieille minoune » sans payer de remorquage et en obtenant un reçu de charité. D'ailleurs, en plus de recueillir de l'argent, ce programme améliore en même temps la sécurité routière et l'environnement. Plus de 40 000 véhicules ont ainsi été recyclés depuis le début de l'opération.

Même si mon mandat comme président est maintenant terminé depuis trois ans, je suis toujours membre et administrateur de la fondation. Je demeure actif surtout dans les activités de financement. Mon plus récent projet dans ce sens est d'ailleurs la rédaction de ce livre. Grâce à la générosité de ceux qui le liront, j'espère qu'il permettra à la Fondation canadienne du rein de recueillir beaucoup de dons.

En bout de ligne

Au cours des 55 dernières années, les « bonnes œuvres » m'ont permis de rencontrer des gens extraordinaires et de vivre des moments inoubliables. Même si mes seules récompenses n'étaient que ces rencontres et ces souvenirs, je serais très heureux. Mais j'ai eu la chance d'en avoir quelques autres.

En effet, en 1993, j'ai eu le grand honneur de recevoir l'Ordre de Saint-Jean, une médaille très prestigieuse. Environ deux ans plus tard, lors d'une cérémonie tenue à la résidence du gouverneur général, à Ottawa, on me remit l'Ordre du Canada. Parmi les autres récipiendaires, cette année-là, il y avait deux de mes amis : Jacques Beaudoin, un ancien directeur de la Sûreté du Québec, et George Petty, l'ancien président de la compagnie Repap. Je porte d'ailleurs toujours ces deux médailles avec beaucoup de fierté ! Cependant, au-delà des honneurs, ma plus grande récompense a été la satisfaction que j'ai ressentie chaque fois que j'ai participé à de « bonnes œuvres ». Je crois également que, d'une certaine façon, en remettant en marche des usines qui souvent étaient fermées depuis plusieurs années, j'ai contribué à aider plusieurs individus à améliorer leur sort et à retrouver un peu de leur dignité. Dans le fond, c'est peut-être de cette façon que j'ai le plus contribué à aider mes semblables.

Chapitre 24

Les enfants

Un des objectifs de ce livre était de raconter à mes petits-enfants l'histoire de leurs grands-parents. Je me suis dit que, par la même occasion, ils apprécieraient probablement aussi connaître un peu mieux chacun de leurs oncles, tantes, cousins et cousines. C'est pourquoi j'aimerais ici dire quelques mots sur mes enfants et mes petits-enfants. Je voudrais décrire leur cheminement dans la vie et raconter ce qu'ils font aujourd'hui. Avant de commencer, permettez-moi de rappeler que Lise et moi avons eu huit enfants, soit cinq garçons et trois filles. Pour des raisons pratiques, nous les avons prénommés en suivant l'ordre des premières lettres de l'alphabet. Ainsi, la lettre A fut choisie pour l'aînée, Anne-Marie et la lettre H pour Henri, le plus jeune. De cette façon, on a toujours su lequel était plus vieux que l'autre !

Anne-Marie

Au moment de la publication de ce livre, l'aînée de nos enfants, Anne-Marie, aura 50 ans. Cinquante ans déjà ! Il me semble la revoir encore toute petite… Dieu que la vie passe vite ! Dès l'âge de 13 ans, Anne-Marie apprit qu'elle souffrait de diabète et qu'elle aurait à composer avec cette maladie toute sa vie. Ça ne l'empêcha toutefois pas de compléter avec succès des études en administration à l'Université Bishop. Peu de temps après, elle se maria et eut deux enfants, Charles et Richard.

Après une douzaine d'années, son mariage prit fin. Elle ne resta cependant pas seule très longtemps. Quelques mois plus tard, elle rencontra Alain Ouimet, un comptable agréé qui travaillait pour moi depuis peu. Ce fut le coup de foudre! Comme Alain avait deux enfants lui aussi, Olivier et Evelyne, Anne-Marie s'est donc retrouvée d'un coup avec quatre enfants. C'est devenu pour elle un travail à plein temps!

Vingt ans ont passé depuis. Anne-Marie et Alain filent toujours le parfait bonheur. Par ailleurs, le fait qu'Alain soit devenu mon gendre fut un véritable coup de chance pour moi. En effet, ma relation avec lui s'en trouva renforcée et je pus bénéficier pendant toutes ces années de sa grande compétence et de ses nombreux talents. Alain est un excellent comptable, doublé d'un planificateur financier hors pair. Au fil de ces années, il est devenu un de mes principaux collaborateurs. Il agit comme vice-président finances de chacune des compagnies dans lesquelles j'ai des intérêts, en plus de jouer le même rôle dans Renmark, l'entreprise d'Henri. Pour Claude, Henri, Bertrand et moi, il est un atout majeur dont nous ne saurions nous passer. C'est aussi un homme généreux. Depuis une dizaine d'années, il agit comme « patron d'honneur » dans la campagne annuelle de financement de la Fondation canadienne du rein, campagne que j'ai l'honneur de présider.

Pour revenir à Anne-Marie, disons qu'elle a toujours été un rayon de soleil pour tous. Elle est toujours de bonne humeur et son rire est contagieux. Quand quelqu'un a besoin d'aide, il est certain qu'il peut toujours compter sur elle. Depuis quelques années, elle s'est mise à la pratique du golf et, peu à peu, elle est devenue une mordue de ce sport, si bien qu'elle et Alain ne peuvent plus se passer de leur périple annuel à Myrtle Beach!

Charles, le plus vieux de mes petits-enfants, a maintenant 26 ans. Il est diplômé en kinésiologie de l'Université de

Sherbrooke. Il travaille présentement dans l'organisation de compétitions de ski de fond, de raquette, de vélo et de course à pied. J'aimerais aussi mentionné que, lorsqu'il était étudiant, il a travaillé comme guide au lac Legardeur durant trois étés.

Richard a pour sa part 22 ans et il est toujours aux études. Il est inscrit au programme d'administration de l'Université Bishop. Après son cours collégial, il a vécu une expérience très intéressante. Il est allé travailler pendant un an à Disneyworld en Floride, et il a par la suite fait un stage de six mois sur les bateaux de cette organisation. Pendant cette période, l'argent qu'il a pu amasser lui a permis de retourner aux études par la suite.

Après avoir passé un an en Californie dans le cadre d'un programme de sport-étude axé sur le golf, Evelyne, l'aînée d'Alain, a complété un baccalauréat en enseignement à l'Université de Montréal. Par la suite, elle s'est trouvé un emploi au collège Letendre, à Laval. Elle en est présentement à sa deuxième année à cet endroit.

Olivier, le plus jeune des quatre enfants, travaille comme technicien du son au Studio Multi-Son, de même qu'au Quai des Brumes.

Bertrand

On peut d'abord dire de Bertrand que, jeune, il était un vrai petit prodige ! À 21 ans, il était déjà ingénieur forestier et, deux ans plus tard, il obtenait un MBA de l'Université Western. Il accepta alors de venir travailler pour moi à Montréal. Très rapidement, Marc Lavigne, le président de la Corporation LaVérendrye, en fit son principal adjoint. Il lui confia des mandats chez Brazeau Transport, à Télé-Capitale de même qu'à Québec Aviation. Chaque fois, Bertrand s'acquitta de sa tâche avec brio. Peu à peu, son rôle dans l'entreprise s'accrut, si bien qu'après le décès de Marc, en 1984, il devint mon bras droit.

Quelque temps plus tard, à la suite d'une recommandation d'un consultant américain embauché par La Vérendrye, je le nommai président de Brazeau Transport. Mais comme je l'ai déjà relaté dans un chapitre précédent, j'ai dû vendre cette compagnie peu de temps après. Bertrand quitta alors La Vérendrye et retourna à La Sarre pour occuper le poste de vice-président opérations chez Normick Perron, poste qui était alors vacant. Quand Normick Perron fut vendue, en 1989, il occupait toujours cette position. Les nouveaux propriétaires lui proposèrent de rester, car ils voyaient en lui un excellent prospect pour la présidence future de l'entreprise. Cependant, Bertrand étant un entrepreneur dans l'âme, il préféra quitter et devenir propriétaire de sa propre entreprise.

En 1990, il acheta donc Abitibi Hélicoptères, une compagnie formée une dizaine d'années auparavant par Guy Lauzon, un ex-pilote chez Normick Perron. Peu à peu, il développa cette entreprise en la diversifiant dans différents secteurs. C'est ainsi qu'il y a quelques années, il se retrouva dans l'Ouest canadien, où sa compagnie se fit une niche importante dans la prospection sismique de pétrole et de gaz par hélicoptère. En 2002, ses affaires à Calgary étant devenues très importantes, il y déménagea sa famille.

La vingtaine d'appareils que compte maintenant son entreprise lui permet de générer un chiffre d'affaires avoisinant les 20 millions de dollars. Environ 70 personnes travaillent pour lui, des pilotes et des mécaniciens pour la plupart. Ils sont répartis entre Calgary et La Sarre, où la compagnie a conservé une base importante.

Bertrand et Line, son épouse, ont deux enfants, Elizabeth et Jérémie, qui sont maintenant tous deux de grands adolescents. Elizabeth a 18 ans et elle termine cette année son secondaire au ClearWater Academy High School de Calgary. Elle a l'intention de s'inscrire l'an prochain à l'université, soit en mathématiques, soit en finances. D'ailleurs, dans la candidature qu'elle a récemment soumise pour être admise à l'Université Princeton du New Jersey, elle a dû écrire un petit texte sur une personne ayant eu une grande influence sur elle. Elle a choisi son grand-père ! J'ai pensé qu'il serait intéressant de reproduire son texte ici.

Jérémie est âgé de 17 ans. Il est inscrit dans une école qui favorise les programmes de sport-étude. Il joue aussi au hockey pour le Calgary Royal, une équipe de niveau Midget AAA. On me dit qu'il est un excellent joueur de défense !

My Grandfather

In 1993, my grandfather was diagnosed with kidney disease, received a kidney transplant, and yet exactly a year later, he was part of a skiing expedition going across the North Pole. He renewed this exploit two years later by embarking on a expedition to the South Pole. My grandfather's accomplishments have influenced me greatly, and his message of dedication has become one by wich I try to live daily.

Even though my grandfather was still weak end recovering, he underwent rigorous training to prepare for this journey to the North Pole. While the trip was meant to be one of those « character building » experiences, my grandfather also joined this project to raise money for the Kidney Foundation of Canada. I am sure there were times when he wished to quit but he stayed motivated, because of his selfless and dedicated nature. In the end, he managed to raise over $260 000 for the Kidney Foundation. His story is one of success, dedication, and courage that motivated me to possess these qualities.

Over the years, my grandfather has been an active member of the Kidney Foundation of Canada. His actions toward the Foundation, even when he was weakened from a transplant, have shown me that I must find a cause that directly appeals to me, and dedicate myself to it. My grandfather volunteers for the Foundation to help those who suffer from what he had, to make a difference. I too wish to find my passion, and change things bit by bit.

My grandfather and his response to a grave disease indirectly helped me decide to apply to Princeton. Through unfortunate events, my grandfather found a cause that he felt was worth fighting for, worth the time and effort. While I have certain interests, I have yet to find such passion that would spark complete dedication and selflessness. Going to Princeton would help me develop zeal and find my cause.

Elizabeth Perron

Claude

Claude est ingénieur. Il a gradué en génie mécanique à l'Université d'Ottawa. Après ses études, il est retourné à La Sarre où il s'est joint à l'entreprise familiale. Il est devenu peu de temps après gérant de division à Amos. En 1990, après la vente de

Normick Perron, il a déménagé à Montréal. Il est alors devenu mon principal adjoint dans la gestion des actifs boursiers de Somiper. Par la suite, il fut l'artisan principal du développement de Somiper Aviation et il joua aussi un rôle important dans celui d'Uniforêt. Il fut d'ailleurs nommé président de cette compagnie en 1997. Quand j'en cédai le contrôle à Lino Saputo, en 1998, il conserva son poste. Il le quitta cependant environ un an plus tard pour mettre sur pied sa propre entreprise.

En février 2000, il créa en effet, en partenariat avec moi, Les Industries Perron, une compagnie se spécialisant dans la fabrication de bois jointé. Il fit alors l'acquisition d'une bâtisse située au Cap-de-la-Madeleine, près de Trois-Rivières. Il y aménagea ensuite une usine qui fut agrandie plusieurs fois depuis. Elle s'étend maintenant sur plus de 100 000 pieds carrés et sa capacité annuelle atteint les 150 millions PMP.

Graduellement, à force de travail, il en a fait la plus grosse usine de son genre au Canada, avec un chiffre d'affaires dépassant les 60 millions. Elle emploie 70 personnes, dont la majorité travaille sur 2 lignes de production, 24 heures par jour, 7 jours par semaine. Ses produits sont vendus principalement aux États-Unis et sont utilisés surtout comme bois de charpente dans la construction domiciliaire.

Claude a beaucoup de mérite. Il a réussi à assurer la croissance de sa compagnie dans une période extrêmement difficile pour l'industrie du bois. Ces années ont en effet été marquées par la fermeture de plusieurs usines, par l'imposition d'une taxe importante sur le bois d'œuvre et par toutes sortes d'autres problèmes. Malgré ces difficultés, il a réussi à développer une compagnie qui est aujourd'hui rentable et vouée à un bel avenir. Il trouve aussi le temps de présider chaque année le tournoi de golf de la Fondation canadienne du rein en Mauricie.

Claude est le père de deux enfants, Ève-Emanuelle et Vincent, tous deux issus d'un premier mariage. Depuis une douzaine d'années, il a uni sa destinée à Chantal Béliveau, de Trois-Rivières. Toute la famille demeure maintenant dans une ferme, où Chantal s'occupe de l'élevage de chevaux. Cet endroit me plaît d'ailleurs beaucoup et j'aime y aller le plus souvent possible. J'y fais du VTT durant la belle saison et de la motoneige l'hiver, deux activités que j'affectionne particulièrement. En plus, comme notre hélicoptère est garé là-bas et que Claude est un excellent pilote, j'ai l'occasion de faire de belles randonnées avec lui dans la campagne environnante. Ça me rappelle le bon vieux temps !

Ève-Emanuelle, l'aînée, a 21 ans et elle travaille pour les Pharmacies Jean Coutu dans le secteur de l'esthétique. Elle songe à retourner aux études prochainement. Vincent, qui est âgé de 17 ans, est toujours aux études. Il demeure à Londres, en Angleterre, avec sa mère et le conjoint de celle-ci. Bien qu'il aime le système scolaire anglais, il planifie quand même s'inscrire à une université québécoise l'an prochain.

Denise

D'abord diplômée en biologie à l'Université Trent de Peterborough, Denise suivit ensuite un cours de chiropractie dans l'État de l'Ohio. Elle se maria durant cette période. Quelque temps après, elle eut une fille, Adrienne, qui a aujourd'hui 21 ans. De retour au Québec, elle exerça d'abord sa profession à Drummondville. Puis, quelques années plus tard, elle déménagea à Montréal, où elle opéra pendant de nombreuses années son propre cabinet. Après s'être séparée de son mari, il y a une quinzaine d'années, elle refit ensuite sa vie avec David Smith, un Montréalais propriétaire d'une entreprise dans le secteur des appareils électroniques. David et Denise ont une fille, Jacqueline, qui a maintenant 12 ans.

Il y a quelques années, Denise développa une expertise dans un domaine très particulier. En collaboration avec quelques collègues, elle créa un programme d'exercices personnalisé par ordinateur à l'intention de gens souffrant de maux de dos. Elle fit ensuite connaître ce programme en voyageant un peu partout à travers le monde. Si bien qu'aujourd'hui, plusieurs de ses clients peuvent aussi bien être du Japon que des États-Unis. Son programme est vendu principalement à des studios de conditionnement physique et à des athlètes professionnels. Plusieurs de ceux-ci ont maintenant des entraîneurs personnels et sont très soucieux de leur santé physique. D'ailleurs, les millions qu'ils empochent annuellement en dépendent. Alors pour eux, les maux de dos peuvent être une catastrophe et le programme de Denise est une bénédiction.

Évidemment, Denise doit voyager beaucoup pour son travail. Elle se rend au Japon tous les trois mois pour des périodes d'au moins deux semaines chaque fois. Récemment, elle a aussi reçu des appels de la Chine. Plusieurs personnes dans ce pays ont entendu parler de son programme et tiennent absolument à la rencontrer. L'avenir nous dira si elle donnera suite à ce nouveau filon.

David, de son côté, en plus de s'occuper de son commerce, trouve aussi le temps de m'aider dans mes collectes de fonds annuelles au profit de la Fondation canadienne du rein.

Quelques mots au sujet des deux filles de Denise. Adrienne, l'aînée, vient de compléter un baccalauréat en psychologie à l'Université Queens. Elle suit présentement des cours du soir en administration, tout en travaillant pour David le jour. Jacqueline suit ses cours réguliers à l'école, mais elle apprend également l'espagnol et le piano. Elle est aussi une grande sportive qui excelle au soccer, au tennis et même au hockey !

Éric

J'ai raconté dans un chapitre précédent que mon fils Éric est décédé dans des circonstances tragiques en 1987. Même si son décès remonte maintenant à 20 ans, je pense encore souvent à lui. Parfois, je me demande ce qu'il serait devenu. Il possédait plusieurs atouts qui l'auraient sans doute bien servi dans la vie. Il était aimable, attachant et toujours disponible. De plus, il avait appris jeune à piloter des avions et il se débrouillait très bien dans ce domaine. Certaines personnes qui l'ont bien connu me mentionnent parfois qu'elles trouvent que c'était celui de mes fils qui me ressemblait le plus. Dommage qu'il soit parti si jeune. Il me manque beaucoup.

François

Comme les cinq aînés, François a lui aussi fait des études universitaires. Dans un premier temps, il a obtenu un baccalauréat en informatique de l'Université McMaster, à Hamilton, puis deux ans plus tard, il a complété un MBA à l'École des Hautes Études Commerciales de Montréal. Il est ensuite allé travailler dans le domaine des valeurs mobilières. Très rapidement, il s'est spécialisé dans les titres touchant les industries forestière et minière, et est devenu un expert de ces domaines. Différentes maisons de courtage ont par la suite pu bénéficier de son expertise.

Il y a quelques années, il a accepté une offre de la Caisse de dépôt et de placement du Québec, et il est devenu gestionnaire d'un portefeuille d'actions internationales. Il faut croire que François est pas mal compétent, puisque ses pairs l'ont désigné récemment le Top Gun Asset Manager de son secteur ! Cet honneur prestigieux lui a été décerné à la suite d'un vote tenu auprès de 500 Super League Analysts travaillant dans 17 pays. Ces analystes ont jugé que François s'était distingué par sa compétence, son approche en matière d'investissement et sa réceptivité face aux nouvelles idées. Je ne suis pas tellement surpris qu'il ait mérité un tel honneur. Depuis qu'il est tout petit, il a toujours été un perfectionniste. À l'école, il fallait toujours qu'il soit le premier de sa classe. Ça ne me surprend donc pas qu'il veuille encore être le meilleur dans son domaine. Je pense que François est voué à un très bel avenir. Déjà, à la Caisse de dépôt, il occupe un poste stratégique et il gère un portefeuille de plusieurs centaines de millions de dollars.

François et son épouse, Dominique, ont quatre enfants : Philippe, les jumeaux Michel et Antoine, ainsi qu'Isabelle. Philippe a 16 ans et il est en troisième secondaire à l'école Charlemagne. Il aime bien jouer de la guitare et ses sports préférés sont le soccer et le tennis. Les jumeaux Michel et Antoine sont inscrits au collège Bourget, à Rigaud. Les deux sont de grands sportifs et des musiciens. Ils pratiquent le tennis, le soccer et la natation. Antoine joue de la guitare alors que Michel préfère le piano. Isabelle, la plus jeune, est en cinquième année à l'école Charlemagne. Elle est aussi une sportive qui s'adonne au soccer, au tennis et à la natation.

Geneviève

Geneviève est la plus jeune de nos filles. Après avoir terminé ses études secondaires à Toronto, elle est allée passer une année en Suisse, dans une école spécialisée dans la bienséance et les bonnes manières. Pendant cette année-là, elle a découvert l'Europe et en est tombée amoureuse. À son retour au Québec, elle s'est inscrite à l'Université Laval en génie forestier.

Au cours de l'été qui suivit sa première année de génie, elle rencontra à La Sarre, Bernard Dufraisse, un Français avec qui elle tomba aussi en amour ! Bernard était arrivé en Abitibi quatre ou cinq ans auparavant. En 1983, son père, qui habitait toujours en France, avait fait l'acquisition d'une centaine de terres dans la région de La Sarre, de Dupuis et de La Reine. Bernard, qui n'avait même pas 20 ans à l'époque, s'était vu confier le mandat de venir administrer ces actifs. Il avait entre autres la responsabilité de mettre sur pied un ranch spécialisé dans l'élevage bovin. Quand il a rencontré Geneviève, il avait non seulement construit son ranch, mais celui-ci comptait déjà plus de 600 têtes de bétail. Puisqu'il venait de trouver un partenaire local pour s'en occuper, il s'apprêtait à retourner en France pour seconder son père dans l'entreprise familiale. Étant lui aussi très en amour avec Geneviève, il lui proposa alors de le suivre et elle accepta.

Un an plus tard, ils étaient de retour à La Sarre pour se marier. Ce mariage me rappelle d'ailleurs une anecdote fort drôle que j'aimerais bien raconter. Puisque les noces de leur fils avaient lieu au Canada, les parents de Bernard en profitèrent pour inviter une soixantaine de parents et amis qui, pour la plupart, n'avaient jamais mis les pieds dans notre pays. Ils sont tous arrivés à La Sarre en grosses Cadillac louées à Mirabel, et se sont installés dans les motels de la ville. Comme ils croyaient que des « Indiens » habitaient encore notre région, mon frère Jean, dont la réputation de joueur de tours n'est plus à faire, s'est dit qu'il ne fallait pas les décevoir.

Au cours de la réception qui suivit la cérémonie à l'église, il organisa donc une petite mise en scène mettant en vedette mon bon ami Jean-Yves Deslauriers. La cousine de Lise, Edna Des Roberts, une musicienne hors pair, réchauffait déjà la salle depuis plusieurs heures. Au grand plaisir des Français et de la plupart des 200 autres convives, elle chantait en s'accompagnant au piano des chansons françaises connues que tout le monde reprenait en chœur. Le champagne aidant, le *party* était vraiment bien parti !

Jean, qui agissait avec brio comme maître de cérémonie, demanda tout à coup le silence pour présenter un invité spécial.

— Mesdames et Messieurs, annonça-t-il le plus sérieusement du monde, j'ai maintenant le grand honneur de vous présenter un invité de marque. Depuis longtemps, cet homme est
un ami de la famille Perron et il ne voulait en aucun cas rater cet
événement important. Cet ami est un chef « Indien » de la tribu
des Algonquins. Je vous demande donc d'accueillir chaleureuse-
ment le grand chef Kistabich !

Sous les applaudissements de la foule, le chef Kistabich, alias
Jean-Yves Deslauriers, se présenta alors sur la scène. Jean-Yves,
qui faisait partie des invités, avait au préalable pris soin d'enlever
sa chemise, de tourner son veston à l'envers, de se dépeigner un
peu et de se mettre une chaîne autour du cou. Comme il a le teint
foncé et les cheveux noirs, il avait vraiment l'air d'un « Indien » !
Certaines personnes dans la salle, ayant reconnu Jean-Yves, se
mirent à rire, mais les Français furent très impressionnés.

— Mes amis, reprit Jean, toujours sérieux comme un pape,
le grand chef ne parle pas français, même s'il le comprend un
peu, alors je vais vous traduire ses propos.

— Bonjour, grand chef !

— *Ugh !* répliqua Jean-Yves, la main sur la poitrine.

— Chef Kistabich, continua Jean en scandant ses mots pour
faire accroire aux Français que le grand chef avait de la difficulté
à le comprendre, pourquoi êtes-vous venu ici aujourd'hui ?

— *Mistawak Ongamagosik Kamouraska Ouananich Wabush
Massawippi Chibougamau,* répondit Jean-Yves, en frappant vio-
lemment le sol avec son pied.

Jean-Yves s'efforçait de trouver des noms de lacs et de villages du Québec ayant une consonance amérindienne.

— Le chef, improvisa alors Jean, dit qu'il ne voulait pas rater
l'union de « la petite fleur bleue endormie sur la roche plate »
avec « l'homme au langage soigné » !

Assis tout près de la scène, j'étais mort de rire !

— Chef Kistabich, poursuivit Jean, aimeriez-vous dire un
mot à nos invités spéciaux de France ?

— *Maniwaki Yamachiche Wiganawaw Otetacapish Chichi-
wawa Macamic Matabaslak Doyoukapish,* répondit le plus sérieusement du monde le grand chef en faisant de grands gestes avec
ses mains.

— Le grand chef, traduisit aussitôt Jean en essayant de retenir son fou rire, dit qu'il salue les descendants des premiers visages pâles venus dans son pays.

Les Français étaient aux anges ! Jean et Jean-Yves continuèrent ainsi pendant quelques minutes. Puis, Jean annonça que le grand chef étant un homme fort occupé, il devait nous quitter. Sous des applaudissements nourris mêlés de rires nombreux, Jean-Yves descendit alors de la scène et se dirigea vers l'extérieur.

Après avoir remis sa chemise, il revint dans la salle quelques minutes plus tard, sans qu'aucun Français, à part peut-être monsieur Dufraisse et son épouse, semble s'apercevoir de la supercherie.

Le lendemain, au déjeuner, le chef Kistabich était le grand sujet de conversation des Français. Ils étaient vraiment impressionnés et comblés d'avoir rencontré un authentique chef amérindien ! Si jamais ces gens lisent ce livre, j'espère qu'ils ne nous en voudront pas trop de leur avoir joué ce tour !

Depuis, beaucoup d'eau a coulé sous les ponts. Geneviève est maintenant la mère de quatre enfants : Gilles, Alex, Ella et Léonor, qui au moment de la publication de ce livre a déjà près de un an. Toute la famille demeure dans une ferme, dans la région du Périgord, en France. Bernard fait l'élevage de bœufs et de vaches haut de gamme. Ses animaux bénéficient d'ailleurs d'une alimentation un peu spéciale. En effet, en plus de manger du foin et des céréales diverses, la bière fait partie de leur menu quotidien ! Il paraît qu'elle aiguise leur appétit et qu'elle améliore la qualité de la viande. Ce doit être vrai, puisque son cheptel compte plus de 2 000 têtes. Une telle organisation nécessite évidemment beaucoup de mécanisation et une main-d'œuvre importante.

J'aimerais mentionner une dernière chose à propos de Geneviève. Ayant elle-même reçu une éducation en français et en anglais, comme tous mes autres enfants, elle tient absolument à ce que ses propres enfants maîtrisent ces deux langues. Comme il n'est pas évident, quand on demeure dans le centre de la France, de parler l'anglais, elle se fait un devoir, à la maison, de toujours s'adresser à eux dans cette langue. D'après ce que j'ai pu constater à date, les résultats sont excellents !

Maintenant, quelques mots au sujet des quatre enfants de Geneviève. Gilles, le plus vieux, a maintenant 17 ans et il est en dernière année au lycée à Périgueux. C'est un étudiant sérieux qui consacre beaucoup de temps à ses études. Il est aussi un brillant joueur de tennis et lui aussi a été guide au lac Legardeur, il y a quelques années. Alex, 13 ans, est en quatrième au collège. À part l'école, son *hobby* préféré est la chasse. Ella est quant à elle en sixième au même collège, et son passe-temps préféré est le ballet. Finalement, Léonor, la petite dernière de la famille Perron, se porte très bien. Née le 20 août 2006, elle sera probablement la dernière de mes petits-enfants à lire ce livre !

Henri

Finalement, on arrive à Henri, le bébé de la famille ! Après une adolescence assez *rock and roll* au cours de laquelle il nous en a fait voir de toutes les couleurs, Henri s'est beaucoup assagi. Après des études mouvementées, il s'est lancé dans le télémarketing. Quelques années plus tard, il s'est joint à Uniforêt – un an après m'avoir donné un de ses reins. Il y est devenu par la suite le vice-président responsable des relations avec les investisseurs. Après la vente de la compagnie, en 1998, son poste fut aboli. Ce fut un mal pour un bien ! En effet, quelques mois plus tard, Henri démarra sa propre entreprise, Renmark, dans un domaine qu'il connaissait bien, soit celui des communications financières.

Depuis, à force de travailler comme un forcené, il a tellement bien développé sa compagnie, qu'aujourd'hui elle est devenue la plus importante entreprise de son genre au Canada ! Seul à ses débuts, il peut maintenant compter sur le soutien d'une trentaine d'employés. Partie de rien, elle réalise aujourd'hui un chiffre d'affaires de plusieurs millions de dollars ! Ses clients sont pour la plupart des compagnies publiques nord-américaines inscrites à la Bourse. Elles sont à la recherche de visibilité, soit pour trouver des fonds pour leur croissance ou tout simplement pour mousser un peu la valeur de leurs actions. Henri s'arrange pour faire leur promotion auprès de courtiers en valeurs mobilières. Il organise des réunions au cours desquelles les dirigeants d'une entreprise ont l'occasion de rencontrer une cinquantaine ou une centaine de courtiers à la fois, particulièrement des courtiers intéressés par le secteur dans lequel évolue leur entreprise. Ces rencontres ont lieu un peu partout : à Montréal, dans différentes autres villes du

Québec et de l'Ontario, dans l'Ouest canadien de même qu'aux États-Unis. Parmi la soixantaine de clients que compte actuellement son entreprise, certains sont très connus : Van Houtte, Neurochem, Agnico Eagle Mines… J'aimerais aussi mentionner que, depuis plusieurs années, Henri s'implique beaucoup auprès de la Maison des greffés. Chaque année, il organise un gros tournoi de golf au profit de cet organisme.

Henri est marié à Bess, une jeune femme d'origine grecque, et cela depuis une quinzaine d'années. Ils ont quatre enfants : Julia, Emily, Jack Henri et Harley. Julia, l'aînée, a huit ans. Elle est en troisième année et, déjà, elle parle couramment le français et l'anglais. Elle pratique la natation, le patinage, le soccer et le ballet jazz. Emily a six ans. Elle est en première année. Elle commence à parler un peu le français. Dans un an, elle sera bilingue elle aussi. Elle pratique les mêmes activités que sa sœur aînée. Jack Henri a quatre ans. Il fréquente la prématernelle, et on peut dire de lui qu'il est beaucoup moins tannant que son père au même âge ! Enfin, Harley est maintenant un « jeune homme » de deux ans.

Je suis très fier d'Henri et de ses réalisations. Il en va de même de tous mes autres enfants. Ils se débrouillent tous très bien dans la vie et font preuve d'une grande sensibilité envers leurs semblables. D'ailleurs, ils contribuent tous, d'une manière ou d'une autre, à l'œuvre qui m'a sauvé la vie, la Fondation canadienne du rein.

Vous vous êtes sans doute aperçu que Lise et moi sommes maintenant les heureux grands-parents de 22 petits-enfants. Puisque les plus vieux sont maintenant dans la vingtaine, qui sait, peut-être qu'avant longtemps nous aurons la chance de devenir arrière-grands-parents !

Épilogue

L'avenir

Voilà, j'y suis presque. Le 27 avril prochain, j'aurai 75 ans. Quand j'étais enfant, 75 ans, on considérait ça comme pas mal vieux! Mais aujourd'hui, les choses ont bien changé. Avec la médecine moderne, notre espérance de vie est maintenant plus longue. J'espère donc être en mesure de faire encore un bon bout de chemin dans ce bas monde! Cependant, puisque je n'ai aucun contrôle là-dessus, je m'arrange donc pour vivre chaque instant pleinement et pour profiter au maximum de toutes les belles choses de la vie.

Présentement, je consacre environ la moitié de mon temps à travailler. Le reste est partagé entre les « bonnes œuvres » et la pratique des activités de plein air que j'affectionne particulièrement. L'été, la pêche occupe encore une grande partie de mon temps. Puisque j'ai la chance de la pratiquer dans une région aussi belle que celle du lac Legardeur, aussi bien en profiter au maximum!

Cependant, ce n'est pas mon seul passe-temps. Depuis quelques années, je pratique en effet quelques autres sports. Parmi ceux-ci, la motomarine en est un qui m'occupe beaucoup, d'autant plus que l'Abitibi est une région magnifique pour s'y adonner. Non seulement les lacs et les rivières y sont nombreux, mais ils sont toujours très peu fréquentés. On peut donc y faire de belles randonnées en toute sécurité.

Il y a aussi le VTT, que j'aime beaucoup. Il me permet de me promener autour de La Sarre et de revoir des endroits que j'ai fréquentés plus jeune. Comme pour la motomarine, l'Abitibi est une région idéale pour pratiquer cette activité. Elle est parsemée de nombreux rangs et d'anciens chemins forestiers qui, aujourd'hui, sont pour la plupart à peu près inutilisés.

L'hiver, la motoneige devient mon passe-temps de prédilection. Elle me permet de m'évader dans la nature en compagnie d'amis comme Michel « Fafeu » Couillard et Léandre Audet et de redécouvrir la forêt que j'aime tant. Il m'arrive même encore parfois de trouver les arbres tellement beaux que j'en oublie de regarder en avant !

Depuis quelques années, ces nombreuses activités de plein air m'amènent à passer presque autant de temps en Abitibi qu'à Montréal. J'y séjourne maintenant pendant plusieurs semaines chaque saison. Pour moi, c'est une sorte de retour aux sources. J'espère que ma santé continuera à être bonne et à me permettre de demeurer actif pendant de nombreuses années encore.

Remerciements

Je tiens absolument à adresser des remerciements à quelques personnes ayant joué un rôle important dans ma vie.

D'abord, il y a tous ceux qui m'ont appuyé dans mon travail. Lorsque j'ai entrepris ma carrière à la scierie paternelle, en 1949, je n'arrivais pas là-bas avec de beaux diplômes universitaires et des titres à n'en plus finir. Non. Tout ce que je possédais, c'était quelques connaissances en foresterie. Il a donc fallu que quelqu'un m'initie au travail et m'enseigne les rudiments du métier.

C'est mon père, surtout, qui a joué ce rôle. Par ses conseils, ses encouragements et sa confiance, il a grandement facilité mes premiers pas dans l'entreprise et a permis que je m'y intègre rapidement. Ensuite, mes frères Normand et Jean, avec qui j'ai été associé pendant de nombreuses années, m'ont beaucoup aidé. Leur appui continuel et leur loyauté à toute épreuve ont toujours été pour moi un encouragement à aller de l'avant et à faire progresser notre entreprise. Comme coéquipiers, je ne pouvais demander mieux. Puis, au fil des ans, de nombreux autres collaborateurs, par leur compétence et leur travail, ont contribué à faire de Normick Perron une des plus grandes entreprises de l'Abitibi et un *leader* dans son domaine.

Il y a une autre personne à qui je dois aussi une fière chandelle. Il s'agit de Gilles Desjardins, le thérapeute qui, en 1980, m'a aidé à retrouver la sobriété. Son intervention musclée m'a fait descendre de mon piédestal et piler sur mon orgueil. Je crois que je suis devenu sobre à ce moment-là. Sans lui, il y a long-temps que l'alcool m'aurait fait quitter ce monde.

Finalement, j'ai gardé pour la fin la personne la plus impor-tante de ma vie, celle à qui je dois le plus, mon épouse Lise. Au cours des 50 dernières années, Lise a toujours su me seconder dans tous mes projets, même si certains de ceux-ci pouvaient à première vue lui sembler « un peu » déraisonnables. C'est aussi elle qui, presque seule, a élevé nos huit enfants et les a aidés à devenir des adultes responsables et épanouis. Moi, plus souvent qu'autrement, j'étais absent de la maison. Et puis elle a eu la patience de m'endurer pendant toutes les années où j'ai pris un coup. Enfin, quand la maladie est venue me frapper de plein fouet, en 1992, c'est elle qui m'a aidé à passer au travers. Son appui m'a énormément aidé à tenir le coup.

Annexe

Quelques leçons

J'ai eu la chance d'avoir une vie longue et bien remplie au cours de laquelle j'ai appris certaines leçons. Comme elles m'ont bien servi, j'aimerais dire un mot à mes petits-enfants à ce propos.

D'abord, pour réussir, dans la vie, un minimum de talent et un peu de chance aident beaucoup. Mais selon moi, ce qui est le plus important, c'est l'attitude. Un jour, je suis tombé par hasard sur un petit texte de Charles Swindoll, qui s'intitule justement « L'attitude ». Ce texte m'a tellement impressionné, qu'après l'avoir lu et relu plusieurs fois, j'en ai fait des centaines de copies, que j'ai ensuite fait parvenir à tous mes collaborateurs. D'ailleurs, puisque je désire le laisser en héritage à mes petits-enfants, j'ai souhaité le reproduire dans ce livre. Ses quelques paragraphes font très bien ressortir ce qui, selon moi, est le plus important dans la vie, soit notre façon de réagir à ce qui nous arrive. Les gens atterrés face à une mauvaise nouvelle deviennent malheureusement souvent des perdants, alors que les personnes qui y voient plutôt une occasion d'en tirer une leçon qui leur servira plus tard dans la vie se révèlent au bout de compte être des gagnants. On ne contrôle pas ce qui nous arrive, mais on contrôle toujours la façon dont on y réagit !

L'attitude
Par Charles Swindoll

Plus j'avance en âge, plus je réalise l'impact de l'attitude sur la vie. À mon avis, l'attitude est plus importante que les faits eux-mêmes. Elle est plus importante que le passé, l'éducation, l'argent, les circonstances, les échecs, les réussites ou que ce que les gens font, disent ou pensent. Elle est plus importante que l'apparence, le talent ou le savoir-faire.

L'attitude peut contribuer à bâtir ou à détruire une entreprise… une église… un foyer. Ce qui est remarquable, c'est que chaque jour, nous avons un choix à faire par rapport à l'attitude que nous allons adopter au cours de cette journée. Nous ne pouvons pas changer le passé… Nous ne pouvons pas changer la façon dont les gens agiront. Nous ne pouvons pas changer l'inévitable.

La seule chose que nous puissions faire, c'est de jouer sur la seule corde que nous ayons, celle de notre attitude… Je suis convaincu que la vie est faite à 10 % de ce qui m'arrive et à 90 % de la façon dont j'y réagis. Il en va de même pour vous… Nous sommes responsables de notre attitude.

Il y a plusieurs années, j'ai rencontré un Américain qui m'a impressionné au point que je n'hésiterais pas à dire de lui qu'il est la personne la plus extraordinaire et la plus forte que j'aie connue dans ma vie ! Cet homme, W. Mitchell, a été victime, à l'âge de 18 ans, d'un grave accident de moto qui l'a laissé brûlé sur 65 % de son corps. Quelques années plus tard, un autre accident, alors qu'il était aux commandes de son avion, devait le confiner à une chaise roulante pour le reste de ses jours. Malgré ses handicaps, il a par la suite fondé une compagnie, s'est fait élire maire de sa ville et représentant de sa région au Congrès américain, et a écrit un livre ! Il est devenu par la suite un conférencier très en demande. J'aimerais citer ici quelques-unes de ses déclarations qui m'ont touché. « *It's not what happens to you, it's what you do about it* » en dit long sur sa philosophie. Une autre m'a beaucoup aidé quand j'étais en dialyse : « *Pain is inevitable, suffering is optional.* »

Finalement, une dernière, qui résume on ne peut mieux sa façon de voir les choses : « *Before I was paralyzed, there were 10,000 things I could do ; now there are 9,000. I can either think about the 1,000 I've lost or focus on the 9,000 I have left.* » Quand on pense comme ça, on peut dire qu'on a une attitude positive !

Par ailleurs, une telle attitude se caractérise toujours par un comportement enthousiaste. J'ai souvent entendu mon ami André Bérard, l'ancien président de la Banque Nationale, dire : « L'enthousiasme, c'est contagieux ! » Il a absolument raison. Quand un projet nous emballe et qu'on y croit très fort, si on veut rallier les autres à sa cause, il faut être enthousiaste. C'est comme ça qu'on mobilise les gens.

Quelqu'un qui a une attitude positive est aussi prêt à travailler fort pour obtenir ce qu'il veut. Le succès est rarement instantané. Il vient plutôt avec beaucoup d'efforts et souvent après plusieurs tentatives. Il y a longtemps que j'ai remarqué que ce sont rarement les premiers de classe qui réussissent le mieux. Ce sont plutôt ceux qui ne comptent ni leurs heures ni leurs efforts pour atteindre les objectifs qu'ils se sont fixés. Un jour, on a demandé à Paul Desmarais, le grand financier québécois, de résumer en trois mots, la raison de son succès. Il a répondu : « Le travail, le travail, le travail ! » Moi, si on me posait la même question, je dirais : « L'attitude, l'attitude, l'attitude ! »

Voilà, je suis arrivé à la fin de mon histoire. J'espère que mes propos ne vous ont pas trop ennuyés. Avant de terminer, il y a un dernier sujet que j'aimerais aborder et je le trouve tellement important que je l'ai fait inscrire dans mon testament. Il s'agit de la disposition de mes cendres ! J'ai en effet demandé qu'une partie de celles-ci soit ensevelie au cimetière de La Sarre, ma ville natale. J'ai demandé que le reste soit divisé en deux parties et dispersé par avion au-dessus des deux régions où j'ai le plus aimé me retrouver dans ma vie : celle de La Sarre, où j'ai vécu pendant plusieurs années, et celle du lac Legardeur, où j'ai passé tellement de moments inoubliables. Cela dit, rien ne presse…

Table des matières